김성일 칼럼집

성경 속의 비밀

김 성 일 칼 럼 집

성경 속의 비밀

김성일

도서출판 진흥

작가 김 성 일

김성일은 1940년 서울에서 태어났다. 서울대학교 공과대학 기계공학과에 재학 중이던 1961년, 21세의 나이로 〈현대문학〉지에 단편소설 '분묘' '흑색시말서'가 추천완료되어 등단했다. 두 권의 단편집과 장편소설 『병사와 피리』를 펴내고 40세 이후 기독 작가로 전향한 그는 성경적 소재들을 작품화하는 독보적 분야를 개척하여 한국일보 연재소설 『땅끝에서 오다』로 1985년 제2회 기독교 문화상(문학부문)을 수상했다. 이후로도 『제국과 천국』 『홍수 이후』 『에녹행전』 『아들의 나라』 『마르코스 요안네스』 등 20편(42권)의 장편소설과 2권의 작품집, 『성경과의 만남』 『성경으로 여는 세계사』 『문화전쟁의 시대』 등 12권의 칼럼집, 그리고 『사랑은 죽음같이 강하고』 등 2권의 간증집을 발표했다.

이 비밀은 만세와 만대로부터 감추어졌던 것인데

이제는 그의 성도들에게 나타났고

하나님이 그들로 하여금

이 비밀의 영광이

이방인 가운데 얼마나 풍성한지를 알게 하려 하심이라

이 비밀은 너희 안에 계신 그리스도시니

곧 영광의 소망이니라

- 골로새서 1:26,27 -

책머리에

이 칼럼집은 국민일보에 '성경 속의 비밀' 이라는 제목으로 1년 동안 연재했던 칼럼들을 모아 책으로 엮은 것이다. 연재를 하면서 더 보충하고 싶은 것도 있고 또 덧붙일 것들도 있어 신문에 실렸던 것에다 전후의 빈자리를 이어주기 위해 항목을 더 추가했다. 그래서 필자가 전에 다른 책에서 썼던 내용이 일부 중복된 것도 있고 또 독자께서 궁금해 하실 듯한 자료도 더 찾아 넣었다.

그래도 '성경 속의 비밀' 이라는 제목은 필자에게 아직 좀 부담스럽다. 당초에 연재를 부탁한 편집자가 붙여 준 그 제목이 흥미를 끌 만하기는 하나 실은 꽤나 당돌한 것이기 때문이다. 필자가 성경을 깊이 연구한 전문가도 아니고, 학자나 권위자도 아니면서 언감생심 그런 제목의 글을 쓴다는 것이 주제넘다는 생각도 들었다. 하나님은 너무 높고 크시므로 우리는 짐작도 할 수 없다.

"하나님은 높으시니 우리가 그를 알 수 없고 그의 햇수를 헤아릴 수 없느니라"_욥 36:26

그동안 필자가 성경 속의 인물을 주인공으로 삼거나 때로는 성경으로 변화받은 사람들의 이야기를 소설로 쓴 것은 자신의 신앙 고백을 소설의 형식에 담아 전달하고 공감을 얻기 위함이었다. 그러나 집필하는 과정에서 독자가 납득할 수 있는 객관적 자료들을 찾아내고 수집하다 보니 그것들을 혼자만 모아 놓고 있기가 아까워 자주 칼럼의 형식을 빌어 독자들과 나누곤 했던 것이다.

"하나님의 깊이를 다 헤아릴 수는 없다고 하더라도"

기록되어 있는 성경을 사람들은 하나님의 말씀이라고 말한다. 그분의 말씀 속으로 평소에 궁금했던 것이나 이해하기 어려웠던 것들을 찾아 열심히 캐 들어가면 그분을 다 알 수는 없어도 그 말씀 속에 묻어 놓으신 뭔가 중요한 단서들과 만날 수도 있을 것이다. 또 그런 것들이 우리 안에 아름답게 여겨질 때 감히 '성경 속의 비밀' 이라 이름을 붙여가면서 공유하고 공감해도 될 것이다.

그러므로 이 칼럼집에서 독자 여러분이 읽어낼 수 있는 것들은 권위 있는 연구가나 학자들이 검증한 단정적 결론 같은 것이 아니다. 하나님이 높고 크신 분인 것처럼 성경에 기록된 그분의 말씀도 높고 커서 필자의 작은 손으로 더듬어 알기가 어렵다. 역시 이번 책에 적어 놓은 것들도 필자가 다른 소설들을 쓸 때에 그랬던 것과 마찬가지로 또 하나의 신앙 고백이라고 할 수 있다.

성경 속에서 궁금했던 것들과 더 분명하게 알고 싶었던 것들이 있어 그 말씀에 묻고 매달리며 떼를 써서 얻어낸 답변들을 독자 여러분께 소개하고 싶었다. 그 안에 나눌 만한 것이 있다면 우리가 서로 끄덕이며 그분 안에서 더 가까워졌으면 좋겠다. 그래서 필자가 그러했듯이 아름다운 하나님을 못 견디게 만나고 싶어진다면, 그분의 말씀을 사무치게 듣고 싶어진다면 얼마나 좋을 것인가.

김 성 일

차 례

성경 속의 비밀 5 **관계에 관하여 _ 111**

성경 속의 비밀 6 **마음에 관하여 _ 135**

성경 속의 비밀 ⑦

약속에 관하여 _ 159

성경 속의 비밀 ⑧

기억에 관하여 _ 183

성경 속의 비밀 ❶

비밀에 관하여

하나님의 비밀

하나님에 관해 사람이 기록한 첫 번째 책은 창세기이다. 성경을 펼치면 맨 앞에 창세기가 자리잡고 있다. 태초의 적막 속에 계시던 하나님이 비로소 사람의 손을 통해 그 모습을 드러내기 시작하는 것이다. 창세기의 첫 문장은 이렇게 되어 있다.

"태초에 하나님이 천지를 창조하시니라"_창 1:1

천지를 창조한 하나님이 어떤 분인지 우리는 잘 알 수 없으나 조상들의 구전을 통해 전해 내려온 하나님의 창세기를 처음 기록한 모세는 하나님이 영원부터 영원까지 계시는 분이라고 표현했다.

"영원부터 영원까지 주는 하나님이시니이다"_시 90:2

세상에 와서 매우 짧은 시간을 살다 가는 사람은 그 영원이라는 것의 의미를 짐작하기조차 어렵다. 그러므로 하나님이 천지를 창조할 때 어떤 일이 벌어졌는지도 우리는 알 수 없다. 당시의 상황을 모세는 그가 들은 대로 적어 놓았다.

"그 땅이 혼돈하고 공허하며 흑암이 깊음 위에 있고 하나님의 영은 수면 위에 운행하시니라"_창 1:2

수면 위를 운행한 하나님의 영을 '성령'이라고 한다.

"주의 성령을 내게서 거두지 마소서"_시 51:11

하나님은 보이지 않는 분이시나 그분의 영이 일하심으로 그 모습을 드러내신다.

"창세로부터 그의 보이지 아니하는 것들 곧 그의 영원하신 능력과 신성이 그가 만드신 만물에 분명히 보여 알려졌나니 그러므로 그들이 핑

계치 못할지니라"_롬 1:20

그래서 하나님을 영이시라고 표현하기도 한다.

"하나님은 영이시니"_요 4:24

그 하나님이 입을 열어 창세기를 통해 말씀하기 시작하셨다.

"하나님이 이르시되 빛이 있으라 하시니 빛이 있었고"_창 1:3

그래서 요한이 기록한 복음서는 천지 창조가 말씀과 함께 시작되었다고 했다.

"태초에 말씀이 계시니라"_요 1:1

요한복음에서 하나님의 말씀은 곧 그분 자신이었다.

"말씀이 하나님과 함께 계셨으니 이 말씀은 곧 하나님이시니라 그가 태초에 하나님과 함께 계셨고 만물이 그로 말미암아 지은 바 되었으니 지은 것이 하나도 그가 없이는 된 것이 없느니라"_요 1:1-3

그런데 요한복음은 하나님의 말씀이 사람 가운데 그 모습을 드러냈다고 했다. 즉 말씀이 육신으로 세상에 오신 것이다.

"말씀이 육신이 되어 우리 가운데 거하시매 우리가 그의 영광을 보니 아버지의 독생자의 영광이요 은혜와 진리가 충만하더라"_요 1:14

이것이 곧 성육신Incarnation의 비밀이었다. 하나님이 땅에 오신 것이다. 예로부터 우리 조상들은 하늘을 원圓으로, 땅을 네모方로 표현했으며 언젠가는 그 하늘이 땅으로 내려올 것을 알고 있었다. 강화도 마리산의 천제단과 경주 첨성대의 상부가 네모로 되어 있고 아래가 둥글게 되어 있는 것은 모두 성육신의 비밀을 암시해 놓은 것이다. 그러므로 사람이 하나님을 알려면 성육신의 비밀을 알아야 하고 그것을 이해하려면 수면에 운행하시는 성령의 도우심을 받아야 한다.

"진리의 성령이 오시면 그가 너희를 모든 진리 가운데로 인도하시리

니 그가 스스로 말하지 않고 오직 들은 것을 말하며 장래 일을 너희에게 알리시리라"_요 16:13

보이지 않는 분

많은 사람들이 하나님을 보고 싶어 하나 그분은 보이지 않는다. 어디 계신지도 알 수 없고 어떻게 생기셨는지, 무엇을 하고 계시는지도 알 수 없다. 그런데도 사람들은 늘 하나님에 대해서 생각하고, 말하고, 기록해 왔다.

"영원하신 왕 곧 썩지 아니하고 보이지 아니하고 홀로 하나이신 하나님께 존귀와 영광이 영원무궁하도록 있을지어다"_딤전 1:17

하나님이 보이지 않는 것은 그분이 영이시기 때문이다.

"하나님은 영이시니 예배하는 자가 영과 진리로 예배할지니라"_요 4:24

그러나 하나님이 천지를 창조하시고 사람을 창조하셨을 때 사람은 하나님과 소통할 수 있었고 하나님과 함께 살았다. 하나님이 사람을 생령이 되게 하셨기 때문이었다.

"여호와 하나님이 땅의 흙으로 사람을 지으시고 생기를 그 코에 불어넣으시니 사람이 생령이 되니라"_창 2:7

하나님은 영이시기 때문에 영이신 그 하나님을 만나고, 그분의 말씀을 듣고, 그분과 함께 살려면 영으로 소통해야 한다. 그래서 하나님은 사람에게 보이지 않는 하나님을 볼 수 있는 영의 눈을 주셨다. 그 영적인 눈을 우리는 영안이라고 말한다. 하나님이 사람을 지으실 때 생령이 되게 하셨기 때문에 사람은 영의 눈으로 하나님을 보고, 그분과 대화하고, 그분과 함께 살 수 있었다.

“여호와 하나님이 그 사람을 이끌어 에덴 동산에 두어 그것을 경작하며 지키게 하시고”_창 2:15

그리고 사람에게 완전한 자유를 주시되 다만 한 가지 제한을 두셨다.

“여호와 하나님이 그 사람에게 명하여 이르시되 동산 각종 나무의 열매는 네가 임의로 먹되 선악을 알게 하는 나무의 열매는 먹지 말라 네가 먹는 날에는 반드시 죽으리라 하시니라”_창 2:16,17

생명을 잃으면 자유의 의미도 사라진다. 생명의 근원은 곧 말씀이었다.

“그 안에 생명이 있었으니 이 생명은 사람들의 빛이라 빛이 어둠에 비치되 어둠이 깨닫지 못하더라”_요 1:4,5

그러므로 첫째 날에 하나님이 말씀으로 창조하신 빛은 곧 생명이었고, 빛과 구별하신 어둠은 곧 사망이었다. 그 생명의 시작이 말씀 안에 있었기 때문에 사람이 말씀을 떠나면 사망에 속하게 되어 있었다. 즉 하나님이 사람에게 오직 한 가지를 먹지 말라고 한 것은 곧 말씀을 버리지 말라는 뜻이었다. 그런데 갑자기 그 생명의 동산에 방해자가 나타나서 풍파를 일으키는 것이다.

“너희가 그것을 먹는 날에는 너희 눈이 밝아져 하나님과 같이 되어 선악을 알 줄 하나님이 아심이니라”_창 3:5

뱀의 미혹에 넘어가 사람의 아내가 그것을 먹었고 그 남편도 아내가 준 것을 먹게 되었다. 즉 사람이 생명의 근원인 하나님의 말씀을 버린 것이다. 그것을 먹고 뱀의 말대로 그들의 눈이 밝아져서 자기들이 벌거벗고 있는 것을 알게 되었다. 밝아진 것은 육체의 눈이었고 영안이 어두워졌던 것이다. 이후로 사람은 오직 육체의 눈에 보이는 것만을 추구하고 보이지 않는 하나님은 볼 수 없게 되었다. 그러나 사람의 눈으로 보는 것은 모두 멸망하여 사라지는 것들뿐이다.

"우리가 주목하는 것은 보이는 것이 아니요 보이지 않는 것이니 보이는 것은 잠깐이요 보이지 않는 것은 영원함이라"_고후 4:18

숨으시는 하나님

BC 740년, 선지자 이사야는 성전에 가득한 하나님의 옷자락과 그 보좌를 보았다. 그리고 보좌를 모시고 있는 '스랍' 이라는 이름의 천사들도 보았다.

"스랍들이 모시고 섰는데 각기 여섯 날개가 있어 그 둘로는 자기의 얼굴을 가리었고 그 둘로는 자기의 발을 가리었고 그 둘로는 날며"_사 6:2

이사야가 묘사한 스랍들의 모습은 그 얼굴과 발을 가린 채 날아다니는 것이 마치 숨바꼭질 놀이를 하는 술래를 그려 놓은 것 같다. 스랍들이 그 얼굴과 발을 가리고 있는 것은 아마도 하나님의 표정과 그 가시는 방향을 누구든지 알아채지 못하게 하려는 의도로 보인다. 스랍들의 찬양 속에서 이사야는 하나님의 옷자락을 보고 그분의 음성만을 들었을 뿐인데도 두려워서 떨고 있었다.

"화로다 나여 망하게 되었도다 나는 입술이 부정한 사람이요 나는 입술이 부정한 백성 중에 거주하면서 만군의 여호와이신 왕을 뵈었음이로다"_사 6:5

그러나 온전하고 정직하게 살아왔다고 자부하는 욥은 고난 중에서 하나님의 얼굴을 보여달라고 부르짖는다.

"주께서 어찌하여 얼굴을 가리시고 나를 주의 원수로 여기시나이까"_

욥 13:24

그런데도 하나님은 좀처럼 그 얼굴을 보여주시지 않는다. 하나님의 말씀을 들으며 그것을 다 받아 적었던 모세도 그분의 얼굴은 볼 수 없었다.

"네가 내 얼굴을 보지 못하리니 나를 보고 살 자가 없음이니라"_출 33:20

스스로 죄인을 자처했던 이사야든, 온전함을 자부했던 욥이든, 동행의 약속을 받은 모세이든 모두 하나님의 말씀을 떠나 에덴을 나온 아담의 유전자를 지니고 있었다. 멸망을 향해 가고 있는 인간의 역사를 하나님은 외면하고 계셨다.

"내가 내 얼굴을 그들에게서 숨겨 그들의 종말이 어떠함을 보리니 그들은 심히 패역한 세대요 진실이 없는 자녀임이로다"_신 32:20

하나님의 특별한 사랑을 받았던 다윗도 안타깝게 부르짖었다.

"여호와여 어느 때까지니이까 나를 영원히 잊으시나이까 주의 얼굴을 나에게서 어느 때까지 숨기시겠나이까"_시 13:1

광야에서 고라의 무리가 모세를 대적했을 때 땅이 입을 열어 그들을 모두 삼켜 버렸으나 아비의 편에 서지 않았던 고라의 아들들은 살아남았다. 그러나 오랫동안 그 자손들은 반역자의 집안으로 눈총을 받으며 살아야 했다. 그 고라의 자손들도 역시 고난 중에서 하나님을 찾으며 부르짖었다.

"내 뼈를 찌르는 칼 같이 내 대적이 나를 비방하여 늘 내게 말하기를 네 하나님이 어디 있느냐 하도다"_시 42:10

또 이사야도 역시 모세처럼 탄식했다.

"진실로 주는 숨어 계시는 하나님이시니이다"_사 45:15

하나님은 너무 높고 크신 분이어서 사람의 손으로 더듬어 보기도 어렵다. 게다가 사람은 에덴 동산에서 나온 이후로 영안이 어두워져서 그분을 볼 수 없게 되었다.

"나의 영이 영원히 사람과 함께 하지 아니하리니 이는 그들이 육신이 됨이라"_창 6:3

그런데다가 하나님은 얼굴을 가리시고 숨으셨으니 하나님을 만나고 그분의 비밀을 들여다본다는 것은 처음부터 불가능한 일이다.

"깊도다 하나님의 지혜와 지식의 풍성함이여, 그의 판단은 헤아리지 못할 것이며 그의 길은 찾지 못할 것이로다"_롬 11:33

단절의 시대

에덴 동산에서 사람은 하나님의 말씀을 듣고 그분과 대화하면서 살았다. 하나님은 하늘의 일로 말씀하고 사람은 땅의 경작을 보고했으나 그 사이에는 아무런 소통의 문제가 없었다. 그러나 사람이 하나님의 말씀을 버리고 먹지 말라고 한 열매를 먹었을 때 하나님과 사람 사이에는 단절이 생겼다.

"그 날 바람이 불 때 동산에 거니시는 여호와 하나님의 소리를 듣고"_창 3:8

바람이 분다는 것은 하나님께서 거기 계시다는 신호였다. 욥기에서도 하나님께서는 바람 가운데서 욥에게 말씀하신다.

"여호와께서 폭풍우 가운데에서 욥에게 말씀하여 이르시되 무지한 말로 생각을 어둡게 하는 자가 누구냐"_욥 38:1,2

오늘날에도 하나님은 늘 바람 가운데서 말씀하신다. 그러나 사람들이 둔해져서 하나님의 음성을 듣지 못하고 있는 것이다. 먹지 말라고 한 열매를 먹어 영안이 어두워진 아담과 그의 아내는 바람 속에서 오시는 하나님의 소리를 아직 들을 수 있었다.

"여호와 하나님의 소리를 듣고 아담과 그의 아내가 여호와 하나님의 낯을 피하여 동산 나무 사이에 숨은지라"_창 3:8

그것이 문제였다. 숨었다는 것은 더 이상 하나님과의 대화를 계속하지 않겠다는 단절의 표시였던 것이다. 말씀에 따르지 않은 것보다 더 위험한 것은 말씀을 나누지 않겠다는 종말적 태도였다. 그러나 하나님은 좀 더 대화를 이어가려고 하셨다.

"네가 어디 있느냐?"

"내가 동산에서 하나님의 소리를 듣고 내가 벗었으므로 두려워하여 숨었나이다."

그것은 이미 먹지 말라는 열매를 먹었다는 뜻이었다. 그러나 하나님은 아직도 미련의 끈을 놓지 않으신 채 다시 물으셨다.

"누가 너의 벗었음을 네게 알렸느냐? 내가 네게 먹지 말라 명한 그 나무 열매를 네가 먹었느냐?"

아직도 아담에게 기회는 있었다. 그가 먹은 것을 그대로 고백하고 생명의 근원인 하나님의 말씀으로 용서해 달라고 구하면 되었을 것이다. 그러나 아담의 입에서는 하나님을 크게 낙담하게 하는 말이 튀어나왔다.

"하나님이 주셔서 나와 함께 있게 하신 여자 그가 그 나무 열매를 내게 주므로 내가 먹었나이다"_창 3:12

그것은 곧 책임의 전가였다. 자신이 먹었다고 하면서 그것을 건네 준 아내에게 책임을 전가한 것이다. 그러나 더 큰 문제는 아내를 하나님이 주신 여자로 말한 점이었다. 즉 아담은 아내에게 책임을 전가한 것 같았으나 실은 그 여자를 지으시고 아담에게 짝 지워 주신 하나님께 책임을 전가했던 것이다. 결국 아담에 대한 마지막 기대마저 놓치게 된 하나님은 다시 여자에게 물으셨다.

"네가 어찌하여 이렇게 하였느냐?"

여자의 대답은 하나님과의 소통을 완전히 단절시켜버렸다.

"뱀이 나를 꾀므로 내가 먹었나이다."

여자도 역시 뱀을 창조한 하나님께 책임을 전가했던 것이다. 하나님은 처음부터 그 책임을 지실 계획이셨다. 결국 하나님은 아담도 그 아내도 아닌 뱀에게 말씀하셨다.

"내가 너로 여자와 원수가 되게 하고 네 후손도 여자의 후손과 원수가 되게 하리니 여자의 후손은 네 머리를 상하게 할 것이요 너는 그의 발꿈치를 상하게 할 것이니라"_창 3:15

하늘과 땅

하나님과 사람 사이의 사정은 점점 더 나빠지게 되었고 사람은 하나님으로부터 멀어지게 되었다. 하나님은 높고 크신 분이어서 사람이 감히 만져볼 수도 없고 짐작할 수도 없는 존재이지만 그분은 사람과 서로 알고 지내기를 원하셨다.

"나는 인애를 원하고 제사를 원치 아니하며 번제보다 하나님을 아는 것을 원하노라"_호 6:6

참으로 이상한 일이다. 하나님은 보이지 않는 분이고, 알기 어려운 분이고, 스스로 숨어 계시면서 사람들이 알지 못한다고 섭섭해 하신다.

"소는 그 임자를 알고 나귀는 그 주인의 구유를 알건마는 이스라엘은

알지 못하고 나의 백성은 깨닫지 못하는도다"_사 1:3

하나님은 보이지 않는 분이지만 또한 자신을 보여 주고 싶어하는 분이었다. 그렇기 때문에 한자의 '보일 시示'는 곧 하나님을 의미한다. 또 하나님과 관계있는 모든 글자, 즉 기도祈禱, 제사祭祀, 축복祝福 등에는 모두 보일 시示가 들어 있다. 또 이 글자는 자세히 들여다보면 확연하게 삼위일체Trinity의 형상을 나타내고 있다. 하나님은 이 모든 것을 아담과 그 아내에게 가르쳐 주며 자신을 그들에게 알려 주고 싶어하셨다. 그러나 그들은 결국 에덴을 떠나고 말았다.

"여호와 하나님이 에덴 동산에서 그를 내보내어 그의 근원이 된 땅을 갈게 하시니라"_창 3:23

하나님은 처음 사람을 흙으로 빚으셨다. 그에게 땅을 갈게 하신 것은 그 흙에서 하나님의 뜻을 기억해 내라는 뜻이었다. 그러나 에덴을 떠난 사람에게 땅은 그저 소유의 대상일 뿐이었다. 아담이 그 첫 아들의 이름을 가인이라 했는데 즉 얻었다는 뜻이었다. 그것은 아비의 산업을 독점적으로 계승한 가인에게서 소유라는 의미로 바뀌었다.

"아벨은 양치는 자였고 가인은 농사하는 자였더라"_창 4:2

육식을 하지 않던 당시에 가인의 아우 아벨이 양을 친 것은 옷감으로 쓸 가죽창 3:21을 생산하기 위함이었다. 아벨은 그가 생산한 가죽을 형의 농산물과 바꿔서 먹고 살아야 했다. 그러나 형의 분배는 그리 넉넉하지 않았다.

"가인은 땅의 소산으로 제물을 삼아 여호와께 드렸고 아벨은 자기도 양의 첫 새끼와 그 기름으로 드렸더니"_창 4:3,4

제물은 본래 먹는 것으로 드리는 것이나 아벨은 식량이 부족하여 고심하다가 먹지 못하는 양을 믿음으로 드릴 수밖에 없었다. 그러나 하나님은 그 양을 받으셨고 땅의 소산으로 드린 가인의 제물은 받지 않으셨다. 하나님은 제물의 내용보다 드린 자가 그분의 마음을 아는가에 기준을 두셨던 것이다.

"네가 선을 행하면 어찌 낯을 들지 못하겠느냐"_창 4:7

가인은 분하여 그 아우를 들에서 죽였다. 아우의 피로 땅을 적신 가인의 자손은 더 이상 농사를 짓지 못하게 되어 생업을 다른 일로 바꿔야 했고, 아담의 다른 아들 셋의 자손이 농업에 종사하게 되었다. 이후로 사람들은 서로에 대한 믿음을 잃었다. 셋의 자손은 살인한 가인 자손의 말을 믿지 못했고, 가인 자손은 그들의 생업을 빼앗아 간 셋 자손의 약속을 믿지 못했다. 믿음 없는 시대를 살아가면서 사람들은 점점 하나님과 멀어지게 되었다. 하늘과 땅이 서로 멀어지기 시작했던 것이다.

"하늘이 땅보다 높음 같이 내 길은 너희의 길보다 높으며 내 생각은 너희의 생각보다 높음이니라"_사 55:9

질문하는 인간

사람을 다른 동물과 구별하기 위해 인류학자들은 '호모 사피엔스', 즉 '지혜인'이라는 말을 쓴다. 또 경제학자들은 '호모 에코노미쿠스', 즉 이해타산을 행동의 지침으로 하는 '경제인'이라 표현하기도 한다. 그리고 기술자들은 '호모 파베르', 즉 손으로 무엇인가를 만들어 내는 '공작인'으로 부르기도 한다. 그러나 성경은 사람이 다른 동물과 다른 또 하나의 결정적 특징을 짚어내고 있는데 그것은 즉 '호모 인테로가티부스' 즉 '질문인'이다.

"내가 주께 질문하옵나니 악한 자의 길이 형통하며 반역한 자가 다 평안함은 무슨 까닭이니이까"_렘 12:1

성경에 등장하는 선지자들은 이렇게 하나님께 질문하여 응답받은 사람들이었다. 선지자가 아니더라도 사람은 태어나 말을 배우기 시작하면서 질문을 한다. 말을 빨리 배우는 아이들일수록 질문을 많이 하고, 질문을 많이 하는 아이가 그렇지 않은 아이보다 더 지혜롭고 더 많은 것을 배운다. 학교에서도 질문을 많이 하는 학생이 공부를 더 잘하게 마련이다. 질문을 하려면 이미 배운 것들의 내용을 거의 다 파악하고 있어야 하고 따라서 복습과 예습을 해 두어야 한다. 실력이 없는 교사는 질문 많이 하는 학생을 싫어하지만 하나님은 실력 있는 교사이시므로 많이 질문하는 학생을 좋아하신다. 다윗은 중요한 일이 있을 때마다 하나님께 묻고 그 답을 받아 행동했다.

"다윗이 아뢰되 어디로 가리이까 이르시되 헤브론으로 갈지니라"_삼하 2:1

하나님은 언제나 내게 물으라고 하신다.

"너희가 온 마음으로 나를 구하면 나를 찾을 것이요 나를 만나리라"_렘 29:13

성경에 등장하는 질문형 인간 중에 대표 주자는 바로 욥이었다. 욥기가 기록된 연대에 대해서는 여러 가지 학설이 있으나 아브라함의 시대보다도 먼저로 보는 견해가 유력하다. 순전하고 정직하여 악에서 떠나 살았던 욥은 자신이 이유 없이 고난을 당하자 불평이나 원망을 하기 전에 먼저 하나님께 질문을 시작한다.

"사람이 무엇이기에 주께서 그를 크게 만드사 그에게 마음을 두시고 아침마다 권징하시며 순간마다 단련하시나이까"_욥 7:17,18

욥의 질문은 점점 더 그 강도가 더해간다.

"주께서 주의 손으로 지으신 것을 학대하시며 멸시하시고 악인의 꾀에 빛을 비추시기를 선히 여기시나이까"_욥 10:3

그의 당돌함에 겁먹은 친구들이 말려도 질문은 계속된다.

"주께서 어찌하여 얼굴을 가리시고 나를 주의 원수로 여기시나이까"_욥 13:24

그리고 마침내 폭풍 가운데에서 하나님의 역습이 시작된다.

"내가 땅의 기초를 놓을 때에 네가 어디 있었느냐"_욥 38:4

거기서부터 시작하여 욥기 38장에서 41장까지 무려 129절에 걸친 하나님의 질문이 쏟아진다. 마치 하나님께서 욥과 질문의 대결을 하시는 듯한 상황이 벌어진 것이다. 욥은 마침내 고개를 떨구며 그분 앞에 무릎을 꺾는다.

"나는 깨닫지도 못한 일을 말하였고 스스로 알 수도 없고 헤아리기도 어려운 일을 말하였나이다"_욥 42:3

그런데 이게 웬일인가? 그렇게 하고 나서도 욥은 다시 고개를 치켜들며 질문을 계속한다. 참으로 지독한 질문의 대가였다.

"내가 말하겠사오니 주는 들으시고 내가 주께 묻겠사오니 주여 내게 알게 하옵소서"_욥 42:4

숨기면 살핀다

하나님은 그 말씀으로 천지를 창조하셨다. 그 말씀 속에는 생명이 있었고 그 생명은 곧 빛이었다. 그러나 에덴 동산에서 사람은 뱀으로부터 불순종의 속삭임에 미혹되어 그 말씀을 거부하고 흑암에 떨어지게 되었다.

"모든 상에는 토한 것, 더러운 것이 가득하고 깨끗한 곳이 없도다"_사 28:8

사람을 창조하고 그들의 스승이 되어 가르치려 하셨던 하나님은 거룩한 형상을 벗어버린 그들에게 아무것도 가르칠 수가 없었다.

"그들이 이르기를 그가 누구에게 지식을 가르치며 누구에게 도를 전하여 깨닫게 하려는가 젖 떨어져 품을 떠난 자들에게 하려는가"_사 28:9

하나님의 소원은 그분이 창조한 사람을 양육하며 지혜를 가르치는 것이었다. 그러나 스스로 엄격해야 하는 교사로서의 그분은 말씀을 거부한 자들에게 그것을 감추는 수밖에 없었다. 그러나 흑암 속에서 그 음성을 사모하는 한 사람이 나타났다. 그가 곧 갈대아 우르의 아브라함이었다. 하나님은 그의 자손을 택하여 장자로 삼았고 그들에게만 말씀을 받아 깨닫는 것을 허락하셨다.

"감추어진 일은 우리 하나님 여호와께 속하였거니와 나타난 일은 영원히 우리와 우리 자손에게 속하였나니 이는 우리에게 이 율법의 모든 말씀을 행하게 하심이니라"_신 29:29

그러므로 그들 중에는 하나님이 숨겨 놓고 감추어 놓은 말씀을 살피는 지도자들이 계속해서 나타났다.

"일을 숨기는 것은 하나님의 영화요 일을 살피는 것은 왕의 영화니라"_잠 25:2

그러나 택함을 받은 아브라함의 자손들도 에덴을 떠났던 조상들의 전례를 따라 마귀의 미혹에 걸려 타락하기 시작했다. 하나님의 말씀은 가시덤불에 걸리고 교만의 담장에 막혀서 그 백성들의 귀에까지 이르지 못했다. 하나님의 가르침은 꾸중으로 바뀌었고 말씀은 더욱 난해하게 되었다.

"대저 경계에 경계를 더하며 경계에 경계를 더하며 교훈에 교훈을 더하며 교훈에 교훈을 더하되 여기서도 조금 저기서도 조금 하는구나"_사 28:10

하나님은 언제나 말씀하시고 가르치신다. 그러나 그것을 거부하고 떠나는 자들에게는 그것을 알아듣지 못하게 제한하신다.

"그러므로 더듬는 입술과 다른 방언으로 그가 이 백성에게 말씀하시리라"_사 28:11

그리고 아무나 그것을 해독하기 어렵도록 뒤섞어 놓으신다. 오해가 생기고 착오가 발생하여 백성들이 혼란에 빠지게 된다.

"여호와께서 그들에게 말씀하시되 경계에 경계를 더하며 경계에 경계를 더하며 교훈에 교훈을 더하며 교훈에 교훈을 더하고 여기서도 조금, 저기서도 조금 하사 그들이 가다가 뒤로 넘어져 부러지며 걸리며 붙잡히게 하시리라"_사 28:13

하나님께서 진리를 숨기려고 그 말씀을 암호처럼 마구 뒤섞어 놓으신 것이다. 그러나 그 암호들을 끈질기게 파헤치며 해독의 난수표를 찾아내는 사람들이 있었다. 절망의 광야에서 하나님의 음성 듣기를 갈망하던 선지자들이었다.

"주께서는 눈이 정결하시므로 악을 차마 보지 못하시며 패역을 차마 보지 못하시거늘 어찌하여 거짓된 자들을 방관하시며 악인이 자기보다 의로운 자를 삼키는데도 잠잠하시나이까"_합 1:13

그들의 고통과 눈물 때문에 지혜의 문은 아직 완전히 닫혀지지 않고 있는 것이다.

크고 비밀한 일

사람이 하나님의 말씀을 거부하고 에덴에서 나온 이후로 그분과 사람 사이의 대화는 단절되었다. 그러나 이런 단절의 상태는 양쪽에서 모두 처음 겪는 일이었다. 하나님을 떠나서도 잘 살 수 있으리라고 생각했던 사람도 막상 그분을 떠나 살면서 아쉬운 일이 많다는 것을 알게 되었지만, 사람을 창조해 놓고 그들과 대화하며 오순도순 함께 지내셨던 하나님 쪽에서 오히려 더 당황하셨다.

"이같이 하나님이 그 사람을 쫓아내시고 에덴 동산 동쪽에 그룹들과 두루 도는 불 칼을 두어 생명 나무의 길을 지키게 하시니라"_창 3:24

생명의 근원인 하나님의 말씀을 거부한 사람은 결국 죽게 되어 있었다. 하나님은 그들에게 더 이상 미련이 없다는 것을 단호하게 보여 주기 위해 그들이 다시 돌아올 수 없도록 에덴으로 가는 통로에 천군을 배치하고 불 칼을 장치하여 폐쇄해 버렸다. 그러나 하나님은 함께 살았던 그 사람과의 대화를 단념하시지 못했다.

"여호와는 네게 복을 주시고 너를 지키시기를 원하며 여호와는 그의 얼굴을 네게 비추사 은혜 베푸시기를 원하며 여호와는 그 얼굴을 네게로 향하여 드사 평강 주시기를 원하노라"_민 6:24-26

그러나 공평하신 하나님은 그 말씀을 거부하고 에덴 동산을 떠난 사람에게 먼저 다가가서 대화를 시작하실 수 없었다.

"의와 공평이 그의 보좌의 기초로다"_시 97:2

고심하시던 하나님께서 마련하신 아이디어가 곧 제사의 제도였다. 에덴 동산을 나간 사람이 많은 고통과 실패로 하나님과의 대화가 아쉬울 때 하나님께 제물을 모아 드리고 소원을 고하면 그들의 대표자와 대화하시는 통로를 열어 놓으신 것이다. 아담과 하와의 많은 자녀들 중에서 대표로 뽑힌 자가 맏아들 가인이었다.

"세월이 지난 후에 가인은 땅의 소산으로 제물을 삼아 여호와께 드렸고 아벨도 자기 양의 첫 새끼와 그 기름으로 드렸더니"_창 4:3,4

가인은 그 아우를 죽여 대표의 자격을 상실했으나 그 사건 후에도 역대의 맏아들을 통해 이 규례가 지속되었고 후일 제사장의 제도로 연결되었다. 그리고 제사장들마저 타락하여 하나님과 대화할 자격을 상실하면 선지자들이 그 역할을 대신했다.

"너는 내게 부르짖으라 내가 네게 응답하겠고 네가 알지 못하는 크고 비밀한 일을 네게 보이리라"_렘 33:3, 개역한글판

마침내 하나님은 부르짖으며 질문하는 선지자에게는 그분의 특급 비밀까지도 계시해 주시기로 결정하신 것이다. 그것이 대표적 질문자인 욥에게도 적용되었다. 질문을 계속하던 욥은 쏟아지는 하나님의 질문을 받고 쩔쩔매며 무릎을 꺾었으나 그 질문만은 결코 포기하지 않았다.

"내가 말하겠사오니 주는 들으시고 내가 묻겠사오니 주여 내게 알게 하옵소서"_욥 42:4

그러나 어찌 된 셈인지 욥은 갑자기 그 집요한 질문을 접고 꼬리를 내린다.

"내가 주께 대하여 귀로 듣기만 하였사오나 이제는 눈으로 주를 뵈옵나이다"_욥 42:5

도대체 4절과 5절 사이에 무슨 일이 일어났던 것일까? 그 다음 장면에 그 힌트가 나와 있다. 욥을 비난한 세 친구를 징벌하려던 하나님은, 그들이 욥에게 징벌을 피해가길 부탁하자 '욥이 내게 기도하면 내가 들으

리라' 고 말씀하신다. 즉 하나님은 이유 없이 고난당한 자의 간구를 들으신다는 것이다. 그것은 곧 장차 이유 없이 고난을 당함으로 인간을 죄에서 구원할 독생자가 세상에 오시리라는 크고 비밀한 일을 일러주신 것이었다. 욥에게만 일러주신 그 특급 비밀은 후일 여러 선지자들의 질문에 대한 응답으로 전달되었다.

감추인 보화

하나님의 형상대로 지음을 받은 사람이 그분의 말씀을 거부하고 에덴 동산을 떠나면서 하나님과의 대화는 차단되었다. 사람의 영안은 어두워져 하나님을 볼 수 없게 되었고, 그분은 자신의 모습을 숨기시고 지혜와 지식을 곳간에 감추셨다. 하나님의 뜻과 사람의 생각은 자꾸만 멀어졌고 사람의 지혜와 기억은 점점 희미해졌다. 그러나 하나님은 여전히 희망의 끈을 놓지 않고 계신다.

"또 여자에게 이르시되 내가 네게 잉태하는 고통을 크게 더하리니 네가 수고하고 자식을 낳을 것이며 너는 남편을 사모하고 남편은 너를 다스릴 것이니라"_창 3:16, 개역한글판

생명의 근원인 말씀을 거부하여 사람의 수명이 유한하게 되었으나 하나님은 여자로 하여금 자식을 낳게 하여 하나님과의 관계를 이어가도록 하셨던 것이다. 여자에게 잉태의 고통을 더하시고 남편을 사모하라 하시며 남편이 너를 다스릴 것이라 하신 것은 먼저 금단의 열매를 먹은 여자보다 남자를 우대하신 것처럼 보인다. 그러나 그 남편이라는 말은 소심한 남자 속에 심어 놓으신 '하나님의 성품' 을 의미하는 것이었다.

"너를 지으신 이가 네 남편이시라"_사 54:5

그러므로 비록 하나님을 멀리 떨어져 살며 고통 중에 신음할지라도 그분을 사모하는 마음이 남아 있으면 우리에게는 소망이 있다. 바로 그 마음을 보시기 위해 하나님은 그 말씀을 암호처럼 뒤섞어 놓으셨던 것이다.

"여기서도 조금, 저기서도 조금 하사"_사 28:13

그러므로 성경을 읽다가 막히는 곳이 있거나 하나님의 일을 하다가 이해하기 어려운 장벽을 만나면 그곳에 바로 하나님께서 장치해 놓으신 비밀의 문이 있다고 보면 된다. 은혜는 막히는 곳에서 시작된다. 하나님을 사랑하는 자는 거기서 질문을 시작하기 때문이다.

"네가 물으려거든 물으라"_사 21:12

사람이 물을 때 하나님은 그 대답을 준비하고 계신다.

"마음의 경영은 사람에게 있어도 말의 응답은 여호와께로부터 나오느니라"_잠 16:1

하나님의 답변을 받아내는 방법은 곧 사모하는 마음이다. 에덴에서부터 사람에게 거부당하고 크게 상처를 입으신 하나님은 사실 사람의 사랑 받기를 갈망하시는 분이시다. 그분이 다윗의 고백에 얼마나 감격하셨을지 짐작이 가고도 남는다.

"내가 주를 사랑하나이다"_시 18:1

그 다윗에 대한 하나님의 감동을 솔로몬도 알고 있었다.

"나를 사랑하는 자들이 나의 사랑을 입으며 나를 간절히 찾는 자가 나를 만날 것이니라"_잠 8:17

하나님을 사모하여 그분의 말씀을 부지런히 캐 들어가는 자는 결국 그분이 감추어 둔 보화를 찾아내게 된다.

"천국은 마치 밭에 감추인 보화와 같으니 사람이 이를 발견한 후 숨겨

두고 기뻐하며 돌아가서 자기의 소유를 다 팔아 그 밭을 사느니라"_마 13:44

뿐만 아니라 그분에게로 돌아와 그분과 함께 일하는 동역자가 되면 처음부터 준비해 두셨던 보화를 고스란히 쌓아 둔 천국의 곳간으로 안내된다. 그리고 그 곳간을 마음대로 드나들며 필요한 모든 것을 꺼내 쓰게 되는 것이다.

"그러므로 천국의 제자된 서기관마다 마치 새것과 옛것을 그 곳간에서 내오는 집주인과 같으니라"_마 13:52

찾으면 찾으리라

에덴을 떠난 처음 사람처럼 많은 사람들이 하나님을 떠나 스스로의 생각과 자연 현상 속에서 지혜를 얻으려고 애썼다. 그러나 그들이 얻을 수 있는 것은 아무것도 없었다. 그래서 철학자 소크라테스는 아무것도 알 수 없다는 '불가지론'을 털어놓았다. 지금도 많은 학자들이 이치를 연구하고 길을 찾지만 그들이 만들어 낸 결과들은 모두가 인류를 멸망으로 이끌어가는 도구들일 뿐이었다.

"너희의 수고가 헛될지라"_레 26:20

그래서 하나님은 그 수고를 덜어 주기 위해 독생자를 보내셨다.

"이것을 지혜롭고 슬기 있는 자들에게는 숨기시고 어린 아이들에게는 나타내심을 감사하나이다"_마 11:25

그는 가장 중요한 것을 알려 주기 위해 오셨다.

"내 아버지께서 모든 것을 내게 주셨으니 아버지 외에는 아들을 아는

자가 없고 아들과 또 아들의 소원대로 계시를 받은 자 외에는 아버지를 아는 자가 없느니라"_마 11:27

그는 어려운 답을 찾으려고 애쓰는 자들에게 권고했다.

"수고하고 무거운 짐 진 자들아 다 내게로 오라 내가 너희를 쉬게 하리라 나는 마음이 온유하고 겸손하니 나의 멍에를 메고 내게 배우라 그리하면 너희 마음이 쉼을 얻으리니 이는 내 멍에는 쉽고 내 짐은 가벼움이라"_마 11:28-30

그가 일러준 길은 잊고 있던 아버지에게로 돌아가는 것이었다. 하나님의 독생자로 오신 예수께서 먼저 사람들에게 일깨워 준 것은 그 아버지라는 호칭이었다. 이미 하나님께서는 이스라엘을 아들이라 하여 그들의 아버지임을 자처하셨다.

"이스라엘은 내 아들 내 장자라"_출 4:22

그 말씀에 근거하여 선지자 이사야는 하나님을 아버지로 불렀다.

"주는 우리 아버지시라"_사 63:16

하나님도 선지자 예레미야를 통해 그것을 확인하셨다.

"너희가 나를 나의 아버지라 하고 나를 떠나지 말 것이니라"_렘 3:19

아버지께로 돌아가려면 온유하고 겸손한 마음이 필요했다. 먼저 그분으로부터 떠났던 것을 인정하고 뉘우쳐야 하기 때문이다. 길을 찾다가 잘못된 것을 인정하고 돌아가는 것은 결코 부끄러운 일이 아니다.

"하늘에 계신 너희 아버지의 온전하심과 같이 너희도 온전하라"_마 5:48

그리고 아버지께 물으라는 것이었다.

"너는 기도할 때에 네 골방에 들어가 문을 닫고 은밀한 중에 계신 네 아버지께 기도하라 은밀한 중에 보시는 네 아버지께서 갚으시리라"_마 6:6

아버지와 대화하려면 먼저 그분의 뜻을 아는 것이 필요했다.

"하늘에 계신 우리 아버지여 이름이 거룩히 여김을 받으시오며 나라가 임하시오며 뜻이 하늘에서 이루어진 것 같이 땅에서도 이루어지이다"_마 6:9,10

그렇게 내 마음의 주파수를 아버지의 뜻에 맞추면 아들은 그 아버지께 무엇이든 구할 수 있게 되는 것이다.

"구하라 그리하면 너희에게 주실 것이요 찾으라 그리하면 찾아낼 것이요 문을 두드리라 그리하면 열릴 것이니 구하는 이마다 받을 것이요 찾는 이는 찾아낼 것이요 두드리는 이에게는 열릴 것이니라"_마 7:7,8

성경 속의 비밀 ❷

창조에 관하여

하나님의 고독

어렸을 때 교회를 떠나 문학의 길에 들어서고 21세에 작가가 되어 본격적으로 소설을 쓰기 시작하면서 필자는 참고 자료로 가끔 성경을 뒤졌으나 그 내용에 대해서는 늘 비판적 시각을 견지하고 있었다. 그러다가 40세 이후 성경을 다시 읽기 시작하면서 창세기 2장에서 첫 번째 보화를 발견했다.

"사람이 혼자 사는 것이 좋지 아니하니"_창 2:18

성경에서 만나는 모든 의문에 대한 해답이 이 대목에 숨겨져 있었다. 하나님은 아담에게 혼자 사는 것이 좋지 않다고 했다. 왜 그렇게 말씀했던 것일까?

"우리 구주 홀로 하나이신 하나님"_유 1:25

하나님은 오랫동안 혼자 계신 분이었기에 그것을 아셨던 것이다.

"구름과 흑암이 그를 둘렀고"_시 97:2

그분은 본래 고독한 분이었다. 니체F. Nietzsche가 자신을 고독한 자로 자처했으나 그 고독의 원조는 하나님이었다. 한 분이신 하나님은 너무 외로워서 자신을 성부, 성자, 성령의 삼위三位로 설정하고 '우리'로 호칭하며 서로 의논하고 합의했다.

"우리의 형상을 따라 우리의 모양대로 우리가 사람을 만들고"_창 1:26

그래서 사람은 하나님의 형상대로 고독의 유전자를 지닌 채 태어났다. 하나님이 아담을 바라보며 혼자 사는 것이 좋지 않다고 하신 것은 그분 자신이 고독에 대해서 잘 아는 분이기 때문이었다. 하나님이 그 고독한 아담의 동반자로 여자를 지어 주신 것처럼 그분이 사람을 창조한 것 역시 사랑하는 상대를 두고 사랑함으로 자신의 외로움을 달래기 위해서였다. 그러나 사랑은 슬픔을 동반하게 마련이었다.

"보라 이 사람이 선악을 아는 일에 우리 중 하나 같이 되었으니"_창 3:22

사람이 에덴 동산을 떠나자 하나님은 결국 더 큰 고독 속으로 빠져드셨다.

"사람의 죄악이 세상에 가득함과 그의 마음으로 생각하는 모든 계획이 항상 악할 뿐임을 보시고 땅 위에 사람 지으셨음을 한탄하사 마음에 근심하시고"_창 6:5,6

그분의 애통함이 대홍수로 나타났다. 그러나 상황은 그리 좋아지지 않았다. 홍수 때에 살아남은 사람들이 다시 하나님을 떠나기 시작한 것이다.

"내 눈이 밤낮으로 그치지 아니하고 눈물을 흘리리니"_렘 14:17

때로는 견디기 힘든 큰 슬픔으로 몸부림치실 때도 있었다.

"내가 애통하며 애곡하고 벌거벗은 몸으로 행하며 들개 같이 애곡하고 타조 같이 애통하리니"_미 1:8

마침내 하나님은 더 이상 견디지 못하여 그 삼위의 한 분인 독생자 예수 그리스도를 세상에 보내셨다. 사람들은 고독에 몸부림치는 하나님을 외면한 채 사두개파와 바리새파 그리고 엣세네파와 열심당으로 서로 갈라져 다투고 있었다. 그러나 하나님의 독생자인 예수 그리스도는 사람이 만든 어느 당파의 조직에도 들어갈 수가 없었다.

"여우도 굴이 있고 공중의 새도 집이 있으되 인자는 머리 둘 곳이 없도다"_눅 9:58

결국 그분은 다시 고독한 길을 걸어야 했다. 무거운 십자가를 지고 골고다를 향해 올라가는 그 슬픔의 길에 그를 따르던 제자들은 하나도 없었다. 그것을 지켜보던 하나님은 무서운 고독 속에 십자가에 달려 신음하는 자신의 분신을 외면했다.

"엘리 엘리 라마 사박다니"_마 27:46

하나님의 형상대로 지음 받은 사람이 깊은 고독 속에서 고독한 하나님을 만나면 비로소 새로운 세계에 눈을 뜨게 된다. 그분을 사랑하게 되고 그분의 나라를 보게 되는 것이다.

창조와 모험

생명의 근원인 하나님의 말씀을 버리고 에덴을 나온 사람들은 뱀의 미혹을 따라 스스로 선악을 판단하며 하나님처럼 되려 했다. 인간의 선동자들은 그들을 에덴의 지배에서 벗어나 뛰쳐나온 진취적이고 모험적인 존재로 추켜세우는 반면 창조주 하나님을 완고한 지배자로 몰아 불만의 대상으로 삼았다.

"우리가 그들의 맨 것을 끊고 그의 결박을 벗어버리자 하는도다"_시 2:3

하나님은 천지를 창조하고 운행하는 분이며 진리를 세우고 공의를 지켜야 하는 책임자였다. 그래서 사탄은 하나님이 인간을 통제하고 억압하는 수구적인 지배자라고 몰아세운 것이다. 그러나 성경에 기록된 창조의 과정은 모험과 도전으로 가득 차 있다.

"빛이 있으라 하시니 빛이 있었고"_창 1:3

그 빛은 곧 생명을 의미했다.

"이 생명은 사람들의 빛이라"_요 1:4

성경은 생명이 없는 상태를 혼돈과 흑암으로 표현하고 있다. 그것은 곧 아무것도 일어나지 않는 무위의 상태를 의미하는 것이었다. 그러나 그 적막한 어둠 속에 생명이 들어가게 되면 곧 움직임이 시작되고 호흡과 박동이 일어난다. 정지되어 있던 혼돈과 흑암에 들어간 빛이 반동을 일으키게 되는 것이다.

"빛이 어둠에 비치되 어둠이 깨닫지 못하더라"_요 1:5

깨닫지 못한다는 말은 이기지 못한다는 의미를 담고 있다. 어둠이 깨닫지 못하는 사이에 그 방향을 예측할 수 없는 폭발과 소용돌이가 잉태된다. 즉 하나님의 거대한 모험이 시작되는 것이다. 하나님은 끊임없이 새로운 일을 계획하고 그 일에 뛰어들어 도전하며 활동하는 분이시다.

"아버지께서 이제까지 일하시니 나도 일한다"_요 5:17

그러므로 사려 깊고 신중한 아담의 성품도 하나님으로부터 나온 것이고, 호기심과 모험심이 강한 여자의 특징 역시 하나님에게서 받은 것이다.

"하나님이 자기 형상 곧 하나님의 형상대로 사람을 창조하시되 남자와 여자를 창조하시고"_창 1:27

하나님이 처음 아담을 에덴 동산에 살게 하셨을 때 그에게 주신 일은 다만 맡겨진 환경을 가꾸고 지키는 일이었다.

"여호와 하나님이 그 사람을 이끌어 에덴 동산에 두사 그것을 다스리며 지키게 하시고"_창 2:15, 개역한글판

그러나 아담과 여자에게 동시에 내린 분부의 내용은 훨씬 더 적극적이고 활동적이고 모험적이었다. 하나님은 그들에게 복을 주시며 이르셨다.

"생육하고 번성하여 땅에 충만하라, 땅을 정복하라, 바다의 물고기와 하늘의 새와 땅에 움직이는 모든 생물을 다스리라"_창 1:28

즉 아담에게 맡겨진 일이 움직이지 않는 것을 상대로 하는 것이라면

남자와 여자에게 공동으로 분부하신 일은 움직이는 모든 것들 속에 뛰어들고, 뒹굴고, 움켜잡아야 하는 것들이었다. 하나님은 또 그분과의 관계에 대해서도 독자성을 요구했다.

"남자가 부모를 떠나 그의 아내와 합하여 둘이 한 몸을 이룰지로다"_창 2:24

즉 하나님은 사람이 그분의 눈치를 보지 않고 자신들의 삶을 자유롭게 누리며 개척하기를 바라셨던 것이다. 그러므로 인간의 자유를 부당하게 통제하고 간섭하는 분이라고 하나님의 뜻을 왜곡한 것은 그분과 사람 사이를 이간하려는 사탄의 미혹이었다.

"하나님이 참으로 너희에게 동산 모든 나무의 열매를 먹지 말라 하시더냐"_창 3:1

보좌의 기초

성경은 하나님이 천지를 창조했다고 단언했다. 그러나 하나님을 모르는 사람들은 그렇다는 증거도 없고 본 적도 없으니 그저 가설일 뿐이라고 생각하기도 한다. 그래서 하나님이 천지를 창조했다는 믿음과 하나님은 없다는 생각이 늘 대립되어 왔다.

"어리석은 자는 그 마음에 이르기를 하나님이 없다 하도다"_시 14:1

하나님이 없다는 사람들은 세상에 나타나고 있는 불공평한 현상을 지적한다. 어떤 사람은 부유하고 좋은 가정에서 태어나 평생 부족한 것을 모르며 살다가 죽고, 어떤 사람은 어려서부터 가난한 집에서 자라 힘들게 살다가 삶을 마감한다. 부자들은 그들의 부를 유지하기 위해 손을 잡고, 가난한 자는 부를 쟁취하려고 패를 짓는다.

"다 치우쳐 함께 더러운 자가 되고"_시 14:3

또 어떤 사람은 자신의 불우한 환경을 극복하기 위해 이를 악물고 열심히 살아 성공을 하는 수도 있으나 그렇다고 행복이 보장되는 것은 아니다.

"일평생에 근심하며 수고하는 것이 슬픔뿐이라 그 마음이 밤에도 쉬지 못하나니 이것도 헛되도다"_전 2:23

매우 건강하여 자손들이 지겨울 정도로 오래 사는 사람도 있고, 태어난 지 며칠도 안 되어 사망하는 아기도 있다. 외모나 신장이 그럴듯한 사람도 있고 그렇지 못함을 한탄하는 사람도 있다. 어떤 사람은 날 때부터 불구로 태어나 어렵게 살아가는가 하면 어떤 이는 아무 문제도 없는데 성형을 계속하기도 한다. 그런데도 성경은 하나님이 공평하신 분임을 강조하고 있다.

"오직 만군의 여호와는 공평하므로 높임을 받으시며"_사 5:16, 개역한글판

공평이 없으면 하나님의 권위는 무의미하다.

"의와 공평이 그의 보좌의 기초로다"_시 97:2

그 공평이 바로 하나님의 의였다.

"나는 공평으로 줄을 삼고 의로 추를 삼으니"_사 28:17, 개역한글판

그런데도 카뮈A. Camus가 말한 부조리는 언제나 세상 도처에 널려 있다. 악인이 형통하고 의인이 고난을 당하는 것은 사람의 죄 때문에 그렇다고 하더라도 날 때부터 자신의 의사와 아무런 관계도 없이 시작된 불행은 이해하기가 어렵다. 그래서 예루살렘 사람들은 날 때부터 소경된 사람에 대해 예수께 질문을 던졌다.

"이 사람이 소경으로 난 것이 뉘 죄로 인함이오니이까"_요 9:2, 개역한글판

그 질문에 대한 예수의 대답은 이러했다.

"이 사람이나 그 부모의 죄로 인한 것이 아니라 그에게서 하나님이 하시는 일을 나타내고자 하심이라"_요 9:3

하나님이 하시는 일이란 도대체 무엇일까? 그 일이란 바로 인간의 역사 속에 운행되는 창조적 성취이다. 하나님이 하시는 일은 왕이나 영웅이나 부자들 속에 나타나지 않고 예루살렘의 소경과 뇌성마비의 시인 송명희를 통해 나타난다.

"공평하신 하나님이 나 남이 가진 것 없지만 나 남이 없는 것을 갖게 하셨네." 1983. 5. 송명희 시 '나' 중에서

하나님의 증언자로 이름을 남기는 것은 아무에게나 주어지지 않는 영광이다. 예수께서는 부자와 나사로의 비유에서 한 번 더 하나님의 공평을 확인해 주셨다.

"아브라함이 이르되 얘 너는 살았을 때에 좋은 것을 받았고 나사로는 고난을 받았으니 이것을 기억하라 이제 그는 여기서 위로를 받고 너는 괴로움을 받느니라"_눅 16:25

바람 속에 말씀이

하나님이 천지를 창조하실 때 하나님의 영은 수면에 운행하고 계셨다. 그래서 성령은 구약에서 히브리어로 '루아흐', 신약에서 헬라어로 '프뉴마'로 표기된다. 양쪽 모두 바람이라는 뜻이다. 그래서 성령이 수면에 운행하고 계셨다는 것은 곧 하나님께서 나타나셨음을 알려 주는 신호였다.

"그들이 그 날 바람이 불 때 동산에 거니시는 여호와 하나님의 소리를 듣고"_창 3:8

그 바람 속에서 하나님은 아담을 부르셨다.

"네가 어디 있느냐?"

에덴을 떠난 아담과 하와의 자손들이 다 타락하여 땅이 죄악으로 가득했을 때 땅의 모든 생물을 진멸하는 무서운 홍수가 임했다. 그 때에도 천지를 창조하던 때처럼 하나님의 영이 수면에 운행했다.

"바람으로 자기 사자를 삼으시며"_시 104:4, 개역한글판

그리고 그 물들이 물러가게 하실 때에도 마찬가지였다.

"하나님이 노아와 그와 함께 방주에 있는 모든 들짐승과 가축을 기억하사 하나님이 바람을 땅 위에 불게 하시매 물이 줄어들었고"_창 8:1

우스 땅에 살던 욥은 순전하고 정직하여 흠이 없고 악에서 떠나 하나님을 경외하며 사는 의인이었다.

"이 사람은 동방 사람 중에 가장 훌륭한 자라"_욥 1:3

그는 많던 재산과 일곱 아들과 세 딸을 하루아침에 다 잃었다. 마침내 건강까지 잃은 욥은 발바닥에서 정수리까지 종기가 가득하여 재 가운데 앉아 기와 조각으로 몸을 긁고 있었다. 욥은 아무런 불평도 하지 않았으나 고통 속에서 탄식하며 하나님을 향해 질문을 시작했다.

"주께서 어찌하여 나를 지키시나이까"_욥 7:12

그의 질문은 계속되었다.

"어찌하여 나를 당신의 과녁으로 삼으셔서 내게 무거운 짐이 되게 하셨나이까"_욥 7:20

그리고 그의 질문에는 차츰 의문의 구름이 밀려들기 시작한다.

"주께서 주의 손으로 지으신 것을 학대하시며 멸시하시고 악인의 꾀

에 빛을 비추시기를 선히 여기시나이까"_욥 10:3

욥의 질문 때문에 오히려 겁먹은 벗들이 말렸으나 그는 멈추지 않았다.

"주께서 어찌하여 얼굴을 가리시고 나를 주의 원수로 여기시나이까"_욥 13:24

그 때 부스 사람 엘리후가 나서서 그에게 말했다.

"하나님의 음성 곧 그의 입에서 나오는 소리를 똑똑히 들으라"_욥 37:2

그것은 곧 바람 속에서 말씀하고 계시는 하나님의 음성을 들으라는 것이었다. 욥은 그제야 하나님의 말씀을 듣기 시작한다.

"그 때에 여호와께서 폭풍우 가운데에서 욥에게 말씀하여 이르시되 무지한 말로 생각을 어둡게 하는 자가 누구냐"_욥 38:1,2

오늘날에도 하나님은 바람 속에서 말씀하고 계신다. 사람의 귀가 둔하여 그 음성을 듣지 못하고 있는 것뿐이다. 21세기에 들어서면서 강력한 지진과 화산 폭발이 일어나고 있는 가운데 강력한 바람이 지구를 휘감고 있다. 뉴올리언스를 휩쓸어버린 허리케인과 텍사스의 토네이도, 인도 동남부를 강타한 사이클론과 계속해서 일본을 덮치는 태풍 속에서 아직도 사람들은 하나님의 음성을 듣지 못하고 있다.

네가 보았느냐?

이유를 알 수 없는 고난으로 인해 욥이 하나님께 질문을 쏟아내고 있을 때 하나님은 태풍 속에서 그에게 말씀하셨다.

"너는 대장부처럼 허리를 묶고 내가 네게 묻는 것을 대답할지니라"_욥

38:3

그리고 마침내 하나님의 질문이 시작되었다.

"내가 땅의 기초를 놓을 때에 네가 어디 있었느냐 네가 깨달아 알았거든 말할지니라 누가 그것의 도량법을 정하였는지, 누가 그 줄을 그것의 위에 띄웠는지 네가 아느냐 그것의 주추는 무엇 위에 세웠으며 그 모퉁잇돌을 누가 놓았느냐"_욥 38:4-6

하나님이 땅의 기초를 놓았다는 말이 오랫동안 과학자들의 야유를 받았다. 그러나 오늘날에는 지각이 맨틀 위에 올려져 있다는 것을 누구나 알고 있다.

"지각은 물 위에 뜬 얼음덩이와 같은 여러 개의 플레이트로 이루어져 그것을 떠받치는 맨틀 위에 떠 있다. 이들 플레이트가 서로 밀치고 밀릴 때 그 충격이 지표에 전달되어 지진이 발생한다."클리먼트 시어러, '미 지질연구소' 의 지진 전문가

또 욥기는 지구가 공중에서 일정한 궤도를 따라 회전한다는 것도 기록해 놓았다.

"그는 북편 하늘을 허공에 펴시며 땅을 공간에 다시며"_욥 26:7, 개역한글판

오늘날에도 많은 학자들이 우주의 기원을 연구하고 있다. 물리학자 스티븐 호킹은 은하들 사이의 거리가 늘어나고 있다는 허블의 발견에 착안하여 우주는 팽창하고 있다는 가설에 근거한 '빅뱅 이론' 을 내놓았다. 물리학에서는 누구나 인정하는 명제를 법칙이라 하고 자기 생각에 의한 추정을 이론이라 한다.

"과거의 어느 시기에 은하들의 거리는 0이었을 것이다."알렉산더 프리드만, 러시아 물리학자

즉 빛보다 빠른 속도로 시간을 거슬러 가면 우주는 한 점으로 수축될

것이며 따라서 우주는 한 점의 폭발에서 시작되었다는 것이다. 호킹의 계산으로는 그 팽창에 소요된 시간이 150억년이었다. 그러나 호킹은 또 하나의 벽에 부딪히게 되었다.

"신은 우주의 처음 상태나 구성을 어떻게 선택하였을까? 시간의 시초에서 경계를 찾는 조건은 무엇이었을까?"스티븐 호킹, 『시간의 역사』 중에서

그에 의하면 우주가 150억년 동안 팽창하여 지금과 같은 상태로 될 확률은 원숭이가 제멋대로 타자기를 두들겨 셰익스피어의 14행시를 쳐내는 것과 같은 것이었다.

"뜨거운 대폭발 모델이 바로 시간의 시초에 이르기까지 옳은 것이라면, 우주의 시초 상태는 극히 세밀하게 탐구되어야 한다. 어째서 우주가 꼭 이런 방식으로 시작되어야 했는지를 설명하기는, 신이 우리 인간과 같은 존재를 일부러 창조한 의도가 아니고는 매우 어려운 일이다."

그러면서 호킹은 소위 '인간 원리Anthropic Principle' 라는 어정쩡한 답을 내놓았다.

"'왜 우주는 우리가 보는 대로의 상태로 되었을까?' 라는 질문에 대한 답은 간단하다. 만약에 그렇지 않았더라면 우리는 여기에 존재하지 않았을 것이다."

시간이 갈수록 호킹의 발언은 더욱 신의 존재를 부정하는 쪽으로 기울어졌다. 그는 2011년 5월 영국 일간지 〈가디언〉과의 인터뷰에서 천국이라든가 사후 세계에 대한 믿음은 죽음을 두려워하는 사람들이 만들어낸 동화일 뿐이라고 단언했다. 루게릭병과의 오랜 투병으로 영혼이 피곤해진 것인지 그는 결국 '불가지론' 을 고백한 소크라테스처럼 보이지 않는 세계를 포기한 것이다.

"믿음은 바라는 것들의 실상이요 보이지 않은 것들의 증거니 선진들

이 이로써 증거를 얻었느니라"_히 11:1,2

우주의 질서

엄마의 품을 벗어난 아이가 밤하늘의 별들을 바라보게 되면서 인간의 우주관이 시작된다. 밤하늘에서 사람이 육안으로 볼 수 있는 별은 약 6,000개이고 세계 최대의 망원경으로는 약 30억 개의 항성을 관측할 수가 있다고 한다. 이들 항성 중에는 태양처럼 행성들을 거느리고 있는 것들도 많다.

"하늘을 우러러 뭇 별을 셀 수 있나 보라"_창 15:5

인간의 우주관은 줄곧 지구를 중심으로 전개되었다. 우주관의 중심이 지구를 벗어나 태양으로 옮겨진 것은 AD 1543년 코페르니쿠스가 지동설을 발표한 이후부터였고 20세기에 들어서면서 그것은 다시 태양계를 벗어나 은하계로 확대되었다. 태양이란 그저 지름이 10만 광년 되는 은하계의 중심에서 약 3만 광년 떨어진 항성 중의 하나일 뿐임이 밝혀졌다. 우주는 이런 은하들의 집단으로 되어 있으며 우리 은하계는 지름 3백만 광년의 공간에 16개의 은하들과 국부 은하군을 이루고 있다.

"네가 하늘의 궤도를 아느냐"_욥 38:33

지구에 에너지를 보내 주고 있는 태양은 지구로부터 약 1억 5천만 km 떨어져 있다. 태양의 표면 온도는 섭씨 6,000도 정도이고 중심부의 온도는 섭씨 25,000도 이상 되리라고 한다. 태양의 온도가 1억 5천만 km를 지나 지구에 도달하는 온도는 영하 50도의 혹한에서 폭염으로 지칭되는 영상 50도 사이이다. 어느 날 갑자기 태양의 표면 온도가 바뀌거나 지구와의 거리가 달라지면 모든 생물은 멸종된다.

더 급한 문제는 평균 온도이다. 2007년 2월 IPCC Intergovernmental Panel on Climate Change, UN 산하의 기후변화 협의체는 온실 가스의 증가로 2100년이 되면 지구의 평균 기온이 6.4도가 높아지고 해수면은 59cm가 높아져서 각국의 해안 도시와 섬들이 물에 잠길 것이라고 발표했다. 이런 지구에서 인간이 살고 있는 것 자체가 기적이라고 할 수 있다. 지금으로부터 4천 1백년 전 메소포타미아의 갈대아 우르에 살고 있던 기술자 아브라함은 밤하늘을 바라보며 깨달았다.

"천체가 인간의 유익에 기여하고 있는 것은 그것을 주관하시는 한 분의 명령에 순종하고 있기 때문이다."요세푸스 『유대고대사』 1-7

당시 메소포타미아에 살고 있던 사람들은 3,600명의 신들을 섬기고 있었다. 신이 하나가 아닌 둘만 되어도 서로의 의견이 달라지면 다툼과 충돌이 일어나 혼란스러울 텐데 3,600명이나 되는 신들이 각기 그 별들의 소유권을 주장하며 다툰다면 우주는 큰 혼란에 휩싸이게 될 것이다. 또 모든 별들이 그 주인 된 신들의 명령에 따라 제각기 움직인다면 인간은 지구상에서 살아남을 수 없을 것이다.

"이에 세상 만민에게 여호와께서만 하나님이시고 그 외에는 없는 줄을 알게 하시기를 원하노라"_왕상 8:60

태초에 창조된 빛은 곧 혼돈을 밝히는 질서였다.

"하나님은 무질서의 하나님이 아니시요 오직 화평의 하나님이시니라" _고전 14:33

인간을 시기하여 죽이려고 하늘의 반역자가 된 사탄은 우주의 질서를 본래의 혼돈으로 되돌리기 위해 그 많은 신들을 만들어냈다.

"부어 만든 우상은 거짓 스승이라"_합 2:18

그리고 지금도 사람들을 미혹하여 제 생각대로 자기의 신들을 만들어 내게 하고 그것들이 서로 싸우게 한다. 그러나 우주는 결코 사탄의 간계와 모략으로 바꿀 수 없다. 우주를 운행하는 이는 창조주 한 분 뿐이다.

"여호와의 영광이 영원히 계속할지며 여호와는 자신께서 행하시는 일들로 말미암아 즐거워하시리로다"_시 104:31

풍운 조화

고대로부터 지금까지 인류의 역사는 날씨와 밀접하게 연관되어 있다. 날이 가물어 논과 밭이 타들어가는가 하면, 햇볕이 부족해서 농사를 망치기도 하고 태풍과 홍수로 생명과 재산을 한꺼번에 잃기도 한다. 그래서 어디서나 사람들이 만나면 날씨 이야기로 인사가 시작되고, 아이들의 일기장도 날씨를 적는 데서 시작된다.

"저녁에 하늘이 붉으면 날이 좋겠다 하고 아침에 하늘이 붉고 흐리면 오늘은 날이 궂겠다 하나니"_마 16:2,3

그래서 사람들은 도대체 바람을 일으키고 구름과 비를 부르는 존재는 누구일까 궁금하게 생각해 왔다. 동양에서는 풍백과 뇌신이 있었고 바다에서 파도를 일으키는 용왕의 전설도 있었다. 그리스 신화에는 바람의 신 아이올로스와 바다의 신 포세이돈이 있었다. 나관중의 '삼국지'에는 조조의 백만대군을 화공으로 물리치려는 주유를 돕기 위해 제갈량이 동남풍을 부르는 대목이 나온다.

"도독께서 동남풍을 쓰시려면 남병산 아래 단을 모아 주십시오. 그 단의 이름은 칠성단이니 높이 9척에 3층으로 쌓고 120명이 깃발을 잡고

둘러서게 하십시오. 내가 단에 올라 동남대풍을 빌어 도독을 돕겠습니다."『삼국지』 적벽대전 편

제갈량은 단에 올라 향을 피우고 하늘을 우러러 빌었다. 그는 도대체 누구에게 동남풍을 빌었던 것일까? 칠성단이라는 이름은 북두칠성에서 온 듯하나 성경에 나오는 일곱 교회의 일곱 별을 연상케 하여 흥미롭다.

"일곱 별은 일곱 교회의 사자요"_계 1:20

누가 바람을 부르고 비를 내리는 것일까? 성경은 천지를 창조하고 운행하시는 창조주 하나님만이 그 일을 하신다고 밝혀 놓았다.

"여호와께서 그가 기뻐하시는 모든 일을 천지와 바다와 모든 깊은 데서 다 행하셨도다 안개를 땅 끝에서 일으키시며 비를 위하여 번개를 만드시며 바람을 그 곳간에서 내시는도다"_시 135:6,7

생명체와 마찬가지로 땅과 바다도 가만히 있으면 증발과 침전이 계속되면서 불균형이 발생한다. 치료하시는 하나님은 자연의 균형을 바로잡기 위해 자주 땅을 흔들고 바다를 휘저으신다.

"주의 영을 보내 그들을 창조하사 지면을 새롭게 하시나이다"_시 104:30

땅과 바다의 균형을 바로잡는 이 과정에서 재난이 발생하기도 하므로 모르는 사람들이 그것을 마귀의 짓이라고 오해하는 수도 있다. 그러나 하나님은 그 막중한 권능과 책임을 결코 마귀에게 주신 적이 없다.

"여호와께서 명령하신즉 광풍이 일어나 바다 물결을 일으키는도다"_시 107:25

풍랑과 날씨는 땅과 바다를 치료하시는 하나님의 대의에 속하는 일이다. 우리는 다만 그것이 우리의 재앙이 되지 않도록 기도할 뿐이다.

"엘리야는 우리와 성정이 같은 사람이로되 그가 비가 오지 않기를 간절히 기도한즉 삼년 육 개월 동안 땅에 비가 오지 아니하고 다시 기도하

니 하늘이 비를 주고 땅이 열매를 맺었느니라"_약 5:17,18

또한 기도하는 사람에게는 풍랑도 유익이 된다.

"그들의 고통 때문에 여호와께 부르짖으매 그가 그들의 고통에서 그들을 인도하여 내시고 광풍을 고요하게 하사 물결도 잔잔하게 하시는도다 그들이 평온함으로 말미암아 기뻐하는 중에 여호와께서 그들이 바라는 항구로 인도하시는도다"_시 107:28-30

하나님의 무대

우리가 하나님을 볼 수는 없지만 사람의 모습 또는 사람의 생각이나 행동을 통해 하나님을 짐작할 수 있다. 하나님이 사람을 자기 형상대로 지으셨기 때문이다.

"하나님이 자기 형상 곧 하나님의 형상대로 사람을 창조하시되 남자와 여자를 창조하시고"_창 1:27

그래서 성경은 하나님을 통치자시 93:1, 왕시 24:10, 또는 재판장시 75:7으로 표현하는가 하면 치료자출 15:26, 건축자시 127:1, 교사시 119:102라고 하거나 토기장이사 64:8 또는 가수사 5:1로 지칭하기도 한다.

"모든 자에게 가까이 하시는도다"_시 145:18

문학적 재능이 있어 '아가'와 같은 뮤지컬 판타지를 발표했던 솔로몬은 하나님을 위대한 연출가로 인식했다. 젊었을 때의 방황과 갈등과 번뇌를 다 겪어본 그에게 이 세상은 하나님이 제작하고 연출하시는 작품의 무대로 보였다.

"사람이 해 아래서 수고하는 모든 수고가 자기에게 무엇이 유익한고"_

전 1:3, 개역한글판

전도서에는 '해 아래서'가 22회나 등장한다. 이는 바로 무대와 배우를 비춰 주고 있는 조명이라고 할 수 있다. 하나님의 무대에 선 출연 배우는 연기를 펼치고 다소의 출연료를 받기는 하지만 자신이 달라지는 것은 아니다. 어떤 배역을 맡았건 조명이 꺼지고 막이 내리면 의상을 벗고 이전의 모습으로 돌아갈 뿐이다.

"한 세대는 가고 한 세대는 오되 땅은 영원히 있도다"_전 1:4

하나님은 땅, 즉 지구라는 거대한 무대와 하늘의 배경과 우주적 첨단 장비들을 설치하시고 그분의 위대한 상상력과 감수성을 쏟아 넣어 '역사'라고 하는 대작을 연출하고 계신다. 오케스트라에 여러 가지 악기가 필요하듯 이 하나님의 블록버스터에는 다양한 배역들이 등장한다. 화려한 각광을 받는 주역이든 잠깐 나왔다가 들어가는 단역이든 그 무대에 캐스팅된 것은 엄청난 영광이다.

"사람이 자기 일에 즐거워하는 것보다 더 나은 것이 없음을 보았나니 이는 그것이 그의 몫이기 때문이라"_전 3:22

무대에 나선 배우는 주역이든 단역이든 연출자의 지시에 자신의 모든 주의를 집중해야 한다. 그런데도 어떤 사람은 주역을 맡았으면서 팬들의 반응에만 민감하고, 단역을 맡은 어떤 사람은 배역이 마음에 안 든다고 비관한다.

"우매자는 팔짱을 끼고 있으면서 자기의 몸만 축내는도다"_전 4:5

OECD의 통계에는 한국의 자살률이 1위로 나와 있고 연간 자살자가 10만 명당 22명, 즉 11만 명이 자살을 한다고 나온다. 그 중에는 남들이 부러워할만한 배역을 맡은 자도 있고 힘만 드는 단역을 비관한 자도 있다. 어쨌든 이들은 허락 없이 무대를 떠나 연출자를 난처하게 하고 일부만 발표된 작품의 대본이 장차 어떻게 전개될지, 이 위대한 작품의 결말이 어찌될지에도 무관심한 자들이다.

"형통한 날에는 기뻐하고 곤고한 날에는 생각하라 하나님이 이 두 가지를 병행하게 하사 사람으로 장래 일을 능히 헤아려 알지 못하게 하셨느니라"_전 7:14, 개역한글판

작품이 끝나면 주역이든 단역이든 모두 무대 의상을 벗고 연출자와 관객들 앞에서 그 성과를 평가받게 된다. 천국의 시상식에서 각 부문의 수상자들이 소감을 발표할 때 허락 없이 무대를 떠난 자들은 어디에도 보이지 않을 것이다.

"하나님은 모든 행위와 모든 은밀한 일을 선악 간에 심판하시리라"_전 12:14

창조의 열쇠

태초에 하나님은 그 말씀으로 천지를 창조하셨다. 말씀이 하나님과 함께 계셨고 그 말씀이 곧 하나님이셨다. 태초부터 말씀은 하나님과 함께 계셨다.

"만물이 그로 말미암아 지은 바 되었으니 지은 것이 하나도 그가 없이는 된 것이 없느니라"_요 1:3

성경은 그 말씀이 세상에 오셨다고 했다.

"말씀이 육신이 되어 우리 가운데 거하시매 우리가 그의 영광을 보니 아버지의 독생자의 영광이요 은혜와 진리가 충만하더라"_요 1:14

그러므로 사람이 어려서부터 그 부모에게 묻고, 스승에게 질문하고,

하나님께 구하던 모든 해답이 그 말씀 속에 있다. 하나님의 독생자로 세상에 오신 예수 그리스도는 그 모든 것에 답할 수 있는 열쇠를 가지고 오셨다. 그는 제자 베드로에게 자신이 지니고 있던 소중한 열쇠를 선뜻 내어 주셨다.

"내가 천국 열쇠를 네게 주리니 네가 땅에서 무엇이든지 매면 하늘에서도 매일 것이요 네가 땅에서 무엇이든지 풀면 하늘에서도 풀리리라"_마 16:19

그 열쇠는 바로 천지 창조를 주도했던 열쇠였다. 그 창조의 열쇠를 제사장도 철학자도 아니고 과학자나 예술가도 아닌 어부 베드로에게 주었던 것이다. 베드로가 그 열쇠를 받은 이유는 그의 위대한 고백 때문이었다.

"주는 그리스도시요 살아 계신 하나님의 아들이시니이다"_마 16:16

바로 그 고백 속에 하나님의 거대한 창조의 비밀이 숨어 있었던 것이다. 흑암 속에 생명을 불어 넣은 하나님의 천지 창조는 매우 위험한 결단으로 하나님의 모든 것을 걸고 온 열정을 쏟아 넣었던 큰 모험이었다.

"내가 나를 가리켜 맹세하노니"_창 22:16

하나님이 창조한 역사의 중심은 사람이었으나 하나님의 시뮬레이션 속에서 그 사람의 실패와 타락은 예측되어 있었다. 그런 위험에도 불구하고 하나님이 천지 창조를 밀어붙인 비밀이 있었다.

"천국의 비밀을 아는 것이 너희에게는 허락되었으나"_마 13:11

그것은 처음부터 준비된 하나님의 작전 계획이었다.

"이 비밀은 만세와 만대로부터 감추어졌던 것인데 이제는 그의 성도들에게 나타났고"_골 1:26

그 비밀은 바로 예수 그리스도였다.

"이 비밀은 너희 안에 계신 그리스도시니 곧 영광의 소망이니라"_골 1:27

이것이 바로 역사의 클라이맥스에서 펼치실 하나님의 대반전 계획이었던 것이다. 사탄은 사람을 미혹하여 하나님의 말씀으로부터 떠나게 하고 믿음이 없는 패역한 세대를 만들게 했다. 그가 세상을 자기 손아귀에 넣었다고 좋아할 때 하나님의 말씀이 직접 세상에 오셔서 대반전의 작전을 개시한 것이다. 그것은 곧 하나님의 창조를 완성하는 전쟁이었고 승리와 개선의 시작이었다.

"우리가 그를 전파하여 각 사람을 권하고 모든 지혜로 각 사람을 가르침은 각 사람을 그리스도 안에서 완전한 자로 세우려 함이니"_골 1:28

사도 바울은 오직 그 작전에 참여하게 된 것을 영광으로 여겼다.

"이를 위하여 나도 내 속에서 능력으로 역사하시는 이의 역사를 따라 힘을 다하여 수고하노라"_골 1:29

복이란 무엇인가?

전능하신 하나님이 자기 형상대로 사람을 창조하시되, 남자와 여자를 창조하시고 먼저 하신 일은 그들에게 '복' 을 주신 것이었다.

"하나님이 그들에게 복을 주시며"_창 1:28

복이란 무엇인가? 그것은 하나님이 사람을 자기 형상대로, 즉 창조주의 형상을 닮은 창조적 존재로 지으셨다는 것이다. 하나님이 천지를 창조하실 흑암 속에서 그 일을 시작하셨듯이 창조는 없는 것을 있는 것처럼 상상하고, 계획하고, 실현하는 데서 시작된다. 그 모든 능력은 천지를 창조하신 하나님의 말씀에서 나온다.

"하나님이 그들에게 이르시되 생육하고 번성하여 땅에 충만하라, 땅을 정복하라, 바다의 물고기와 하늘의 새와 땅에 움직이는 모든 생물을 다스리라"_창 1:28

즉 하나님께서 사람에게 없는 것을 있는 것처럼 상상할 수 있는 능력을 주시고, 그 능력의 근원인 말씀을 주신 것이 곧 사람이 받은 '복' 이었다. 창작, 예술, 발명 등 모든 창조적 활동들이 그 상상력에서 비롯되는 것이다. 뿐만 아니라 하나님은 사람이 그분의 일에 동참하도록 견학과 실습까지 시키셨다.

"여호와 하나님이 흙으로 각종 들짐승과 공중의 각종 새를 지으시고 아담이 무엇이라고 부르나 보시려고 그것들을 그에게로 이끌어 가시니 아담이 각 생물을 부르는 것이 곧 그 이름이 되었더라"_창 2:19

하나님은 또 동역자가 된 사람에게 창조의 독자성을 강조하셨고 다만 창조적 능력의 근원인 말씀을 떠나지 말라고 권고하셨다.

"동산 각종 나무의 열매는 네가 임의로 먹되 선악을 알게 하는 나무의 열매는 먹지 말라 네가 먹는 날에는 반드시 죽으리라"_창 2:16,17

그러나 사람은 뱀의 미혹에 속아 복의 근원인 말씀과 창조의 능력을 버리고, 모방과 표절에 몰두하는 멸망의 길을 선택했다. 사람이 말씀을 떠나서 한 일은 다툼과 살인과 파괴 뿐이었고, 결국 자신을 찔러 자멸의 함정에 빠져들었다. 그래서 하나님은 그 독생자를 보내 창조적 인간으로 되돌아갈 수 있는 회개와 중생의 길을 열어 주셨다. 그러나 사탄은 오늘도 그 길을 막으며 방해한다.

"우리는 창조자인데 어리석게도 피조물이 되어 용서를 구한다."댄 브라

운, 『로스트 심벌』 중에서

이것이 아직도 계속되는 뱀의 미혹이다. 예수 그리스도로 말미암지 않고는 창조적 존재로 돌아갈 수 없다는 말씀을 부인하고, 회개와 중생 없이도 스스로 창조자가 될 수 있다는 영지주의적 논리인 것이다. 댄 브라운은 이 소설에서 예수는 부처, 무하마드, 조로아스터 등 위대한 스승들 중 하나이며 성경은 이슬람의 코란, 유대교의 토라, 힌두교의 베다와 함께 신성한 책이라고 말한다.

"거짓말 하는 자가 누구냐 예수께서 그리스도이심을 부인하는 자가 아니냐 아버지와 아들을 부인하는 그가 적그리스도니"_요일 2:22

우리는 파괴의 길을 가면서도 지식 있는 체 하며 자멸의 길로 이끌면서도 창조자인 체 하는 영지주의자들의 미혹을 벗겨내고 '어떤 것이 참된 창조적 인간의 길인가' 를 증거해야 할 것이다. 예수 그리스도를 통해 아버지께로 돌아온 빛의 자녀들만이 진정한 창조의 동역자들이 될 수 있는 것이다.

"누구든지 헛된 말로 너희를 속이지 못하게 하라 이로 말미암아 하나님의 진노가 불순종의 아들들에게 임하나니 그러므로 그들과 함께 하는 자가 되지 말라 너희가 전에는 어둠이더니 이제는 주 안에서 빛이라 빛의 자녀들처럼 행하라"_엡 5:6-8

성경 속의 비밀 ❸

사랑에 관하여

사랑에 목숨을 걸고

하나님은 왜 천지를 창조했던 것일까? 그에 대한 여러 가지 신학적 답변이 있을 수 있다. 그러나 필자는 성경에서 발견한 첫 번째 보화에서 그 답을 찾았다.

"사람이 혼자 사는 것이 좋지 아니하니"_창 2:18

하나님이 아담을 보고 그렇게 말씀하신 것은 곧 하나님 자신의 고독에 대한 소회일 수도 있었다. 성경이 말하듯이 하나님은 전능하신 분이다.

"나는 전능한 하나님이라"_창 17:1

무엇이든지 할 수 있는 그 하나님이라도 영원 속에 혼자 계시는 것은 견딜 수 없는 것이었다. 하나님이 천지를 창조한 본래 목적은 하늘이나 땅이나 아니면 해나 달을 창조하는 것이 아니었다. 하나님은 그분 자신의 고독을 해결하기 위해 사람을 창조하셨고 그 사람을 위해 모든 것을 창조하셨던 것이다.

"하나님이 자기 형상 곧 하나님의 형상대로 사람을 창조하시되"_창 1:27

사람은 처음부터 하나님을 닮은 존재로 태어났다. 하나님이 자기와 닮은 사람을 창조했다는 것은 곧 사랑하기 위해서 창조했다는 뜻이다. 하나님이 창조하신 공중의 새와 땅의 새와 물 속의 생물들은 서로 닮아야 사랑을 할 수 있기 때문이다.

"제 짝이 없는 것이 없으리니"_사 34:16

모든 생물을 암, 수로 만들어 서로 사랑하게 하신 것은 하나님이 오랫동안 견뎌온 고독을 힘들어 하셨기 때문이다. 모든 생물의 암, 수가 닮은 유전자를 보유한 것은 서로 사랑을 나눌 수 있는 필수 조건이다.

"우리가 사랑함은 그가 먼저 우리를 사랑하셨음이라"_요일 4:19

하나님은 천지 창조의 첫째 날에 생명을 창조하셨고 그 생명은 곧 빛이었다. 하나님이 생명을 창조하신 것은 곧 사랑을 시작하셨다는 뜻이다. 모든 생물이 짝을 지어 사랑하는 모습에서 하나님은 생명의 탄생을 배우게 하셨다. 사랑은 고독의 문제를 해결할 수 있는 유일한 방편이다. 동시에 생명은 그 사랑에 의해서 태어나고 이어진다. 그래서 하나님은 사랑이 되신 것이다.

"하나님은 사랑이심이라"_요일 4:8

그러나 사랑은 또한 위험한 것이었다. 빛이 어둠에 비취면 소용돌이가 시작되듯이 사랑은 고독보다 더 큰 아픔을 초래한다. 그래서 하나님은 사람으로 하여금 생물들의 위험한 사랑을 목격하게 하셨다. 거미나 사마귀는 사랑의 행위에 목숨을 걸고 연어와 가시고기의 암, 수는 자식을 위해 자신을 버린다.

"사랑은 죽음 같이 강하고"_아 8:6

창조주 하나님이 자기의 고독을 해결하기 위해 사람을 창조하셨다면 그분은 사랑을 위해 어떤 각오를 하셨던 것일까? 무서운 일이었다. 천지를 창조하시고, 우주의 주인이시고 전능하신 하나님이 사랑을 위해 목숨을 걸었던 것이다. 하나님은 그분의 말씀인 예수 그리스도를 세상에 보내셨고 사람들을 살리기 위해 십자가에 달리게 하셨다. 요한이 기록한 대로 그분은 곧 하나님이셨다.

"그가 곤욕을 당하여 괴로울 때에도 그의 입을 열지 아니하였음이여 마치 도수장으로 끌려가는 어린 양과 털 깎는 자 앞에서 잠잠한 양 같이 그의 입을 열지 아니하였도다 그는 곤욕과 심문을 당하고 끌려갔으나 그 세대 중에 누가 생각하기를 그가 살아 있는 자들의 땅에서 끊어짐은

마땅히 형벌 받을 내 백성의 허물 때문이라 하였으리요"_사 53:7,8

사랑과 자유

성경을 처음 읽는 사람은 첫 장을 펼치자마자 그 내용이 이해 가지 않는 일들로 가득 차서 어리둥절하게 된다. 하나님은 왜 에덴 동산에 먹으면 안되는 열매가 달린 나무를 심어 놓았을까? 왜 하나님은 사람이 그것을 따서 먹도록 내버려 두셨을까? 도대체 왜 하나님은 사람을 창조해 놓고 속을 썩이시는 것일까? 왜, 왜, 왜…… 수많은 '왜' 가 성경 안으로 들어선 사람을 혼란스럽게 한다.

"사랑하지 아니하는 자는 하나님을 알지 못하나니 이는 하나님은 사랑이심이라"_요일 4:8

역사 속에서 일어나고 있는 모든 수상한 일들이 바로 그 사랑 때문에 시작되었다. 사랑이라는 것 자체가 그만큼 까다로운 것이다. 그 안에 환상과 기쁨이 있는가 하면 눈물과 한숨도 있고 터질 듯 벅차오르다가 처절하게 무너지기도 한다. 사랑은 논리적으로 따질 수도 없고 수학으로 계산되지도 않고 학문적으로도 해석이 불가능하다.

"예언도 폐하고 방언도 그치고 지식도 폐하리라"_고전 13:8

그런데 하나님은 사랑이시고 성경은 사랑의 기록이다. 그러므로 성경의 모든 내용을 단 한마디로 요약한다면 '사랑' 일 수밖에 없다. 그런데 사랑은 논리적으로 따질 수도 없고 수학으로 계산되지도 않고 학문적인 것은 더욱 아니다. 사랑은 그저 사랑일 뿐이다. 사랑하는 데는 이유가 있을 수 없다. 그래서 사랑을 해본 자만이 하나님을 알 수 있고, 성경을 사랑의 방법으로 이해할 수 있다.

“사랑은 오래 참고 사랑은 온유하며”_고전 13:4

사랑은 강제로 이루어지는 것이 아니다. 권력이나 폭력으로 상대를 가질 수 없다. 그러므로 사랑의 절대 조건은 ‘자유’ 다. 서로가 자유롭고 대등한 입장에서 상대방을 선택하는 것이다. 그것은 하나님의 경우에도 마찬가지이다. 하나님이 진정으로 사람을 사랑하시려면 그에게 자유를 주어야 했다. 바로 거기에 사랑의 위험이 있었던 것이다. 그러나 하나님은 그 위험에 뛰어들기로 하셨다.

“동산 각종 나무의 열매는 네가 임의로 먹되 선악을 알게 하는 나무의 열매는 먹지 말라 네가 먹는 날에는 반드시 죽으리라”_창 2:16,17

그것이 하나님의 프러포즈였다. 선악을 알게 하는 나무의 열매를 먹지 말라는 프러포즈는 선하신 하나님과 함께 살면 선악을 알 필요가 없다는 것이고, 먹지 말라는 당부는 하나님의 말씀을 버리지 말라는 것이었다. 그 나무의 주위에는 경비원도 없었고 철조망도 장치되어 있지 않았다. 그 선택은 오직 사람의 자유에 달려 있었다.

“그 자유로 악을 가리는 데 쓰지 말고”_벧전 2:16

그러나 사람은 그 열매를 먹고 자신의 판단대로 살겠다는 쪽을 선택했다. 내 말을 받아들여 나와 함께 살자는 하나님의 프러포즈는 거절당했고, 모처럼 시작된 하나님의 사랑과 인류의 역사는 그렇게 비극으로 막을 열었다.

“이러므로 내가 애통하며 애곡하고 벌거벗은 몸으로 행하며 들개 같이 애곡하고 타조 같이 애통하리니”_미 1:8

그래서 하나님은 선지자들을 통해 끊임없이 호소하고 계신다. 나의 이 간절하고 안타까운 마음을 알아달라고 애원하신다. 구약 성경의 역사는 하나님이 그렇게 울고 불며 사람을 쫓아다니는 슬픔의 역사이고 아픔의 역사였다.

"나는 인애를 원하고 제사를 원하지 아니하며 번제보다 하나님을 아는 것을 원하노라"_호 6:6

사랑의 포도원

사람들이 말하기를 예술의 여러 분야 중에서 가장 역사가 오래된 것은 음악이라고 말한다. 이후로 무용, 연극, 미술, 문학 등 여러 분야의 예술이 발전했으나 아직도 음악과 노래는 여전히 대중의 사랑을 받고 있다. 우리나라 사람들은 유난히 슬픔을 많이 겪으며 살아왔기 때문인지 새나 짐승 또는 벌레가 소리를 내면 운다고 표현하는데, 대부분의 경우 그것은 짝을 부르는 사랑의 노래라고 한다. 그리고 그들보다 먼저 노래를 부른 최초의 가수는 사랑의 원조인 하나님이셨다.

"나는 내가 사랑하는 자를 위하여 노래하되 내가 사랑하는 자의 포도원을 노래하리라"_사 5:1

하나님이 사랑하기 위하여 사람을 창조해 놓고, 그 사랑하는 자를 위해 사랑의 소야곡을 불렀다는 것은 쉽게 이해할 수 있다. 그러나 또 그 사랑하는 자의 포도원을 노래한다는 것은 무슨 뜻일까? 그리워하던 상대를 만나 고백하고, 속삭이고, 껴안고, 입을 맞추는 것도 사랑의 중요한 표현이기는 하나 그렇게만 살 수는 없다. 사랑하는 사람들에게는 그들이 함께 일하는 일터가 필요하다.

"내가 사랑하는 자에게 포도원이 있음이여 심히 기름진 산에로다"_사 5:1

일터가 없는 사랑은 쾌락의 함정에 빠질 수도 있다. 1976년 일본의 오시마 나기사 감독이 만든 영화 '관능의 제국'은 그런 변질된 사랑의 파멸을 그린 것이다. 실제 사건을 소재로 만든 그 영화는 세상과 단절된 채 여관방에 틀어박혀 사랑만 하는 남녀가 어떻게 되는가를 그려내고 있다. 사랑놀이에 싫증이 난 그들은 서로 목을 누르는 살인 유희를 하다가 남자가 죽는 것으로 끝이 난다.

"네가 장차 들어갈 음부에는 일도 없고 계획도 없고 지식도 없고 지혜도 없음이니라"_전 9:10, 개역한글판

많은 여인에 둘러싸여 살았던 솔로몬이 가장 사랑한 자는 일하는 여자였다.

"무화과나무에는 푸른 열매가 익었고 포도나무는 꽃을 피워 향기를 토하는구나 나의 사랑, 나의 어여쁜 자야 일어나서 함께 가자"_아 2:13

사랑하는 자와 함께 일하는 것은 삶을 위한 노동이 아니다. 같은 꿈을 꾸고, 같은 생각을 하고, 같은 일을 하며 의견을 나누고, 수고를 나누고, 열매를 거둔 보람과 기쁨을 나누는 것이 곧 사랑이다. 하나님이 사람을 위해 준비한 포도원은 그분의 꿈이고 사랑이었다. 그러나 그 포도원에 문제가 생겼다.

"우리를 위하여 여우 곧 포도원을 허는 작은 여우를 잡으라 우리의 포도원에 꽃이 피었음이니라"_아 2:15

솔로몬의 포도원에 일어난 파란은 하나님의 포도원에서 있었던 사건을 패러디한 것이다. 사람이 일을 버리고 떠나자 하나님의 꿈은 무너졌다.

"내가 좋은 포도 맺기를 기다렸거늘 들포도를 맺음은 어찌 됨인고"

_사 5:4

그러나 하나님은 결코 그 포도원을 포기하지 않는다.

"포도원 주인이 어떻게 하겠느냐 와서 그 농부들을 진멸하고 포도원을 다른 사람들에게 주리라"_막 12:9

그리고 포도원을 다시 가꾸기 위해 독생자 예수 그리스도를 보내셨다. 그는 늘 포도원의 재건을 강조했다. 하나님의 포도원은 재건될 것이다.

"천국은 마치 품꾼을 얻어 포도원에 들여보내려고 이른 아침에 나간 집 주인과 같으니 그가 하루 한 데나리온씩 품꾼들과 약속하여 포도원에 들여보내고"_마 20:1,2

사랑과 질투

많은 사람들이 사랑과 질투는 동질성을 가진 두 얼굴이라고 표현한다. 사랑하는 자가 다른 상대에 더 관심을 가지면 질투하는 마음이 생길 것은 당연하다. 때로는 연인의 진심과 관계없이 자신 안에서 일어난 의심과 질투 때문에 번뇌와 자학의 늪에 빠지기도 한다. 그래서 오셀로는 아내 데스데모나를 죽이고 자신도 자살했다.

"유황불 속에 나를 태워다오."셰익스피어, 『오셀로』 중에서

그런데 성경에는 하나님도 질투를 하신다고 적혀 있어 우리를 당혹하게 한다.

"너는 다른 신에게 절하지 말라 여호와는 질투라 이름하는 질투의 하나님임이니라"_출 34:14

요한일서는 하나님을 사랑이시라고 했다.

"하나님은 사랑이심이라"_요일 4:8

그런데 출애굽기에서는 질투의 하나님이시라 했으니 사랑과 질투가 동질성을 가진 두 얼굴이라는 말을 실감하게 된다. 하나님은 자기 형상대로 사람을 만드시고 사랑하셨으나 사람은 그 사랑을 거부하고 그분을 떠났다. 하나님은 사랑이시나 요즘 세상이 말하는 '연애 선수'는 아니셨다. 사람과 사랑에 빠졌던 하나님이 그가 다른 신을 만들어 놓고 섬겼을 때 얼마나 당황하셨을지 짐작이 간다.

"네 여호와는 소멸하는 불이시요 질투하시는 하나님이시니라"_신 4:24

이 대목을 기록한 모세는 지난날 조상들의 때에 겪었던 홍수의 비극이 이번에는 다시 화염의 참변으로 일어나지 않을까 두려워했다. 하나님은 홍수가 지나간 후에 다시는 모든 생물을 홍수로 멸하지 않으리라고 약속하신 바가 있었다.

"땅을 멸할 홍수가 다시 있지 아니하리라"_창 9:11

그러나 그 하나님이 또한 소멸하는 불이시라고 했으니 홍수로 멸하지 않고 소돔과 고모라처럼 땅을 유황불로 멸할 수도 있는 것이다.

"너희 중에 계신 너희의 하나님 여호와는 질투하시는 하나님이신즉 너희의 하나님 여호와께서 네게 진노하사 너를 지면에서 멸절시키실까 두려워하노라"_신 6:15

그런데도 이스라엘은 결국 다른 신들을 섬기다가 결국 멸망당했고, 지금도 사람들은 돌아오라는 하나님의 호소를 외면하고 다른 신들에게 절하고 있다.

"나무에게 깨라 하며 말하지 못하는 돌에게 일어나라 하는 자에게 화 있을진저 그것이 교훈을 베풀겠느냐 보라 이는 금과 은으로 입힌 것인

즉"_합 2:19

녹여서 붓고 손으로 깎아내서 금과 은으로 입힌 것만 우상이 아니다. 자기 지식으로 빚어내고 만들어낸 사상과 주장에 매달리는 것도 역시 우상이고 눈에 보이는 권력과 이득에 끌려 다니는 것도 역시 우상이다.

"악인은 그의 교만한 얼굴로 말하기를 여호와께서 이를 감찰하지 아니하신다 하여 그의 모든 사상에 하나님이 없다 하나이다"_시 10:4

질투하시는 하나님의 진노가 땅에서 생명을 멸절시킬 것이라 했다. 사랑은 떨리는 것이다. 목숨을 거는 것이기 때문이다. 하나님이 진노하지 않아도 인간 자신이 벌써 자신들의 멸망을 준비하고 있다. 인간은 지금 지구상에 5만 5천기의 핵무기를 보유하고 있는데 그것으로 히로시마와 같은 도시 160만 개를 파괴할 수 있다. 죽음 같이 애절한 하나님의 사랑 앞에 우리는 지금 떨고 있는가?

"너는 나를 인印 같이 마음에 품고 도장 같이 팔에 두라 사랑은 죽음 같이 강하고 투기는 음부 같이 잔혹하며 불 같이 일어나니 그 기세가 여호와의 불과 같으니라"_아 8:6, 개역한글판

아프더라도 새롭게

사람이 하나님의 말씀을 버리고 선악을 알게 하는 나무의 열매를 먹은 후에 사람에게 내려진 첫 번째 조치는 임신의 아픔이었다.

"네게 임신하는 고통을 크게 더하리니 네가 수고하고 자식을 낳을 것이며"_창 3:16

전후의 상황으로 보아 여자에게 임신의 고통을 크게 더하신 것은 금단의 열매를 먼저 먹은 여자에게 내린 형벌로 여겨진다. 그러나 이것은 남자와 여자에게 함께 더하신 고통이었다. 여자는 심한 입덧과 출산의 두려움에 목숨을 걸지만 남자는 여자를 사랑하고 임신을 시키는 데 목숨을 걸기 때문이다.

"사랑은 죽음 같이 강하고"_아 8:6

그러나 사람이 징계를 당하는 모든 장면 속에는 하나님 자신도 함께 겪는 아픔이 숨겨져 있다. 남자가 여자를 사랑하는 것에 목숨을 걸듯이 하나님도 사람을 사랑하는 일에 목숨을 걸기 때문이다. 그것이 탄식하며 새 시대를 열어가는 하나님의 아픔이다.

"사람의 죄악이 세상에 가득함과 그의 마음으로 생각하는 모든 계획이 항상 악할 뿐임을 보시고 땅 위에 사람 지으셨음을 한탄하사 마음에 근심하시고"_창 6:5,6

그래서 홍수로 모든 것을 쓸어버리실 때에도 노아와 그의 가족들을 남겨 다음 시대를 이어가게 하셨다. 그러나 노아의 자손들 역시 반역의 탑을 쌓기 시작했다.

"성읍과 탑을 건설하여 그 탑 꼭대기를 하늘에 닿게 하여 우리 이름을 내고 온 지면에 흩어짐을 면하자"_창 11:4

사람이 더 이상 자멸의 길에 빠지지 않도록 하나님은 그들의 언어를 혼잡케 하여 온 지면에 흩으셨다. 잘못된 합의에 빠져 멸망으로 신속하게 가는 것을 저지하고 늦추기 위함이었다. 흩어진 사람들은 각기 나름대로의 문화를 만들어가며 하나님에 관한 기억을 상실하게 되었다. 잊혀지는 것은 하나님의 더 큰 아픔이었다.

"그들은 혹시 잊을지라도 나는 너를 잊지 아니할 것이라"_사 49:15

하나님은 아브라함의 자손을 택하여 약속의 땅으로 인도하려 했다. 그러나 그들은 광야에서 하나님과의 동행을 거부하여 더욱 그분을 아프게 했다.

"한 지휘관을 세우고 애굽으로 돌아가자"_민 14:4

하나님은 그 다음 세대를 약속의 땅으로 들어가게 했으나 상황은 마찬가지였다.

"그 후에 일어난 다른 세대는 여호와를 알지 못하며"_삿 2:10

이렇게 성경의 역사는 사람에 대한 하나님의 실망과 다시 새로운 시대를 잉태하는 그분의 아픔으로 이어지고 있다. 그 아픔을 감내하며 하나님은 말씀하신다.

"보라 내가 새 일을 행하리니 이제 나타낼 것이라"_사 43:19

그리고 마침내 그분이 보낸 독생자가 세상에 와서 새로운 시대를 선언했다.

"새 포도주를 낡은 가죽 부대에 넣지 아니하나니 그렇게 하면 부대가 터져 포도주도 쏟아지고 부대로 버리게 됨이라"_마 9:17

그분이 감당했던 잉태의 고통을 다시 성령이 이어받는다.

"주의 영을 보내어 그들을 창조하사 지면을 새롭게 하시나이다"_시 104:30

그토록 깊은 실망과 혹독한 아픔 속에서도 하나님은 끊임없이 새로운 세대를 잉태하시는데 사람은 미리 겁을 먹고 그 고통을 피하고 있다. 하나님은 그분의 형상대로 사람을 지으셨으나 사람은 그분의 영을 피해 불임의 길을 간다. 성령의 권고를 따라 부지런히 새것을 잉태하지 않으면 낡은 가죽 부대는 곧 터지게 될 것이다.

"하나님이 나라를 너희는 빼앗기고 그 나라의 열매 맺는 백성이 받으

리라"_마 21:43

사랑을 위하여

우리가 하나님을 경외하며 믿고 따르는 것은 그분이 전지전능하시며 사람을 사랑하시고 자비로운 분이어서 오래 참으시고 합리적인 분이라고 여기기 때문이다. 그러나 성경을 읽기 시작한 지 얼마 안 되어 죄에 대한 하나님의 처사가 너무 과격하고 참담한 것이어서 놀라게 되고 의아하게 여기게 된다. 하나님의 앞을 떠나 악해진 사람들을 홍수로 다 쓸어버린다는 대목이 그런 사례다.

"내가 창조한 사람을 내가 지면에서 쓸어버리되 사람으로부터 가축과 기는 것과 공중의 새까지 그리 하리니 이는 내가 그것들을 지었음을 한탄함이니라"_창 6:7

이를 두고 어떤 단체에서 하나님을 공개적으로 비난한 적이 있었다. 스스로 창조해 놓고 심판한다는 하나님을 믿을 수 없다는 것이다. 교회나 신학자들도 이를 설명하려면 그리 간단한 문제는 아니다. 이 문제는 역시 논리적, 학문적으로 설명하기 어려운 사랑의 속성을 이해하는 데서부터 풀어가는 편이 나을 것이다.

"사랑하지 아니하는 자는 하나님을 알지 못하나니"_요일 4:8

감히 하나님과 사람을 비교할 수는 없을지라도 사람이 그분의 형상대로 창조되었다 하므로 사랑을 해본 사람의 심정으로 하나님의 마음을 미루어 짐작할 수 있을 것이다. 그분은 사람과의 진실한 사랑을 하기 위해 가장 위험한 선물인 자유를 주셨다. 그리고 성경에 기록된 범위로만 보면 하나님은 처음으로 사람이라는 특정한 대상을 사랑하시게 되었고 그 사랑에 모든 것을 걸었다.

"내가 내 포도원을 위하여 행한 것 외에 무엇을 더할 것이 있으랴"_사 5:4

하나님은 그 전능하신 솜씨로 좋은 포도를 맺게 할 수도 있었다. 그러나 강제적인 정보를 입력한 피조물과는 진실한 사랑을 할 수 없기에 처음부터 사람의 선택에 자유를 주셨고 그 자유 때문에 포도원은 고통의 폐허로 변한 것이다. 이런 참담한 일을 처음 당하신 하나님은 첫사랑을 거부당한 소년처럼 당황하셨다.

"나의 영이 영원히 사람과 함께 하지 아니하리니 이는 그들이 육신이 됨이라"_창 6:3

하나님은 이 굴욕적인 사랑을 포기하려고 하셨다. 그러나 낙심하여 한숨 쉬는 그분을 크게 격려하는 한 줄기의 시선이 있었다.

"그러나 노아는 여호와께 은혜를 입었더라"_창 6:8

이 구절의 히브리어 원문이 그 시선을 담고 있다.

"But Noah found grace in the eyes of the LORD."흠정역

이 'grace'의 히브리어는 '하아난'으로, 은혜라는 뜻과 함께 아름답다는 의미를 포함하고 있다. 노아는 홍수로 땅 위의 모든 생물을 쓸어버리려 작정한 하나님의 눈에서 아름다움을 발견했다는 것이다. 마치 어린아이가 회초리를 든 부모의 무서운 눈에서 사랑을 발견했다는 것과 같다. 참으로 놀라운 일이 아닐 수 없었다. 사랑을 숨긴 하나님의 눈빛과 그것을 발견한 노아의 시선이 엮이면서 홍수의 격랑 속에서 다시 용기를 내신 하나님은 그 사랑의 불씨를 품에 안았다.

"무지개가 구름 사이에 있으리니 내가 보고 나 하나님과 모든 육체를 가진 땅의 모든 생물 사이의 영원한 언약을 기억하리라"_창 9:16

그분은 다시 급한 마음을 달래시며 기다림의 긴 사랑을 시작하셨다. 그분이 보내는 독생자를 통해 사람들이 그분의 사랑을 기억해내고 스스로 찾아오게 하신 것이다.

"누가 우리를 그리스도의 사랑에서 끊으리요 환난이나 곤고나 박해나 기근이나 적신이나 위험이나 칼이랴"_롬 8:35

사랑의 이원론

합리적인 사고를 선호하던 헬라인들은 하늘과 땅, 물과 불, 영혼과 육체 등 무엇이든지 상대적으로 생각하는 것을 좋아했다. 물론 이런 개념은 만물에 나타나는 창조 질서의 일반적 현상을 근거로 한 것이었다.

"제 짝이 없는 것이 없으리니 이는 여호와의 입이 이를 명하셨고 그의 영이 이것들을 모으셨음이라"_사 34:16

그러나 헬라인들의 이런 이원론적 개념은 본래 가나안 신화에서 유래된 것이었다. 노아의 저주를 받은 가나안창 9:25은 천지를 창조하신 하나님을 고의적으로 격하시키기 위해 하늘의 신 엘과 땅의 여신 아세라로 분리시켰다.

"아세라는 그 남편 엘 앞에 엎드렸다"테오도르 가스터, 『세상에서 가장 오래된 이야기』 III-3 중에서

가나안 문화를 전해 받은 헬라인들은 사랑에도 이원론의 원리를 적용하여 육체적인 사랑 '에로스'와 정신적인 사랑 '아가페'로 분리시켰다. '아가페' 덕분에 헬라어로 기록된 신약 성경은 당시의 문란한 세태 속에

서 사랑의 숭고함을 표현할 수 있었으나 본래 구약 성경에서 대부분의 사랑은 모두 '아하바동사는 아헤브' 였다.

"이삭이 리브가를 인도하여 그의 어머니 사라의 장막으로 들이고 그를 맞이하여 아내로 삼고 사랑하였으니"_창 24:67

자식에 대한 부모의 사랑도 아하바였다.

"이삭은 에서가 사냥한 고기를 좋아하므로 그를 사랑하고 리브가는 야곱을 사랑하였더라"_창 25:28

사람에 대한 하나님의 사랑도 마찬가지였다.

"여호와께서 네 조상들을 사랑하신 고로"_신 4:37

사람이 하나님을 사랑할 때에도 역시 아하바를 사용했다.

"네 하나님 여호와를 사랑하라"_신 6:5

친구간의 우정을 말할 때에도 똑같은 아하바로 표현되었다.

"요나단은 다윗을 자기 생명 같이 사랑하여"_삼상 18:3

즉 남녀, 가족, 친구 간의 사랑과 하나님의 사랑, 하나님에 대한 사랑이 모두 아하바아헤브였다. 하나님의 사랑은 점잖고 고상한 것만이 아니라 가족, 연인 간의 사랑처럼 간절하고, 절실하고, 열정적인 사랑임을 뜻하는 것이다. 그런 하나님의 사랑은 헬라어의 '아가페' 때문에 사람들이 이해하기 어려운 난해한 사랑이 되어 멀어져갔다.

"내 눈이 밤낮으로 그치지 아니하고 눈물을 흘리리니"_렘 14:17

이런 하나님의 슬프고, 뜨겁고, 안타까운 사랑이 헬라인의 이원론 때문에 사람들로부터 잊혀져가고 있다. 사랑이 아가페와 에로스로 갈라진 후에 사람들은 하나님을 대적하는 자들이 바랐던 대로 모두들 이해하기 어려운 아가페를 내던지고 에로스 쪽으로 몰려가게 되었다. 누구든지 사랑이라면 에로스를 떠올린다.

"사랑은 언제나 오래 참고……"

술자리에서 곧잘 불리곤 하는 그 노래까지도 많은 사람들이 침대 속의 '에로스'로 왜곡하고 있다. 이제 우리는 하나님의 애절한 사랑을 '아가페'의 유리관에서 꺼내 본래의 '아하바'로 되돌려 놓아야 한다.

"여호와께서 이르시되 내가 너희를 사랑하였노라 하나 너희는 이르기를 주께서 어떻게 우리를 사랑하셨나이까 하는도다"_말 1:2

사랑의 여백

영원 속에서 혼자 지내시던 하나님은 자기 형상대로 창조한 아담을 바라보시며 그가 혼자 지내는 것을 측은하게 여기셨다.

"내가 그를 위하여 돕는 배필을 지으리라"_창 2:18

하나님은 아담을 위해 그의 갈빗대 하나로 여자를 만드시고 서로 사랑하게 하셨다.

"남자가 부모를 떠나 그의 아내와 합하여 둘이 한 몸을 이룰지로다"_창 2:24

에덴 동산을 나온 그들은 많은 자녀를 낳게 되었다.

"아담은 백 삼십 세에 자기의 모양 곧 자기의 형상과 같은 아들을 낳아 이름을 셋이라 하였고 아담은 셋을 낳은 후 팔백 년을 지내며 자녀들을 낳았으며"_창 5:3,4

남자와 여자가 사랑을 할 때에도 서로 자유로운 입장에서 상대를 선택해야 하므로 하나님은 그들의 만남과 선택에 대해서 절대로 개입하지 않으셨다. 이스라엘 백성에게 가나안의 자녀들과는 혼인하지 말 것을 권하셨으나 일단 서로 만나 사랑이 시작되면 하나님은 한 번도 말리시거나 반대하신 적이 없었다.

"유다는 다말에게서 베레스와 세라를 낳고 베레스는 헤스론을 낳고 헤스론은 람을 낳고 람은 아미나답을 낳고 아미나답은 나손을 낳고 나손은 살몬을 낳고 살몬은 라합에게서 보아스를 낳고 보아스는 룻에게서 오벳을 낳고 오벳은 이새를 낳고 이새는 다윗 왕을 낳으니라 다윗은 우리야의 아내에게서 솔로몬을 낳고……"_마 1:3-6

이 계보에서 이미 네 여자가 등장하는데 다말은 유다의 며느리였고, 라합과 룻과 우리야의 아내 밧세바는 모두 이방 여자였다. 그러나 하나님은 유다와 살몬, 그리고 보아스와 다윗의 선택에 아무런 간섭도 하지 않으셨다. 사실 그렇게 자유로운 선택을 했다고 하더라도 사랑의 표현은 하나님의 눈치를 보아가며 하는 것이 좋다. 하나님은 늘 일방적으로만 사랑하셨을 뿐 사랑을 받아보지 못한 외로운 분이기 때문이다. 하나님을 사랑한다고 처음으로 고백한 사람은 다윗이었다.

"나의 힘이신 여호와여 내가 주를 사랑하나이다"_시 18:1

사람을 창조하고 3천년 만에 처음 받아본 사랑의 고백이 그나마도 조건부였다. 나의 힘이 되었기 때문에 사랑한다는 것이다. 사랑을 받아보지 못하신 하나님은 너무 사랑에 열중하고 있는 자보다는 사랑 못 받는 쪽에 오히려 더 마음을 쓰신다. 야곱은 본의 아니게 자매와 그 여종 둘까지 아내로 얻었으나 동생 라헬과의 사랑이 각별했다.

"야곱이 라헬을 위하여 칠년 동안 라반을 섬겼으나 그를 사랑하는 까닭에 칠년을 며칠 같이 여겼더라"_창 29:21

그는 레아의 몫으로도 7년을 더하여 14년의 머슴살이를 했다. 그러나 실은 모두가 라헬을 얻기 위함이었다. 그가 라헬만을 사랑하니 하나님은 레아를 가엾게 여기셨다.

"여호와께서 레아가 사랑받지 못함을 보시고 그의 태를 여셨으나 라헬은 자녀가 없었더라"_창 29:31

야곱의 사랑에 간섭하시지는 못해도 잉태와 출산은 하나님의 소관이었던 것이다. 결국 레아와 두 명의 여종에게서 10명의 아들을 태어난 후에야 라헬에게도 아들 하나를 주셨다. 그리고 라헬은 두 번째 아들을 낳다가 죽었다.

"라헬이 죽으매 에브랏 곧 베들레헴 길에 장사되었고"_창 35:19

사랑의 캔버스를 페인트로 가득 채우는 뜨거운 사랑도 좋지만 사랑받지 못하시는 하나님 앞에서 한국화처럼 여백을 남겨 두는 사랑도 아름다운 일이다. 조선시대 여인들은 오래간만에 돌아온 남편을 부엌에서 살짝 내다보며 행주치마를 입에 물고 입만 방긋 하는 그런 사랑을 하며 살았다.

사랑과 절제

사람의 조상은 생명의 근원인 하나님의 말씀에 따르지 않고 금단의 열매를 먹어서 죽는 존재가 되었다. 하나님은 죽게 된 사람을 다시 살리기 위해 스스로 아픔을 당하셔야 했다. 즉 독생자를 세상에 보내 피를 흘리게 하실 일이 작정된 것이다.

"내가 너로 여자와 원수가 되게 하고 여자의 후손은 네 머리를 상하게 할 것이요 너는 그의 발꿈치를 상하게 할 것이니라"_창 3:15

구원의 예고는 다시 양을 잡는 피의 제사로 이어졌다.

"피흘림이 없은즉 사함이 없느니라"_히 9:22

인간의 역사가 전개되는 동안 하나님은 그 아들이 처참하게 찢겨 피흘리게 될 일을 생각하며 줄곧 고통과 아픔 속에 계셨다. 그런데도 사람들은 자신의 아들을 아끼고 위하는 데만 바빴다. 하나님은 오랫동안 자신과 동행한 아브라함에게 그분의 아픔을 호소하려고 그의 독자 이삭을 번제로 드리라고까지 했었다.

"네 아들 네 사랑하는 독자 이삭을 데리고 모리아 땅으로 가서 내가 네게 일러준 한 산 거기서 그를 번제로 드리라"_창 22:2

아브라함과 그 아들 이삭은 그 명령에 순종함을 보여 하나님을 감동시켰다. 그러나 이삭의 아들인 야곱의 사랑은 라헬 소생의 요셉에게만 쏠려 있었다.

"야곱이 눈을 들어 보니 에서가 사백 명의 장정을 거느리고 오는지라 그의 자식들을 나누어 레아와 라헬과 두 여종에게 맡기고 여종들과 그의 자식들은 앞에 두고 레아와 그의 자식들은 다음에 두고 라헬과 요셉은 뒤에 두고"_창 33:1,2

만약 에서와 그의 부하들이 칼로 공격을 하면 여종과 그의 자식들이 먼저 칼을 맞고 다음에는 레아와 그 자식들이 당하고 그 사이 라헬과 요셉은 도망쳐 살라는 뜻이었다. 그러니 요셉보다 먼저 태어난 열 명의 형들은 아버지를 원망하지는 못하고 요셉을 미워할 수밖에 없었던 것이다. 결국 라헬은 그녀의 두 번째 아들을 낳다가 죽었으니 요셉에 대한 야곱의 사랑은 더 유난해졌다.

"요셉은 노년에 얻은 아들이므로 이스라엘이 여러 아들들보다 그를 더 사랑하므로 그를 위하여 채색옷을 지었더니 그의 형들이 아버지가

형들보다 그를 더 사랑함을 보고 그를 미워하여 그에게 편안하게 말할 수 없었더라"_창 37:4

결국 형들은 아버지의 심부름으로 찾아온 요셉을 죽이려다가 지나가는 장사꾼에게 팔아넘기고 요셉의 채색옷을 찢어 염소의 피에 적신 것을 아버지에게 보이며 그가 죽은 것으로 알게 했다. 열일곱의 나이로 애굽에 팔려간 요셉은 하나님의 도우심으로 형통한 자가 되어 서른 살에 애굽의 총리가 되지만 아버지와 떨어져 그 긴 세월을 노예로 살아야 했고 아버지는 슬픔에 잠겨 지냈다.

"아버지나 어머니를 나보다 더 사랑하는 자는 내게 합당하지 아니하며 아들이나 딸을 나보다 더 사랑하는 자도 내게 합당하지 아니하며"_마 10:37

하나님께서 처음부터 작정하신 대로 피를 흘리는 아들이 되기 위해 오신 예수 그리스도는 이렇게 하나님의 마음을 전했다. 자녀를 사랑하는 것은 당연한 일이나 하나님의 마음을 안다면 절제가 필요하다. 특히 자녀 사랑에 목숨을 거는 요즘의 부모들이 새겨둬야 할 일이다. 자녀에 대한 지나친 사랑은 그 자녀를 더 힘들게 하고 급기야는 부모 자신의 긴 탄식과 슬픔이 될 수도 있다.

"매를 아끼는 자는 그의 자식을 미워함이라 자식을 사랑하는 자는 근실히 징계하느니라"_잠 13:24

하나 되게 하소서

에덴 동산에서 뱀이 사람을 미혹한 것은 하나님과 사람을 갈라놓기 위함이었다. 하나님은 아담에게 선악을 알게 하는 나무의 열매를 먹으면 죽으리라고 말씀하셨는데 뱀은 여자에게 죽지 않을 것이라고 거짓말을 했다.

"너희가 결코 죽지 아니하리라"_창 3:4

그 열매를 먹고 두려워진 아담은 그 책임을 여자에게 전가했다.

"하나님이 주셔서 나와 함께 있게 하신 여자 그가 그 나무 열매를 내게 주므로 내가 먹었나이다"_창 3:12

아담은 그 말로 여자에게 뿐만 아니라 그 여자를 만들어 이끌어 오신 하나님에게까지 그 책임을 떠넘겼다. 애초에 선악을 알게 하는 나무도 없고, 여자도 없었으면 아무 일도 없었을 것이라는 항변이었다. 사랑하는 아담의 항변에 마음을 상하신 하나님은 다시 여자에게 물었으나 그 대답도 역시 아담의 대답과 같은 것이었다.

"뱀이 나를 꾀므로 내가 먹었나이다."_창 3:13

그 뱀도 역시 하나님이 창조한 것 아니냐는 뜻이었다. 이후로 하나님과 사람 사이에는 돌이킬 수 없는 단절이 생겼고 사람과 사람의 관계에서도 갈라짐의 역사가 생겨났다. 남편과 아내가 갈라서고, 형과 아우가 갈라지고, 부모와 자녀가 헤어졌다. 그러다가 마침내 죄악이 땅에 가득하여 홍수의 화를 당한 후에 사람들은 다짐했다.

"성읍과 탑을 건설하여 그 탑 꼭대기를 하늘에 닿게 하여 우리의 이름을 내고 온 지면에 흩어짐을 면하자"_창 11:4

그러나 에덴의 잘못을 회개함이 없이 사람의 이름으로 하나가 되려 한 것은 결국 하나님과 사람을 갈라놓으려는 사탄의 미혹에 걸려든 것이었다. 하나님은 그것을 막기 위해 사람들의 언어를 서로 알아듣지 못하게 하셨다. 바벨탑의 공사는 중단되었고 사람들은 흩어져 살게 되었다. 하나님은 서로 다른 언어와 다른 문화 속에서 살면서도 그들의 기억 속에 하나님이 남아 있기를 기대하셨다.

"인류의 모든 족속을 한 혈통으로 만드사 온 땅에 살게 하시고 그들의 연대를 정하시며 거주의 경계를 한정하셨으니 이는 사람으로 혹 하나님을 더듬어 찾아 발견하게 하려 하심이로되 그는 우리 각 사람에게서 멀리 계시지 아니하도다"_행 17:26,27

하나님은 사람들의 하나 됨을 회복하시려고 독생자를 세상에 보내셨다. 예수 그리스도의 마지막 기도는 아버지 안에서 하나가 되게 해 달라는 것이었다.

"아버지께서 내 안에, 내가 아버지 안에 있는 것 같이 그들도 다 하나가 되어 우리 안에 있게 하사 세상으로 아버지께서 나를 보낸 것을 믿게 하옵소서"_요 17:21

그가 고난을 당하신 후 마가의 다락방에서 성령 강림 사건이 일어났다. 바벨탑에서 흩어졌던 언어가 성령의 능력으로 다시 소통을 시작했던 것이다. 성령께서 하시는 일은 사람들로 하여금 하나님 안에서 다시 하나가 되게 하는 것이었다.

"평안의 매는 줄로 성령이 하나 되게 하신 것을 힘써 지키라"_엡 4:3

그러나 아직도 사람들은 갈라지고 있다. 다른 언어를 번역하는 장치도 나왔으나 사람들은 서로 같은 언어마저도 이해하지 못하고 있다. 여전히 부부가 갈라서고, 형제가 갈라지고, 부모와 자녀가 헤어진다. 스승과 제자가 서로 욕하고, 경영자와 근로자도 서로 싸운다. 심지어는 교회까지도 바벨탑처럼 자기 이름을 내기 위해 갈라지고 있다. 성령이 계시지 않는 교회는 교회가 아니다.

"귀 있는 자는 성령이 교회들에게 하시는 말씀을 들을지어다"_계 3:13

성경 속의 비밀

성경 속의 비밀 ❹

동행에 관하여

아름다운 동행

성경에 기록된 인물 중 그리스도인들이 가장 부러워하는 대상은 에녹일 것이다. 성경의 창세기에는 에덴 동산을 나온 아담에서 시작하여 그 자손들의 탄생과 죽음이 기록되어 있다. 그러나 아담의 7대손 에녹의 경우에는 죽었다는 기록이 없다.

"에녹은 65세에 므두셀라를 낳았고 므두셀라를 낳은 후 3백년을 하나님과 동행하며 자녀를 낳았으며 그는 365세를 살았더라 에녹이 하나님과 동행하더니 하나님이 그를 데려가시므로 세상에 있지 아니하였더라" _창 5:21-24

아담 이후로 홍수 이전 시대에 태어난 사람들의 수명이 8백 내지 9백세 정도임을 감안할 때 에녹은 그 절반도 살기 전에 데려가신 셈이다. 에녹의 때에나 지금이나 하나님은 보이지 않는 분딤전 6:16이시다. 그런데 에녹이 어떻게 보이지 않는 하나님과 동행하였다는 것인지 그 힌트가 히브리서에 기록되어 있다.

"믿음으로 에녹은 죽음을 보지 않고 옮겨졌으니 하나님이 그를 옮기심으로 다시 보이지 아니하였느니라 그는 옮겨지기 전에 하나님을 기쁘시게 하는 자라 하는 증거를 받았느니라 믿음이 없이는 하나님을 기쁘시게 하지 못하나니 하나님께 나아가는 자는 반드시 그가 계신 것과 또한 그가 자기를 찾는 자들에게 상 주시는 이심을 믿어야 할지니라"_히 11:5,6

보이지 않는 하나님과 보이는 것처럼 동행했다는 것은 그분이 살아계신다는 것을 믿었기 때문이었다. 그 믿음의 출처는 바로 사랑이다.

"어느 때나 하나님을 본 사람이 없으되 만일 우리가 서로 사랑하면 하나님이 우리 안에 거하시고 그의 사랑이 우리 안에 온전히 이루어지느니라"_요일 4:12

하나님은 사랑이시기 때문에요일 4:8 사랑하는 마음이 있으면 하나님의 마음을 알게 되고 그분의 마음을 알면 그분을 사랑하게 된다. 에녹의 때에는 이미 사람이 육체가 되어창 6:3 죄악이 관영하고 사랑이 사라진 때였다. 그러나 에녹은 사람을 지으신 하나님을 사랑했고, 아프고 외로우신 그분의 마음을 알았다. 에녹을 주인공으로 쓴 필자의 소설 '에녹행전' 에서 그는 하나님을 위로해 드린다.

"하나님, 힘드시죠?"

죄악이 관영한 세상을 살아가는 우리도 힘들지만 그분은 더 힘드시다. 하나님께 힘들다고 매달리기만 할 것이 아니라 때로는 그분이 힘드실 때 내 어깨를 내어드리며 잠시 기대시게 하는 것도 필요하다.

"주께서 인생으로 고생하게 하시며 근심하게 하심은 본심이 아니시로다"_애 3:33

그래서 우리는 그분이 자기를 찾는 자들에게 상 주시는 분임을 알게 된다.

"나는 네 방패요 너의 지극히 큰 상급이니라"_창 15:1

즉 하나님이 주시는 상급은 그분 자신이었다. 사랑하는 자에게 자신을 주시는 하나님의 본심을 알았기에 에녹은 그분과 사랑하며 동행할 수 있었다. 그리고 마침내 그분의 본심은 예수 그리스도로 나타나게 되었던 것이다.

"본래 하나님을 본 사람이 없으되 아버지 품 속에 있는 독생하신 하나님이 나타내셨느니라"_요 1:18

그러므로 하나님의 상급으로 오신 예수 그리스도를 만나면 그분과의 아름다운 동행이 시작되고 그 동행은 그분의 나라까지 이어질 것이다.

"내 말을 듣고 또 나 보내신 이를 믿는 자는 영생을 얻었고 심판에 이르지 아니하나니 사망에서 생명으로 옮겼느니라"_요 5:24

아벨의 제단

아담과 그의 아내가 금단의 열매를 먹은 후 즉시 육신의 눈은 밝아졌으나 그 영안은 어두워졌고 그들은 서로의 영적인 아름다움을 볼 수 없게 되었다. 온 몸을 감싸고 있던 영혼의 빛이 벗겨지자 그들은 상대방의 벗겨진 육신만을 보게 되었다. 초라하게 벗겨진 상대방을 보고 그들은 자기 몸이 부끄러워졌다.

"이에 그들의 눈이 밝아져 자기들이 벗은 줄을 알고 무화과나무 잎을 엮어 치마로 삼았더라"_창 3:7

사람이 하나님의 말씀을 거부했을 때 누구보다도 참담했던 분은 하나님이셨다. 그분은 뱀과 여자와 아담에 대한 조치를 내리시고 작별의 말씀을 하셨다.

"너는 흙이니 흙으로 돌아갈 것이니라"_창 3:19

그리고 하나님은 그들에게 주실 마지막 선물을 준비하신다.

"여호와 하나님이 아담과 그의 아내를 위하여 가죽옷을 지어 입히시니라"_창 3:21

가죽옷을 지으려면 짐승을 잡아 가죽을 벗겨야 했다. 후일 사람들의 생활로 미루어 보아 아마도 죽임을 당한 짐승은 양이었을 것이다. 하나님이 양을 죽여 그 가죽을 벗길 때 그것을 본 아담과 그의 아내가 얼마나 놀라서 떨었을까를 짐작할 수 있다. 에덴 동산에서 처음으로 생명 가진 짐승이 죽어 피를 흘리는 사건이 일어난 것이다. 그 일을 하는 하나님의 모습은 또 어떠했을까?

"어찌하여 주께서 기르시는 양을 향하여 진노의 연기를 뿜으시나이까"_시 74:1

사람들이 에덴에서 나와 살 때에도 여전히 옷을 지을 가죽이 필요했다. 그 가죽을 조달하는 일은 아담의 작은 아들 아벨이 맡았다.

"아벨은 양치는 자였고 가인은 농사하는 자였더라"_창 4:2

양을 치는 일이 형보다 힘든 것은 아니었으나 정작 힘든 것은 그 마음의 아픔을 견디는 일이었다. 양을 치는 것은 자식을 기르듯 그 성품을 알고 상태를 살피며 정성을 쏟아야 하는 것이다. 아벨은 그렇게 기른 양들을 가죽이 필요하여 잡을 때마다 아픈 마음을 견뎌내야 했다. 하나님은 아담과 하와를 위해 양을 죽여 가죽을 벗길 때와 같은 아픔을 겪고 있는 아벨을 주목하고 계셨다.

"세월이 지난 후에"_창 4:3

하나님께 제물을 드릴 때가 되어 가인은 농산물로 드렸고 아벨은 드릴 것이 없어 양의 첫 새끼와 그 기름으로 드렸다. 하나님은 가인의 제물을 돌아보지 않으시고 아벨이 드린 아픔의 제물만을 받으셨다.

"그들이 들에 있을 때에 가인이 그의 아우 아벨을 쳐죽이니라"_창 4:8

에녹을 주인공으로 소설 '에녹행전'을 구상하며 필자는 아벨을 떠올리게 되었다. 아벨은 에녹 이전에 이미 하나님의 아픈 마음과 동행한 사람이었다. 히브리서에 에녹은 하나님이 자기를 찾는 자들에게 상 주시는 분임을 믿었다고 했는데, 하나님의 아픔을 함께 겪으며 동행하고 아픔의 제물을 드린 아벨이 받은 것은 죽음뿐이었다.

"나는 네 방패요 너의 지극히 큰 상급이니라"_창 15:1

하나님의 독생자 예수 그리스도는 제자들에게 너희 이름이 하늘에 기록된 것으로 기뻐하라눅 10:20 하셨다. 그리고 아벨을 최초의 의인으로 올려놓았다.

"그러므로 의인 아벨의 피로부터"_마 23:35

히브리서 역시 아벨을 하나님께서 인정한 의인으로 기록했다.

"믿음으로 아벨은 가인보다 더 나은 제사를 하나님께 드림으로 의로운 자라 하시는 증거를 얻었으니 하나님이 그 예물에 대하여 증언하심이라"_히 11:4

역사적 거래

성경을 읽다 보면 이해하기 어려운 내용을 자주 만나는데 그 중의 하나가 하나님이 아브라함에게 그의 독자 이삭을 번제로 바치라고 하는 대목이다.

"하나님이 아브라함을 시험하시려고 그를 부르시되 아브라함아 하시니 그가 이르되 내가 여기 있나이다 여호와께서 이르시되 네 아들 네 사랑하는 독자 이삭을 데리고 모리아 땅으로 가서 내가 네게 일러 준 한 산 거기서 그를 번제로 드리라"_창 22:1,2

우선 시험이라는 어휘부터가 수상쩍다. 성경에 시험이라고 번역된 어휘는 테스트 또는 연단의 의미로 사용되나 이 경우에 사용된 '닛싸'는 유혹의 의미가 강하다. 사람을 불에 태워서 바치는 번제 자체가 하나님이 가증히 여기는 행위이기 때문이다.

"너는 결단코 자녀를 몰렉에게 주어 불로 통과하게 함으로 네 하나님의 이름을 욕되게 하지 말라"_레 18:21

몰렉은 가나안의 아스다롯, 모압의 그모스와 같은 음란의 여신이다. 이들 여신에게 자식을 번제로 바쳐 풍년을 기원하는 것이 이방의 악한 풍습이었다. 그러므로 하나님으로부터 그런 지시를 받은 아브라함은 혹시 자기가 잘못 들은 것인지, 아니면 하나님이 잘못 말씀하셨는지 따져 물어봐야 했다. 그러나 아브라함은 아무런 대꾸도 하지 않고, 아내와도 상의하지 않은 채 길을 나섰다.

"아브라함이 아침에 일찍이 일어나 나귀에 안장을 지우고 두 종과 그의 아들 이삭을 데리고 번제에 쓸 나무를 쪼개어 가지고 떠나 하나님이 자기에게 일러 주신 곳으로 가더니"_창 22:3

도대체 하나님은 왜 아브라함에게 그런 일을 시킨 것일까? 문제의 근원은 다시 아담의 때로 거슬러 올라간다.

"선악을 알게 하는 나무의 열매는 먹지 말라"_창 2:17

그러나 사람이 그 말씀에 순종하지 않게 될 것을 하나님은 아셨고, 사람을 살리기 위해 독생자를 세상에 보내실 일이 처음부터 작정된 것이다. 그러나 생명의 말씀을 거부하고 떠난 사람에게 공평하신 하나님이 명분 없이 독생자를 보낼 수는 없었다.

"오직 만군의 여호와는 공평하므로 높임을 받으시며"_사 5:16, 개역한글판

그래서 하나님은 자신의 아들과 사람의 아들을 맞바꾸는 공정한 거래를 계획하신 것이다. 그러나 누가 선뜻 자신의 독자를 하나님께 바칠 것인가? 하나님은 아브라함을 택하여 그와 동행하시며 순종의 훈련을 시작하셨다.

"내가 네게 지시할 땅으로 가라"_창 12:1, 개역한글판

그리고 아브라함과 50년을 동행하신 후 극비리에 역사적 거래를 제의하셨다. 하나님은 염치불구하고 네 아들을 내게 달라고 하신 것이다. 만약 아브라함이 거래를 거부했다면 하나님은 처음부터 다시 시작할 수밖에 없었을 것이다. 그러나 오랫동안 하나님과 동행하여 그분의 마음을 잘 아는 아브라함은 말씀에 순종하여 칼을 들었다.

"아브라함아 아브라함아"_창 22:11

너무 감격하여 그의 이름을 두 번이나 부른 하나님의 모습이 보이는 듯하다.

"내가 나를 가리켜 맹세하노니 네가 이 같이 행하여 네 아들 네 독자도 아끼지 아니하였은즉 내가 네게 큰 복을 주고 네 씨가 크게 번성하여 하늘의 별과 같고 바닷가의 모래 같게 하리니 네 씨가 그 대적의 성문을 차지하리라"_창 22:16,17

그래서 하나님의 독생자를 믿는 우리는 아브라함을 믿음의 조상으로 여긴다.

"또 네 씨로 말미암아 천하 만민이 복을 받으리니 이는 네가 나의 말을 준행하였음이니라"_창 22:18

그리스도의 예표

하나님은 그 독생자를 세상에 보내시기 전에 이미 많은 징조와 예표로 그 일을 알려 주셨다. 그래서 구약 성경은 그런 예표적인 사건과 인물들로 가득 차 있다.

"그들이 섬기는 것은 하늘의 있는 것의 모형과 그림자라 모세가 장막을 지으려 할 때에 지시하심을 얻음과 같으니 이르시되 삼가 모든 것을 산에서 네게 보이던 본을 따라 지으라 하셨느니라"_히 8:5

그래서 구약 성경에 등장하는 많은 인물들은 그 생애의 일부분을 예수 그리스도의 예표와 모형으로 살았다. 그 최초의 예표가 처음 피를 땅에 흘렸던 아벨이었다.

"그러므로 의인 아벨의 피로부터 성전과 제단 사이에서 너희가 죽인 바라갸의 아들 사가랴의 피까지 땅 위에서 흘린 의로운 피가 다 너희에게 돌아가리라"_마 23:35

하나님과 3백년을 동행하다가 하늘로 옮기어진 에녹도 그리스도의 모형이었다. 에녹은 죽음을 보지 않고 옮기어졌고, 그리스도는 죽음을 당했으나 다시 살아나 하늘로 올리어진 것은 에녹과 같았던 것이다. 그러나 누구보다도 예수 그리스도를 정확하게 예표하고 있는 인물은 아브라함의 독자 이삭이다.

"아브라함이 이에 번제 나무를 가져다가 그의 아들 이삭에게 지우고"_창 22:6

예수 그리스도는 하나님의 독생자였고 이삭은 아브라함의 독자였다. 아브라함이 그 아들 이삭에게 번제 나무를 지워 모리아 산으로 올라가게 한 것은 하나님이 예수 그리스도에게 십자가를 지워 골고다로 가게 하신 것과 같다. 번제 나무는 이삭 자신을 불태울 나무였고 십자가는 예수 자신을 못 박을 나무였다.

"예수께서 자기의 십자가를 지시고 해골히브리말로 골고다이라 하는 곳에 나가시니"_요 19:17

당시 아브라함의 나이가 125세쯤이었으리라는 학자들의 추정을 따르면 이삭의 나이는 25세였고, 늙은 아버지를 충분히 뿌리칠 수 있는 나이였다. 그런데도 이삭은 아버지의 결단에 순종했고 예수 그리스도 역시 그러했다.

"그가 곤욕을 당하여 괴로울 때에도 그의 입을 열지 아니하였음이여"_사 53:7

이삭이 그리스도의 예표적 인물이라면 그리스도의 신부가 되기를 원하는 크리스천은 그의 신부인 리브가를 주목할 필요가 있다. 그는 물동이의 물을 아브라함의 종에게 주어 물을 마시게 했을 뿐 아니라 그의 낙타 10마리에게도 물을 길어 마시게 했다. 낙타 10마리가 마시는 데 필요한 물은 1천 리터, 즉 5드럼에 해당하는 양이었다. 그녀의 아버지 브두엘이 청혼을 받아들여 혼사를 결정한 후에 딸을 며칠 더 머물다 가게 하려고 당장 가겠는지 여부를 딸에게 물었을 때 그녀는 대답했다.

"가겠나이다"_창 24:58

아브라함의 종이 리브가를 데리고 떠나 주인의 지경에 이르렀을 때 신랑 될 이삭이 브엘라해로이를 떠나 마중을 나와 있었다. 이삭은 리브가를 그의 장막에 맞아들여 아내로 삼고 사랑하였다. 신랑 되실 예수께서 구원받은 성도들을 마중하여 어린 양의 혼인 잔치에 들인다는 성경의 내용을 그대로 예표하고 있는 모습이다.

"주께서 호령과 천사장의 소리와 하나님의 나팔 소리로 친히 하늘로부터 강림하시리니 그리스도 안에서 죽은 자들이 먼저 일어나고 그 후에 우리 살아남은 자들도 그들과 함께 구름 속으로 끌어 올려 공중에서 주를 영접하게 하시리니 그리하여 우리가 항상 주와 함께 있으리라"_살전 4:16,17

발꿈치를 잡다

아브라함은 갈대아 우르에서 하나님의 부르심을 받아 평생을 그분과 동행하였고, 이삭은 모리아 산에서 하나님의 뜻에 순종하여 그리스도의 예표가 되었다. 그런데 하나님은 자신을 호칭하실 때 이삭의 아들 야곱을 언급하신다.

"나는 네 조상의 하나님이니 아브라함의 하나님, 이삭의 하나님, 야곱의 하나님이니라"_출 3:6

야곱은 아버지 이삭을 속여 형 에서의 장자권을 가로챘을 뿐만 아니라 외로우신 하나님 앞에서 라헬에 대한 사랑과 그녀가 낳은 아들 요셉에 대한 집착이 너무 강하여 수난을 많이 당한 사람이었다. 그런데도 하나님은 서슴지 않고 자신을 가리켜 야곱의 하나님이라고 하셨다. 하나님은 어떻게 야곱에게 붙잡히셨던 것일까?

"해산 기한이 찬즉 태에 쌍둥이가 있었는데 먼저 나온 자는 붉고 전신이 털옷 같아서 이름을 에서라 하였고 후에 나온 아우는 손으로 에서의 발꿈치를 잡았으므로 그 이름을 야곱이라 하였으며"_창 25:24-26

야곱이라는 이름은 발꿈치를 잡았다는 뜻이었다. 그는 형보다 조금 늦게 태어나 차지하지 못한 장자권에 미련을 갖고 있다가 아버지를 속여 축복을 가로챘다.

"하나님은 하늘의 이슬과 땅의 기름짐이며 풍성한 곡식과 포도주를 네게 주시기를 원하노라 만민이 너를 섬기고 열국이 네게 굴복하리니 네가 형제들의 주가 되고"_창 27:28,29

형 에서의 분노를 피해 도망 다니면서도 그는 하나님께 매달렸다.

"하나님이 나와 함께 계셔서 내가 가는 이 길에서 나를 지키시고 먹을 떡과 입을 옷을 주시어 내가 평안히 아버지 집으로 돌아가게 하시오면 여호와께서 나의 하나님이 될 것이요"_창 28:20,21

그가 밧단아람에서 네 아내와 열 한 아들을 얻고 그들과 재산과 종들을 이끌고 돌아올 때 형 에서가 부하 4백 명을 이끌고 온다는 소식을 들었다. 그는 형에게 보내는 선물을 세 떼로 나누어 먼저 보내고, 아내와 자식들도 세 그룹으로 나누어 얍복 강을 건너가게 한 후에 홀로 남아 하나님께 기도를 드렸다.

"야곱은 홀로 남았더니 어떤 사람이 날이 새도록 씨름하다가 자기가 야곱을 이기지 못함을 보고 그가 야곱의 허벅지 관절을 치매 야곱의 허벅지 관절이 그 사람과 씨름할 때에 어긋났더라"_창 32:24,25

날이 새려 하므로 그가 이만 가게 해 달라고 했으나 야곱은 당신이 내게 축복하지 않으면 놓아 주지 않겠다고 했다. 그가 결국 손을 들었다.

"네 이름을 다시는 야곱이라 부를 것이 아니요 이스라엘이라 부를 것이니 이는 네가 하나님과 사람으로 더불어 겨루어 이기었음이니라"_창 32:28, 개역한글판

'이스라엘' 은 하나님과 겨루어 이겼다는 뜻이었다. 그의 축복을 받아낸 야곱은 그곳 이름을 '브니엘' , 즉 하나님의 얼굴이라고 했다. 내가 하나님과 대면하여 보았으나 생명이 보존되었다는 의미였다. 그날 밤의 일은 야곱에게도 큰 사건이었으나 하나님 쪽에서도 사람과 껴안고 밤새도록 뒹굴었던 잊지 못할 추억이 되었다.

"그가 브니엘을 지날 때에 해가 돋았고 그 환도뼈로 인하여 절었더라" _창 32:31, 개역한글판

그 후로로 야곱은 한 번도 하나님을 떠난 적이 없었다. 형의 발꿈치를

잡고 세상으로 나온 야곱은 그 집요한 손으로 하나님의 발꿈치를 움켜잡고 험악한 세월 147년을 그분과 동행했던 것이다.

유목민의 후예

조지 오웰의 소설 『1984년』은 정보 네트워크를 장악한 빅 브라더에 의해 역사와 사생활이 완벽하게 통제된 사회를 그려내 요한계시록에 등장하는 적그리스도의 지배를 구체적으로 보여주었다. 많은 그리스도인들이 IT 산업의 발전을 두려운 눈으로 바라보고 있는 사이 그것은 이미 휴대전화, 컴퓨터, 인터넷, 디지털 TV 등을 타고 사정없이 우리 모두의 생활 속으로 쳐들어오고 있다.

"미래 사회에서는 지식 기술이 가치 창출의 원천이 될 것이다." 앨빈 토플러, 『제3의 물결』 중에서

세상은 어쩔 수 없이 성경에 기록된 것처럼 종말론적 디스토피아로 가고 있다고 하더라도 그리스도인은 그 속에서 하나님의 자녀, 천국의 시민이라는 정체성을 지키며 살아가야 한다. 프랑스의 사회학자 피에르 레비의 한 저서에서 우리는 그리스도인의 생존 전략에 대한 힌트를 얻을 수 있다.

"21세기에 현대인은 다시 사이버 초원을 방랑하는 유목민이 되었다." 피에르 레비, 『집단지성』 중에서

그는 21세기를 신 유목민Neo Nomad의 시대라고 했다. 유목민의 특성은 지식과 감성으로 끊임없이 새로운 초원을 찾아내 긴밀한 협력을 통해 그곳으로 신속하게 이동하는 것이다. 그 말이 우리 귀에 익숙한 것은

그리스도인이 유목민의 후예이기 때문이다. 성경은 예수 그리스도를 아브라함과 다윗의 자손이라고 했는데마 1:1 아브라함은 유목민이었다.

"믿음으로 그가 이방의 땅에 있는 것 같이 약속의 땅에 거류하여 동일한 약속을 유업으로 함께 받은 이삭 및 야곱과 더불어 장막에 거하였으니 이는 그가 하나님이 계획하시고 지으실 터가 있는 성을 바랐음이라"_히 11:9,10

다윗도 역시 양을 치는 사람이었다.

"양 치는 네 아들 다윗을 내게로 보내라"_삼상 16:19

그리고 예수 그리스도 역시 목자였다.

"나는 선한 목자라"_요 10:11

양은 그 목자의 음성을 알고 따른다.

"문지기는 그를 위하여 문을 열고 양은 그의 음성을 듣나니 그가 자기 양의 이름을 각각 불러 인도하여 내느니라"_요 10:3

그리고 사람을 창조하신 하나님도 목자였다.

"여호와는 나의 목자시니 내게 부족함이 없으리로다"_시 23:1

피에르 레비는 21세기를 살아가는 유목민이 갖춰야 할 필수적 생존 능력으로 지식과 감성과 협동을 꼽았다. 그런데 이 세 가지는 이미 하나님께서 그분을 섬기는 모든 그리스도인들에게 선물로 주신 것이었다.

"여호와를 경외하는 것이 지식의 근본이거늘"_잠 1:7

두 번째 항목인 감성의 원천은 사랑이고 사랑의 원천 또한 역시 하나님이시다.

"하나님은 사랑이심이라"_요일 4:8

교회란 본래 성도들의 공동체, 즉 '코이노니아'를 말한다. 교회는 땅 위에 세운 하나님 나라의 예표이고 그 모형이다. 그 공동체만 완벽하게 하나가 되면 조지 오웰이 두려워했던 적그리스도의 위협과 박해를 능히 이겨낼 수 있을 것이다.

"우리 주 예수 그리스도로 말미암아 우리에게 승리를 주시는 하나님께 감사하노니 그러므로 내 사랑하는 형제들아 견실하며 흔들리지 말고 항상 주의 일에 힘쓰는 자들이 되라 이는 너희 수고가 주 안에서 헛되지 않은 줄 앎이라"_고전 15:57,58

우마드의 시대

우리가 믿음의 조상이라고 하는 아브라함은 유목민이었고 다윗도 양을 치는 자였으며 예수 그리스도 역시 자신을 선한 목자라고 했다. 우리가 아브라함과 다윗의 자손 예수 그리스도의 계보에 입적된 그리스도인이라면 유목민의 생활 형태를 살펴볼 필요가 있다. 성경에서 유목민 캠프의 실세는 여자로 되어 있다.

"그 여인을 바로의 궁으로 이끌어 들인지라 이에 바로가 그로 말미암아 아브람을 후대하므로 아브람이 소와 노비와 암수 나귀와 낙타를 얻었더라"_창 12:15,16

이는 바로가 그 여인을 궁으로 초대한 것은 그 기품과 외모에도 관심이 있었으나 그녀를 그들 일행의 실세로 보았기 때문이다. 실제로 그녀는 캠프의 모든 일을 주관하였고 남편은 하나님과 소통하는 일을 맡았을 뿐이었다.

"원하건대 내 여종에게 들어가라 내가 혹 그로 말미암아 자녀를 얻을까 하노라 하매 아브람이 사래의 말을 들으니라"_창 16:2

이는 자신이 잉태하지 못함을 미안해서 하는 말이 아니다. 하나님이 내 출산을 허락하지 않으셨으니 여종과 동침하라는 지시였고, 남편은 아내의 말대로 따랐다. 그러나 여종에 이어 본처 자신도 아들을 낳자 남편에게 첩과 아들을 내쫓으라 했고, 남편은 역시 아내가 시키는 대로 따른다. 이렇게 공동체의 중대사를 다루는 실세가 여자인 것은 그들의 아들 이삭의 세대에도 계속된다.

"염소 떼에 가서 거기서 좋은 염소 새끼 두 마리를 내게로 가져오면 내가 그것으로 네 아버지를 위하여 그가 즐기시는 별미를 만들리니 네가 그것을 네 아버지에게 가져다 드려서 그가 죽기 전에 네게 축복하기 위하여 잡수시게 하라"_창 27:9,10

이는 눈이 어두워진 이삭이 그 장자인 에서에게 장자권을 인계하려고 하자 남편을 속여 야곱을 후계자로 만들려는 아내 리브가의 비상 조치였다. 소심한 야곱이 그 일에 겁을 먹고 주저하자 리브가는 단호하게 말한다.

"내 아들아 너의 저주는 내게로 돌리리니 내 말만 따르고 가서 가져오라"_창 27:13

사람은 눈이 어두워지면 청각, 후각, 미각, 촉각 등 다른 감각들이 더 예민해지게 되어 있다. 그러나 이삭은 야곱의 목소리를 듣고, 그를 만져보고, 냄새를 맡아보고, 요리를 먹어본 후에 그에게 장자권을 인계했다.

"만민이 너를 섬기고 열국이 네게 굴복하리니 네가 형제들의 주가 되고 네 어머니의 아들들이 네게 굴복하며 너를 저주하는 자는 저주를 받고 너를 축복하는 자는 복을 받기를 원하노라"_창 27:29

이삭은 야곱에게 속은 것이 아니라 그 배후에 있는 실세 리브가의 의도를 따른 것이었다. 사라와 리브가 뿐 아니라 유목민 공동체의 실세는

다 여자였다. 우리 역사상 대표적인 유목민의 여성 실세는 '소서노' 였다. 졸본, 고구려, 백제를 세운 그녀가 비류와 함께 일본에 건너가 야마타이 정권을 세웠다고 보는 학설도 있다. 오늘날에도 알타이, 몽골 등의 유목민 캠프를 이끄는 가장은 여자다.

몽골 국립대의 김종래 박사는 여자woman와 유목민nomad을 합성해 우마드womad라는 말을 제시했다. 신 유목민의 21세기가 정보와 감성에 의한 창의적 결단과 신속한 전환이 필요한 시대라면 그런 일에 유능한 쪽은 남자가 아니고 여자다. 남자는 논쟁의 장막을 벗어나서 짐승의 위협으로부터 양떼를 지키고 돌보는 데 전념하고, 분석과 판단은 여성 쪽에 맡겨 두는 것이 어떨까?

"오직 여호와를 경외하는 여자는 칭찬을 받을 것이라"_잠 31:30

변화산의 세 사람

에녹은 죽음을 통과하지 않고 하나님의 나라로 옮기어진 사람인데 성경에는 땅에 시신을 남겨 놓지 않은 사람이 또 있다. 그들이 곧 모세와 엘리야였다.

"여호와의 종 모세가 여호와의 말씀대로 모압 땅에서 죽어 벳브올 맞은편 모압 땅에 있는 골짜기에 장사되었고 오늘까지 그의 묻힌 곳을 아는 자가 없느니라"_신 34:5,6

유다서에도 그의 시신에 관한 내용이 있다.

"천사장 미가엘이 모세의 시체에 관하여 마귀와 다투어 변론할 때에 감히 비방하는 판결을 내리지 못하고 다만 말하되 주께서 너를 꾸짖으

시기를 원하노라 하였거늘"_유 1:9

이 내용은 지금은 사본이 남아 있지 않으나 유다서가 기록될 당시까지 있었던 것으로 알려진 히브리어 외경 '모세 승천기'를 인용한 것이다. 하나님께서 모세의 시신을 어떻게 하셨는지 우리는 알 수 없으나 하나님의 지시를 따라 '성막'을 만들었던 모세도 하나님의 교회를 세운 그리스도의 모형이라 할 수 있다.

"모세가 장막을 지으려 할 때에 지시하심을 얻음과 같으니"_히 8:5

땅에 시신을 남겨 두지 않은 또 한 사람은 엘리야이다. 그는 아합의 눈을 피해 사렙다의 한 과부의 집에서 기거하고 있었다. 그 과부의 아들이 병들어 죽자 엘리야가 기도하여 살아나게 되었다. 예수께서 나인 성 과부의 아들을 살리신 것과 같았다눅 7:14.

"여호와께서 엘리야의 소리를 들으시므로 그 아이의 혼이 몸으로 돌아오고 살아난지라"_왕상 17:22

엘리야는 후에 요단 건너편에서 승천했다.

"엘리야가 회오리 바람으로 하늘로 올라가더라"_왕하 2:11

모세와 엘리야보다 더 구체적으로 그리스도의 예표가 된 사람들은 모세의 후계자인 여호수아와 엘리야의 후계자인 엘리사였다. 우선 그들의 이름부터가 예수 그리스도와 같았다. 여호와께서 구원하신다는 뜻의 여호수아는 예수의 히브리어 이름이었고 엘리사의 의미는 하나님께서 구원하신다는 것이었다. 여호수아는 이스라엘 백성을 이끌고 약속의 땅으로 들어간 지휘관이었다.

"네 평생에 너를 능히 대적할 자가 없으리니"_수 1:5

엘리사는 예수 그리스도의 오병이어를 예표적으로 보여 주었다.

"보리떡 이십 개와 또 자루에 담은 채소를 하나님의 사람에게 드린지

라 그가 이르되 무리에게 주어 먹게 하라"_왕하 4:42

사환은 그것이 1백 명에게 부족하리라고 하였으나 엘리사가 말한 대로 보리떡 20개는 1백 명이 먹고도 남았다. 예수께서 문둥병자를 고치신 것처럼 엘리사는 아람의 군대장관 나아만의 문둥병을 고쳤고 후일 아람의 군대를 물러가게 했다.

"이로부터 아람 군사의 부대가 다시는 이스라엘 땅에 들어오지 못하니라"_왕하 6:23

모세의 후계자인 여호수아와 엘리야의 후계자인 엘리사는 그 이름과 행적이 그리스도의 예표적인 인물이었다. 그리고 마침내 예수 그리스도께서 세상에 오셨을 때 모세와 엘리야는 예수 그리스도를 만났다.

"예수께서 베드로와 야고보와 그 형제 요한을 데리시고 따로 높은 산에 올라가셨더니 그들 앞에서 변형되사 그 얼굴이 해 같이 빛나며 옷이 빛과 같이 희어졌더라 그 때에 모세와 엘리야가 예수와 더불어 말하는 것이 그들에게 보이거늘"_마 17:1-3

하나님께서 그들에게 말씀하셨다.

"이는 내 사랑하는 아들이요 내 기뻐하는 자니 너희는 그의 말을 들으라"_마 17:5

믿음과 행함

시내산을 출발하여 가나안 땅의 남쪽 관문인 가데스 바네아에 도착했을 때 하나님은 12지파에서 한 명씩 12명을 뽑아 가나안 땅을 정탐하게 하셨다. 그들 중 여호수아와 갈렙을 제외한 10명이 부정적인 보고를 하여 하나님의 진노를 샀고, 이스라엘 백성은 40년 동안 광야를 방황해야 했다. 모압 땅으로 우회한 그들은 요단을 건너 여리고 성을 공격하기 전에 다시 정탐꾼을 잠입시켰다.

"눈의 아들 여호수아가 싯딤에서 두 사람을 정탐꾼으로 보내며 이르되 가서 그 땅과 여리고를 엿보라 하매 그들이 가서 라합이라 하는 기생의 집에 들어가 거기서 유숙하더니"_수 2:1

기생으로 번역된 '창기'는 가나안에서 아스다롯 신전의 여사제를 의미한다. 그들은 신전 안에 기거하며 아스다롯 축제에 참가한 독신남들에게 몸을 제공하여 여신의 사랑을 나눠 주고 대가를 받는 일에 종사했다. 그러나 라합은 신전 밖에 따로 거주하였고, 여리고 왕이 함부로 가택 수색을 못한 것으로 보아 지위가 높은 사제장이었다. 그녀는 이미 이스라엘의 신에 대하여 알고 있었다.

"너희가 애굽에서 나올 때에 여호와께서 너희 앞에서 홍해 물을 마르게 하신 일과 너희가 요단 저쪽에 있는 아모리 사람의 두 왕 시혼과 옥에게 행한 일 곧 그들을 전멸시킨 일을 우리가 들었음이니라"_수 2:10

그녀는 정보를 수집하고 판단하는 일에 뛰어났다. 라합은 악어를 의미하는데, 물속에 잠겨서도 물 밖에 내놓고 있는 악어의 두 눈은 정보 레이더를 연상시킨다. 그녀는 아스다롯 신전의 사제장이면서도 오직 여호와 하나님만이 참 신임을 파악하고 있었다.

"우리가 듣자 곧 마음이 녹았고 너희로 말미암아 사람이 정신을 잃었나니 너희의 하나님 여호와는 위로는 하늘에서도 아래로는 땅에서도 하나님이시니라"_수 2:11

그녀는 두 정탐꾼에게 이스라엘 군대가 여리고 성을 공격할 때 그녀와 그 가족들을 살려주겠다는 약속을 받아내고 그들을 안전하게 탈출시킨다. 그리고 여호수아는 여리고 성을 점령했을 때 그 약속을 지켜 라합과 그녀의 가족을 살려주었다. 뿐만 아니라 후일 라합은 그리스도의 계보에 기록되는 영광을 얻었다.

"살몬은 라합에게서 보아스를 낳고 보아스는 룻에게서 오벳을 낳고 오벳은 이새를 낳고 이새는 다윗 왕을 낳으니라"_마 1:5,6

라합을 아내로 맞아들인 살몬은 여리고 성에 잠입했던 두 정탐꾼 중 하나였을 것으로 추정되고 있다. 이스라엘 군대가 가나안 땅을 공격할 때에도 그 땅의 사정에 밝은 라합이 작전에 큰 도움을 주었을 것으로 보인다. 필자는 성경에 나오는 여성을 주인공으로 쓴 소설이 있으면 좋겠다는 여성 독자들의 요청에 서슴지 않고 소설 『다가오는 소리』에서 라합을 주인공으로 내세운 적이 있다.

"믿음으로 기생 라합은 정탐꾼을 평안히 영접하였으므로 순종하지 아니한 자와 함께 멸망하지 아니하였도다"_히 11:31

신약 성경에서는 '믿음'과 '행함'의 선로가 하나님께로 달려가는 레일을 이루고 있는데 라합은 믿음에서뿐만 아니라 행함에서도 성공하고 있다.

"또 이와 같이 기생 라합이 사자들을 접대하여 다른 길로 나가게 할 때에 행함으로 의롭다 하심을 받은 것이 아니냐 영혼 없는 몸이 죽은 것 같이 행함이 없는 믿음은 죽은 것이니라"_약 2:25,26

라합은 가나안 여인이었으나 믿음과 행함 양쪽에서 인정을 받은 아름다운 여인이었다.

태양의 남자

BC 1406년, 이스라엘 백성을 이끌고 요단 강을 건너 가나안 땅으로 진입한 여호수아는 아직 점령하지 못한 땅이 남아 있었으나 그것을 포함하여 제비를 뽑아 12지파에게 분배하고 BC 1390년 사망했다. 여호수아가 죽은 후 이스라엘은 가나안 문화에 급속하게 빠져들어 그들의 신을 섬겨 결국 그 땅의 남은 족속들에게 시달리게 되었다.

"여호와께서 사사士師들을 세우사 노략자의 손에서 그들을 구원하게 하셨으나 그들이 그 사사들에게도 순종하지 아니하고"_삿 2:16,17

여러 지파에서 번갈아 사사가 나오면서 지휘권이 난립하여 지파 간의 내분까지 발생하자 백성들은 갈라졌고 실로에 성막을 둔 대제사장도 그들을 장악하지 못했다. 그런 혼란이 3백 년 넘게 계속된 끝에 나타난 사사가 단 지파의 삼손이었다. 단 지파가 맡았던 지역은 가장 강력한 대적인 블레셋과의 접경 지대였다.

"소라 땅에 단 지파의 가족 중에 마노아라 이름하는 자가 있더라 그의 아내가 임신하지 못하므로 출산하지 못하더니 여호와의 사자가 그 여인에게 나타나서"_삿 13:2,3

그 여호와의 사자는 곧 구약의 그리스도 '기묘자' 였다삿 13:18. 그는 여인에게 아들을 낳을 것이니 그 아이의 머리에 삭도를 대지 말라고 지시했다.

"이 아이는 태에서부터 그가 죽는 날까지 하나님께 바쳐진 나실인이 됨이라"_삿 13:7

특별한 서원으로 일정한 기간 동안 자기 몸을 구별해 여호와께 드리려면 포도주를 멀리하고 머리에 삭도를 대지 말아야 하는 것이 나실인의 규례였다민 6:2-5.

"그 여인이 아들을 낳으매 그의 이름을 삼손이라 하니라"_삿 13:24

삼손은 '세메스'와 '온'을 합한 것으로 '태양의 사람'이라는 뜻이었다. 그의 집은 태양의 집을 의미하는 벧세메스 근처였고 온은 애굽에 있는 태양의 성이었다.

"여호와의 영이 삼손에게 갑자기 임하시매 그의 팔 위의 밧줄이 불탄 삼과 같이 그의 결박된 손에서 떨어진지라 삼손이 나귀의 새 턱뼈를 보고 손을 내밀어 집어들고 그것으로 천 명을 죽이고"_삿 15:14,15

그는 또 블레셋의 본거지인 가사의 성 문짝과 문설주와 문빗장을 빼어 어깨에 메고 헤브론 앞산 꼭대기까지 올라가 그들을 놀라게 했다. 그러나 삼손은 들릴라라는 여인을 사랑하여 힘의 비밀을 가르쳐 주고 머리털을 잘려 붙잡혔다. 블레셋 사람들은 그의 눈을 뽑고 가사의 옥에서 맷돌을 돌리게 했다. 머리털이 다시 자랐을 때 그는 다곤 신의 축제일에 그들의 놀잇감으로 끌려나갔다.

"그들이 삼손을 두 기둥 사이에 세웠더라"_삿 16:25

삼손은 신전을 버티고 있는 두 기둥을 양 손으로 끌어안았다.

"하나님이여 구하옵나니 이번만 나를 강하게 하사 나의 두 눈을 뺀 블레셋 사람에게 원수를 단번에 갚게 하옵소서"_삿 16:28

그가 블레셋 사람과 함께 죽기를 원하노라고 외치며 힘을 다하여 몸을 굽히자 신전이 무너져 거기 있던 모든 방백들과 백성에게 덮였다.

"삼손이 죽을 때에 죽인 자가 살았을 때에 죽인 자보다 더욱 많았더라"_삿 16:30

그가 죽은 후로 단 지파는 가사 지구를 포기하고 북쪽의 레셈 지방으로 옮겨갔다가 결국 소멸되었고 마지막 때에 구원받는 지파의 명단에도 들지 못했다계 7:4-8. 그럼에도 불구하고 성경의 구원사에서 삼손은 그리스도의 예표가 되었다. 그가 대적의 성문을 메고 헤브론에 올라간 것은 메시야의 승리를 상징하는 예언의 성취창 22:17였다. 한 여인을 사랑하여 죽음을 자초했으나 죽음으로 원수를 깨뜨린 것도 인간을 사랑하여 죽음으로 사망의 권세를 이기신 그리스도의 모형이 된 것이다.

성경 속의 비밀 ❺

관계에 관하여

장자의 명분

하나님은 어떤 원리나 이념을 나타내는 어휘가 아니라 인격적 존재라고 선언한 신학자 마르틴 부버Martin Buber는 태초에 말씀이 있었다고 기록한 요한복음의 서두를 자신의 언어로 바꿔서 표현했다.

"태초에 관계가 있었다."마르틴 부버, 『나와 너』 중에서

하나님과 사람의 처음 관계는 사람이 그분의 말씀을 거부하여 파경으로 끝났다. 그러나 하나님은 에덴을 떠난 사람이 임신하고 출산하여 그 수가 많아지게 하고 그들 가운데서 생긴 많은 관계들 속에서 하나님과의 관계를 일깨우려 하셨다. 그런 관계들 중에서 대표적인 것이 남편과 아내, 부모와 자녀 그리고 형제, 이웃과의 관계였다.

"아담이 그의 아내 하와와 동침하매 하와가 임신하여 가인을 낳고 이르되 내가 여호와로 말미암아 득남하였다 하니라 그가 또 가인의 아우 아벨을 낳았는데"_창 4:1,2

그러나 세상의 장자들이 성경을 읽으면 곧 불만스러운 내용을 발견한다. 성경이 장자들의 실패를 많이 다루고 있기 때문이다. 가인은 아벨을 살해했고 이삭의 아들 에서와 야곱의 이야기도 역시 장자가 문제를 일으킨다.

"에서가 장자의 명분을 가볍게 여김이었더라"_창 25:34

그러고 보면 성경에서 이스라엘의 지도자가 된 모세는 아므람의 둘째 아들이었고 하나님의 마음에 들었다는 다윗은 이새의 막내아들이었다. 하나님은 마치 장자 기피증이라도 있는 것 같았다. 신약 성경에서도 장

자는 역시 불리한 평가를 받는다.

"맏아들에게 가서 이르되 얘 오늘 포도원에 가서 일하라"_마 21:28

장자는 가겠다고 하더니 가지 않았고 둘째 아들은 싫다고 하다가 나중에 뉘우치고 갔다는 것이다. 뿐만 아니라 탕자의 비유에서도 아버지는 집에서 일한 장자를 위해 염소 새끼 한 마리도 잡아 주지 않았는데 미리 받은 유산을 다 날리고 돌아온 탕자를 위해서는 살진 송아지를 잡아 잔치를 열어 준다.

"모든 첫 태생은 다 내 것이며"_출 34:19

출생의 순서는 자신이 선택할 수 없다. 즉 장자는 하나님이 택한 존재다. 부친의 가업을 물려받은 장자에게는 아우들을 돌보라는 책임이 부여된다. 그러나 많은 장자들이 가인처럼 권위를 내세워 폭력을 쓰거나 에서처럼 그 책임을 내던졌다. 그런 장자들 때문에 하나님은 늘 부당한 비난을 받아왔다. 그래서 하나님은 한 민족을 택했다.

"이스라엘은 내 아들 내 장자라"_출 4:22

그러나 이스라엘 역시 그 장자의 책임을 버리고 권력 투쟁에만 몰두했다. 이스라엘의 모든 장자를 대신하게 된 레위 지파의 제사장들도 갈라졌다. 이스라엘이 멸망하여 수모를 당할 때 제사장 집안의 마카비가 세운 하스몬 왕조는 사두개파와 바리새파로 갈라져 서로 싸웠다. 양들을 팽개쳐 두고 권력에만 집착했던 그들은 예수께서 병자들을 보살피고 가르칠 때마다 찾아와 물었다.

"네가 무슨 권위로 이런 일을 하느냐"_마 21:23

예수 그리스도는 버려진 양들을 보살피고 가르치기 위해 진정한 장자로 이 세상에 오셨다. 침뱉음과 매맞음과 온갖 수모를 당하면서도 권위를 내세우지 않았다.

"이는 그로 많은 형제 중에서 맏아들이 되게 하려 하심이니라"_롬 8:29

그분이 맏아들이라면 그분의 제자인 크리스천은 오늘날의 장자들이다. 그런데도 그분이 당했던 수치와 고난은 애써 피하며 권위와 권력에만 민첩한 장자들이 있다면 이 장자의 명분을 다시 한 번 깊이 생각해 볼 일이다.

경쟁과 승계

아브라함의 아들 이삭은 밧단아람에서 데려온 처녀 리브가와 결혼했고, 리브가는 쌍둥이를 임신했다.

"그 아들들이 그의 태 속에서 서로 싸우는지라"_창 25:22

사람의 조상은 이미 에덴 동산에서부터 뱀의 미혹을 받아 선과 악을 스스로 판단하려 했고, 그 판단이 서로 다르면 싸울 수밖에 없었던 것이다. 아비의 가업을 승계할 후계자는 그 부모의 판단으로 결정되었다.

"이삭은 에서가 사냥한 고기를 좋아하므로 그를 사랑하고 리브가는 야곱을 사랑하였더라"_창 25:28

그러나 늙어 눈이 어두워졌던 이삭은 아내 리브가의 의견에 승복하여 야곱에게 장자권을 인계하게 되었다. 장자권이 형에게서 아우에게로 넘어가는 사건은 다음 대에도 계속된다. 형의 장자권을 가로챘던 야곱은 그가 가장 사랑했던 라헬의 소생 요셉이 자신의 두 아들 므낫세와 에브라임을 축복해 달라고 했을 때 손을 바꾸어 얹었다.

"오른손을 펴서 차남 에브라임의 머리에 얹고 왼손을 펴서 므낫세의 머리에 얹으니 므낫세는 장자라도 팔을 엇바꾸어 얹었더라"_창 48:14

요셉이 잘못되었다고 말했으나 야곱은 바꾸려 하지 않았다. 차남 에브라임이 장자의 축복을 받은 것이다. 후일 야곱이 죽기 전 열두 아들을 축복할 때에도 야곱은 그의 인간적인 바람 때문에 장자권 승계에 혼란을 일으켰다. 장자 르우벤과 차남 시므온, 그리고 삼남 레위가 다 흠결이 있어 제외되고 장자권은 넷째인 유다에게로 넘어가게 되었다.

"홀笏이 유다를 떠나지 아니하며 치리자의 지팡이가 그 발 사이에서 떠나지 아니하시기를 실로가 오시기까지 미치리니 그에게 모든 백성이 복종하리로다"_창 49:10, 개역한글판

그러나 야곱은 라헬의 소생인 요셉의 차례가 되자 다시 마음이 흔들렸다.

"영원한 산이 한 없음 같이 이 축복이 요셉의 머리로 돌아오며 그 형제 중 뛰어난 자의 정수리로 돌아오리로다"_창 49:26

'형제 중 뛰어난 자'의 축복으로 열두 아들들이 당황했으나 하나님은 그 중복된 기도를 다 들어 주셨다. 야곱의 자손들이 가나안 땅에 들어갈 때에는 요셉 지파의 장자권자인 에브라임 출신의 여호수아가 지휘를 맡았다. 그러나 여호수아가 죽은 후 에브라임 지파는 므낫세 지파와 다투다가 크게 살육을 당했고, 사사 시대의 말기에 하나님은 역시 라헬의 소생인 베냐민 지파의 사울을 왕으로 삼았다.

"이에 사무엘이 기름병을 가져다가 사울의 머리에 붓고"_삼상 10:1

그러나 그 사울은 하나님의 말씀을 따르지 않아 버림을 받았다.

"사무엘이 그에게 이르되 여호와께서 오늘 이스라엘 나라를 왕에게서 떼어 왕보다 나은 왕의 이웃에게 주셨나이다"_삼상 15:28

하나님은 다시 사무엘을 유다 지파 이새에게 보내 그의 여덟 아들 중 막내인 다윗에게 기름을 붓게 했다. 먼저 유다 지파를 지목했던 야곱의

기도가 응답된 것이다.

"아직 막내가 남았는데 그는 양을 지키나이다 사무엘이 이새에게 이르되 사람을 보내어 그를 데려오라"_삼상 16:11

형의 장자권을 가로챈 야곱이 요셉의 차남 에브라임에게 오른손을 얹었듯이, 여덟 형제의 막내로 기름 부음을 받아 이스라엘의 왕이 된 다윗은 후일에 역시 자신의 막내아들인 솔로몬에게 그 왕위를 물려주었다.

검劍과 칼刀

뉴욕에 있는 UN 본부의 뜰에는 세계 여러 나라에서 기증한 조각 작품들이 전시되어 있다. 그 중에는 건장한 체격의 남자가 긴 칼의 끝을 땅에 대고 눌러서 활처럼 휘게 해 놓은 작품이 있다. 구소련에서 기증하여 더 인상적인 이 조각상의 기단에는 이사야서의 말씀이 새겨져 있다.

"그들의 칼을 쳐서 보습을 만들고 그들의 창을 쳐서 낫을 만들 것이며"_사 2:4

지금은 대포를 쏘고 미사일을 발사하는 시대이지만 칼의 이미지는 여전히 전쟁의 상징으로 사용된다. 칼의 유래를 잘 몰라서 어휘의 선택에 자주 혼동이 있는데 이 날카로운 도구에는 두 종류가 있다. 그 하나는 히브리어로 '헤렙' 즉 양면에 날이 있는 검劍이며 본래 제사장들이 소나 양을 잡아 뼈와 살과 기름을 분리할 때 쓰던 것이다.

"손을 내밀어 칼을 잡고 그 아들을 잡으려 하니"_창 22:10

또 하나는 히브리어로 '마아켈렛' 즉 날이 한쪽에만 있는 칼刀인데 주방에서 요리할 때 때 쓰거나 식탁에서 고기를 썰 때 사용하는 것이었다. 이 헤렙과 마아켈렛이 언제부터 무기로 사용되었던 것일까?

"나의 상처로 말미암아 내가 사람을 죽였고"_창 4:23

제사장들의 검은 그들이 권력을 위해 다툴 때 무기가 되었고, 주방과 식탁에서 쓰던 칼은 이웃 간의 감정싸움이나 복수에 사용되었다. 처음에는 모두 단검, 단도처럼 짧은 형태였으나 전쟁의 무기로 사용되면서 그 길이가 더 길어졌다. 권력 투쟁이 많았던 헬라에서는 양면에 날선 '마카이라'를 사용했고 로마의 검은 '글라디우스'라고 했다. 아랍에서는 호신용으로 칼이 많이 사용되었다.

우리 민족의 조상들이 제사용으로 사용한 비파형 동검은 역사적으로 유명하고, 중국에서도 천단에 제사를 드리던 고대에는 검을 많이 사용했다. 대륙에서는 혼란한 시기에 비적들이 횡행하면서 환도가 나타났고 우리나라에서는 특히 삼국 통일 이후 원한과 분노가 늘어났는지 검이 칼로 바뀌어졌다. 우리가 본국검이라고 부르는 것이나 일본 검도에서 사용되는 것도 실은 모두 칼이다.

"내가 세상에 화평을 주러 온 줄로 생각하지 말라 화평이 아니요 검을 주러 왔노라"_마 10:34

예수께서 주겠다고 하신 이 검은 전쟁의 검이 아니라 '말씀의 검'이었다. 헬라어의 '마카이라' 즉 양면에 날선 검으로 표현된 이 검은 죄악으로 병든 몸과 마음을 말씀의 검으로 수술 받으라는 의미였던 것이다.

"하나님의 말씀은 살았고 운동력이 있어 좌우에 날선 어떤 검보다도 예리하여 혼과 영과 및 관절과 골수를 찔러 쪼개기까지 하며 또 마음의 생각과 뜻을 감찰하나니 지으신 것이 하나라도 그 앞에 나타나지 않음이 없고 오직 만물이 우리를 상관하시는 자의 눈 앞에 벌거벗은 것 같이

드러나느니라"_히 4:12,13, 개역한글판

그러므로 우리가 심판의 날에 대비하려면 전쟁의 검을 제사의 검으로 되돌려 혼과 영과 몸의 모든 마디를 찌르고 쪼개어 거룩한 제물로 거듭나야 한다.

"성령의 검 곧 하나님의 말씀을 가지라"_엡 6:17

뿐만 아니라 복수를 위해 품어왔던 칼도 심판의 날이 오기 전에 다시 주방과 식탁으로 되돌려 놓아야 한다. 원수를 찌르던 칼이 이제는 우리 이웃, 그리고 심지어는 원수까지도 정성이 깃든 음식으로 대접하는 도구가 되게 해야 할 것이다.

"네 원수가 주리거든 먹이고 목마르거든 마시게 하라"_롬 12:20

흙의 제단, 돌의 문명

모세의 인도를 따라 애굽을 나온 이스라엘 자손이 홍해를 건너 시내 광야에 이르렀을 때 하나님께서 시내산 꼭대기에 강림하여 모세에게 지시하셨다.

"너희는 나를 비겨서 은으로나 금으로나 너희를 위하여 신상을 만들지 말고 내게 토단을 쌓고 그 위에 네 양과 소로 네 번제와 화목제를 드리라"_출 20:23,24

아브라함의 하나님을 섬기는 이스라엘 자손은 금과 은으로 만든 신들이 다스리는 애굽에서 혹독한 착취를 당했던 것이다.

"네가 내게 돌로 제단을 쌓거든 다듬은 돌로 쌓지 말라 네가 정으로 그것을 쪼면 부정하게 함이니라"_출 20:25

다듬은 돌이란 곧 이스라엘 자손이 애굽에서 겪은 '돌의 문명'을 의미하는 것이었다. 애굽의 모든 신전과 왕궁과 피라미드는 900km 남쪽의 아스완 지역에서 채석한 돌을 다듬어 운반해 쌓은 것이다. 기자에 있는 쿠푸 왕의 피라미드는 그 높이가 본래 146m였고 10t 정도의 돌 230만 개를 쌓아 올린 것이다. 10만 명의 인원이 쌓는데 20년이 걸렸으리라고 추정된다. 이스라엘 학자들은 애굽에 있는 수많은 피라미드의 대부분이 이스라엘 노예에 의해 조성되었을 것으로 보고 있다.

"무거운 짐을 지워 괴롭게 하여"_출 1:11

권력을 가진 자들이 노예를 괴롭게 하고 쉬지 못하게 하는 것은 그들이 죽을 때까지 다른 생각을 못하게 하기 위함이었다. 하나님은 애굽에서 돌 때문에 무서운 고역을 치렀던 이스라엘 자손에게 다시는 다듬은 돌로 단을 쌓지 못하게 하신 것이다. 하나님의 문화는 돌의 문화가 아니고 흙의 문화였다.

"우리는 진흙이요 주는 토기장이시니"_사 64:8

하나님은 흙으로 사람을 지으셨고, 사람에게도 그 흙을 경작하며 살게 하셨다. 하나님과 함께 그 말씀대로 사는 흙의 문화는 순종과 축복의 문화이고, 신전과 탑을 쌓아 올리는 돌의 문명은 반역과 저주의 문명이었다. 씨를 심고 싹을 가꾸는 흙의 문화는 섬김과 생명의 문화이고 죽은 신을 위한 신전과 왕의 시신을 위해 피라미드 건설에 필요한 돌을 쌓는 문명은 지배와 죽음의 문명이었다.

"그 속에는 생기가 도무지 없느니라"_합 2:19

지금까지 인류의 역사 속에 돌을 쌓아 올린 모든 문명은 다 멸망하여 돌무더기로 남았다. 애굽의 신전들과 피라미드도 돌무더기로 남았고, 그리스의 신전이나 로마의 왕궁도 역시 돌무더기가 되었다. 심지어는 솔로몬이 돌을 깎아 건축했던 예루살렘 성전도 오늘날에는 그 동쪽 벽의 일부만이 남아 있다.

"돌 하나도 돌 위에 남지 않고 다 무너뜨려지리라"_마 24:2

오늘날에도 인류는 돌의 문명을 쌓아 올리고 있다. 세계 각국은 경쟁하듯이 높은 빌딩을 건축하는 중이다. 1931년 뉴욕에 건축된 380m의 엠파이어스테이트 빌딩이 가장 높았는데 2009년 삼성에서 두바이에 세운 부르즈 칼리파가 818m로 신기록을 세웠다. 앞으로도 더 높은 빌딩들이 건축될 것이라고 한다.

"너를 위하여 누각을 건축하며 모든 거리에 높은 대를 쌓았도다"_겔 16:24

생활의 편의와 능률을 위해 인간의 지혜를 쌓아 올리고 건축 기술을 발전시키는 것은 좋은 일이나, 혹시라도 그것이 지난날 바벨탑을 쌓을 때처럼 인간의 이름을 내고 그 교만을 높이기 위한 것이라면 두려운 징조가 될 수도 있다. 높은 곳에 오르기를 좋아하는 이는 그 층계를 오를 때에 주의해야 할 것이다.

"너는 층계로 내 제단에 오르지 말라 네 하체가 그 위에서 드러날까 함이니라"_출20:26

할 일과 멜 일

하나님은 이스라엘 자손을 애굽에서 탈출시킬 때 그들을 놓아 보내지 않으려는 애굽 왕을 굴복시키기 위해 애굽의 모든 초태생初胎生을 다 진멸하셨다.

"밤중에 여호와께서 애굽 땅에서 모든 처음 난 것 곧 왕위에 앉은 바로의 장자로부터 옥에 갇힌 사람의 장자까지와 가축의 처음 난 것을 다 치시매 그 밤에 바로와 그 모든 신하와 모든 애굽 사람이 일어나고 애굽에 큰 부르짖음이 있었으니 이는 그 나라에 죽임을 당하지 아니한 집이 하나도 없었음이라"_출 12:29,30

이는 이스라엘 자손을 탈출시키기 위한 하나님의 비상 조치였으나 역시 그 보좌의 기초인 '공평'의 원칙을 벗어난 것이어서 다시 보정해야 할 필요가 생겼다.

"여호와께서 애굽 나라 가운데 처음 난 모든 것은 사람의 장자로부터 가축의 처음 난 것까지 다 죽이셨으므로 태에서 처음 난 모든 수컷들은 내가 여호와께 제사를 드려서 내 아들 중에 모든 처음 난 자를 다 대속하리니"_출 13:15

이스라엘 자손이 애굽 땅에서 나온 후 시내 광야에 이르렀을 때 하나님은 그들 중 20세 이상 되는 남자의 수를 가문 별로 수를 헤아리게 하셨다. 그 계수된 자의 총계는 603,550명이었다. 그러나 레위 지파는 그 수에 넣지 않고 별도로 계수하여 대제사장 아론을 도와 성막의 봉사를 맡게 하고 이스라엘의 모든 장자를 대신하게 했다.

"보라 내가 이스라엘 자손 중에서 레위인을 택하여 이스라엘 자손 중에 태를 열어 태어난 모든 맏이를 대신하게 하였은즉 레위인은 내 것이라"_민 3:12

레위인 중 1개월 이상 된 남자는 22,000명이었고 이스라엘 자손 중 1개월 이상 된 장자의 총계는 22,273명이었다. 그 장자의 수가 레위인보다 273명 더 많았으므로 그들 한 명당 5세겔씩 속전을 받아 아론과 그의 아들들에게 주어 공평한 계산이 끝났다. 그리고 레위인은 다시 고핫, 게

르손, 므라리 등의 가문별로 계수되었다.

"삼십 세부터 오십 세까지 회막 봉사와 메는 일에 참여하여 일할 만한 모든 자 곧 그 계수된 자는 8,580명이라"_민 4:47,48

이스라엘 자손이 애굽을 탈출할 때 애굽의 모든 장자가 죽었으므로 이스라엘 자손의 모든 장자는 하나님의 것이 되었다. 그리고 광야에서 성막 봉사를 맡은 레위인이 그 장자들을 대신하게 되었다. 그 레위인이 다 가문별로 계수되어 성막의 봉사해야 할 일들을 분담하고, 또 광야를 이동할 때 성막과 제단의 모든 설비와 기구들을 접고 포장하여 메는 일도 가문별로 분담한 것이다.

"그들이 할 일과 짐을 메는 일을 따라 모세에게 계수되었으되 여호와께서 모세에게 명령하신 대로 그들이 계수되었더라"_민 4:49

레위 지파의 성막 봉사는 물론 명예로운 일이었으나 그들에게는 '할 일과 멜 일' 이 주어졌던 것이다. 그로부터 1,474년이 지나 예루살렘 성 밖 골고다 언덕에서 모든 형제 중 맏아들이 되시기 위해 오신 예수 그리스도롬 8:29께서 십자가에 달리셨다. 그가 운명하실 때 지성소의 휘장이 찢어졌다.

"성소 휘장이 위로부터 아래까지 찢어져 둘이 되고"_마 27:51

그리고 예수 그리스도를 따르는 모든 형제들은 다 제사장이 되었다.

"너희는 택하신 족속이요 왕 같은 제사장들이요 거룩한 나라요 그의 소유가 된 백성이니"_벧전 2:9

제사장이 된 자들에게는 '할 일과 멜 일' 이 주어졌다. 할 일과 멜 일을 제쳐둔 채 높은 자리에 앉기만을 원하는 이들을 예수 그리스도는 모른다고 하실 것이다.

에비아삽의 선택

이스라엘 자손을 대표하여 가나안 땅에 잠입시킨 12명의 정탐꾼 중 10명은 부정적인 보고를 했고, 백성이 모세를 원망하자 하나님의 진노가 그들에게 임했다.

"여분네의 아들 갈렙과 눈의 아들 여호수아 외에는 내가 맹세하여 너희에게 살게 하리라 한 땅에 결단코 들어가지 못하리라"_민 14:30

그들은 결국 가나안 땅에 들어가지 못하고 광야에서 40년을 방황하게 되었다.

"너희가 사로잡히겠다고 말하던 너희의 유아들은 내가 인도하여 들이리니 그들은 너희가 싫어하던 땅을 보려니와 너희의 시체는 이 광야에 엎드러질 것이요 너희의 자녀들은 너희 반역한 죄를 지고 너희의 시체가 광야에서 소멸될 때까지 40년을 광야에서 방황하는 자가 되리라"_민 14:31-33

그리고 마침내 이스라엘 자손 중에서 반란이 일어났다.

"레위의 증손 고핫의 손자 이스할의 아들 고라와 르우벤 자손 엘리압의 아들 다단과 아비람과 벨렛의 아들 온이 당을 짓고 이스라엘 자손 총회에서 택함을 받은 자 곧 회중 가운데에서 이름 있는 지휘관 250명과 함께 일어나서 모세를 거스르니라"_민 16:1,2

고라는 모세의 사촌이었다. 그는 성막의 봉사를 맡았음에도 불구하고 당을 지어 모세의 지휘권을 박탈하고 아론의 대제사장 직분을 빼앗으려 했던 것이다. 모세는 회중에게 고라와 그 동조자들의 장막에서 떠나라는 하나님의 명령을 전했다.

"무리가 고라와 다단과 아비람의 장막 사방을 떠나고 다단과 아비람은 그들의 처자와 유아들과 함께 나와서 자기 장막 문에 선지라"_민 16:27

그리고 곧 그들이 섰던 땅이 갈라졌다.

"땅이 그 입을 열어 그들과 그 가속과 고라에 속한 모든 사람과 그 물건을 삼키매 그들과 그 모든 소속이 산채로 음부에 빠지며 땅이 그 위에 합하니 그들이 총회 중에서 망하니라"_민 16:32,33, 개역한글판

그러나 놀라운 일은 고라의 아들들이 죽지 않고 산 것이었다.

"고라의 아들들은 죽지 아니하였더라"_민 26:11

즉 고라의 아들들은 그 아버지 편에 서지 않았던 것이다. 그리고 훗날 고라의 자손들이 성경에 다시 나타난다. 고라의 사건이 있은 지 약 4백 년 후에 다윗이 이스라엘 왕국을 건설하고 288명의 찬양단을 조직하는데 그 지휘자는 헤만이었다.

"헤만은 찬송하는 자라 그는 요엘의 아들이요 요엘은 사무엘의 아들이요"_대상 6:33

헤만은 사무엘의 손자였던 것이다.

"사무엘은 엘가나의 아들이요 엘가나는 여로함의 아들이요 여로함은 엘리엘의 아들이요 엘리엘은 도아의 아들이요……"_대상 6:34

그리고 그 계보는 고라에게까지 올라간다.

"……앗실은 에베아삽의 아들이요 에비아삽은 고라의 아들이요"_대상 6:37

즉 헤만은 고라의 19대 손이고 사무엘은 17대 손이었다. 에비아삽을 비롯한 고라의 아들들은 그 아버지 고라의 편에 서지 않고 그 장막을 떠나 목숨을 건졌으나 반역자의 자손으로 눈총을 받으며 4백 년을 보냈다. 그리고 그들의 가문에서 이스라엘의 지도자 사무엘이 태어났고 찬양의 거

장 헤만이 나왔다. 고라 자손은 주로 찬양에 종사하여 시편에 주옥같은 '고라 자손의 시' 11편을 남겨 놓고 있다. 십계명의 제 5계명에 부모에게 순종하라고 했으나 사도 바울은 '주 안에서' 라는 단서를 붙여 놓았다.

"자녀들아 주 안에서 너희 부모에게 순종하라 이것이 옳으니라"_엡 6:1

건드리지 말라

사람을 지으시고 사랑하신 하나님은 늘 사람으로부터 섭섭한 대우를 받거나 버림을 받고 아픔을 견디시며 외로운 시간을 보내셔야 했다. 그래서 하나님은 늘 사람들 중에 그분처럼 딱한 처지에 있는 사람을 눈여겨보고 계신다.

"외로운 자가 주를 의지하나이다"_시 10:14

하나님이 외로우신 분이므로 성경에 특히 외로운 사람이 많이 등장하는데 그 중의 하나가 모압 땅에서 과부가 된 나오미였다. 그녀는 베들레헴 에브랏 사람 엘리멜렉의 아내였다. 유능한 가장이었던 엘리멜렉은 유다 지역에 흉년이 들자 아내 나오미와 두 아들 말론과 기룐을 데리고 모압 지방으로 건너갔다. 그러나 때로는 사람의 유능함도 가족의 행복에 도움이 안 될 수가 있다.

"모압 지방에 들어가 거기 살더니 나오미의 남편 엘레멜렉이 죽고 나오미와 그의 두 아들이 남았으며"_룻 1:2,3

그러다가 나오미의 두 아들마저 죽었다.

"그들은 모압 여자 중에서 그들의 아내를 맞이하였는데 하나의 이름은 오르바요 하나의 이름은 룻이더라 그들이 거기에 거주한 지 십 년쯤

에 말론과 기룐 두 사람이 다 죽고 그 여인은 두 아들과 남편 뒤에 남았더라"_룻 1:4,5

이쯤 되면 이미 나오미는 하나님의 주목을 받기 시작한 것이다. 그녀는 고향으로 돌아갈 것을 결심하고 두 며느리를 불러 말했다.

"너희는 각기 너희 어머니의 집으로 돌아가라"_룻 1:8

친정으로 돌아가 개가하여 새 삶을 찾으라는 뜻이었다. 두 며느리 중 오르바는 울며 시어머니에게 입 맞추고 그 곁을 떠났으나 룻은 그러지 않았다.

"어머니께서 가시는 곳에 나도 가고 어머니께서 머무시는 곳에서 나도 머물겠나이다 어머니의 백성이 나의 백성이 되고 어머니의 하나님이 나의 하나님이 되시리니 어머니께서 죽으시는 곳에서 나도 죽어 거기 묻힐 것이라"_룻 1:16,17

이 때 이미 하나님은 룻을 주목하셨다. 외로움을 견디시던 하나님은 외로운 나오미를 버리지 않은 룻의 마음에 감동하신 것이다. 시어머니와 함께 베들레헴에 도착한 룻이 이삭을 줍기 위해 밭에 나갔을 때 하나님은 그녀를 나오미의 남편 엘리멜렉의 기업을 무를 친족 중 유력한 자 보아스의 밭으로 인도하셨다.

"이는 누구의 소녀냐?"

보아스가 일꾼들의 책임자에게 묻자 그가 대답했다.

"나오미와 함께 모압 지방에서 돌아온 모압 소녀인데"_룻 2:6

그는 룻의 착함과 부지런함을 칭찬했다. 보아스가 룻에게 말했다.

"이삭을 주우러 다른 밭으로 가지 말며 여기서 떠나지 말고 나의 소녀들과 함께 있으라 그들이 베는 밭을 보고 그들을 따르라 내가 그 소년들에게 명령하여 너를 건드리지 말라 하였느니라"_룻 2:8,9

그녀를 건드리지 말라고 한 보아스의 지시는 바로 하나님의 지시였다. 결국 보아스는 룻을 아내로 삼았고, 그녀는 마태복음에 기록된 그리스도의 계보에 이름을 올렸다.

"보아스는 룻에게서 오벳을 낳고 오벳은 이새를 낳고 이새는 다윗 왕을 낳으니라"_마 1:5,6

나오미처럼 스스로 버림받고 가엾고 외롭다고 느끼는 사람은 그것에 대한 자부심을 가져도 좋을 것이다. 지금 하나님께서 그를 주목하고 계시기 때문이다.

흔들리는 제단

백성들을 다스리는 통치권이 흔들리면 하나님을 섬기는 제사권도 역시 혼란을 겪게 된다. 여호수아의 탁월한 지휘로 가나안 땅에 진입한 이스라엘 백성은 BC 1390년에 여호수아가 죽자 큰 혼란에 빠지게 되었다.

"그 후에 일어난 다른 세대는 여호와를 알지 못하며 여호와께서 이스라엘을 위하여 행하신 일도 알지 못하였더라"_삿 2:10

이 시대에 에브라임 지역에 살던 한 레위인의 첩이 여행 중 기브아에서 베냐민 지파의 불량배들에게 윤간당하고 살해되는 사건이 일어났다. 레위인이 첩을 둔 것도 온당치 않은 일인데 그는 첩의 시신을 열두 덩이로 쪼개어 이스라엘 각 지파에 보냈다. 연락을 받은 이스라엘 각 지파는 합심하여 베냐민 지파를 치려고 모였다.

"베냐민 자손 외에 이스라엘 사람으로서 칼을 빼는 자의 수는 40만 명

이니 다 전사라"_삿 20:17

베냐민 지파를 징벌한다고 칼을 휘두르던 이스라엘 모든 지파의 군대는 도망치는 베냐민의 백성들과 부녀자까지도 모두 진멸했다. 그들이 정신을 차려보니 베냐민 지파가 거의 다 죽었고 살아남은 자는 군인들 중 도망쳐 숨은 6백 명 뿐이었다. 그제서야 이스라엘 사람들은 자신들이 저지른 일을 깨닫고 통곡했다.

"백성이 벧엘에 이르러 거기서 저녁까지 하나님 앞에 앉아서 큰 소리로 울며 이르되 이스라엘의 하나님 여호와여 어찌하여 이스라엘에 이런 일이 생겨서 오늘 이스라엘 중에서 한 지파가 없어지게 하시나이까"_삿 21:2,3

당시에는 하나님의 언약궤가 벧엘에 있었고 대제사장은 비느하스였다.

"아론의 손자인 엘르아살의 아들 비느하스가 그 앞에 모시고 섰더라"_삿 20:28

이 부끄러운 사건은 사사기의 말미에 기록되어 있으나 비느하스가 생존해 있던 시기라면 사사 시대의 앞부분이었을 것으로 추정된다. 아론의 자리를 계승한 엘르아살의 아들이 비느하스였다. 그는 모압 땅에서 이스라엘 족장들이 실족할 때 음행하는 남녀를 창으로 죽여 하나님의 진노를 멈추게 한 사람이었다. 그가 늙었을 때 에브라임의 지휘권이 흔들리면서 각 지파는 서로 갈라져 싸우기 시작했다.

"에브라임 사람들이 기드온에게 이르되 네가 미디안과 싸우러 갈 때에 우리를 부르지 아니하였으니 우리를 이같이 대접함은 어찌 됨이냐 하고 그와 크게 다투는지라"_삿 8:1

에브라임은 또 므낫세 지파의 입다와도 시비를 벌여 싸우다가 크게 패했다.

"입다가 길르앗 사람을 다 모으고 에브라임과 싸웠으며"_삿 12:4

그러나 너무 늙어버린 비느하스는 그들을 제어할 힘이 없었다. 결국 베냐민 지파가 이지러지는 비극이 발생했고 제사권은 아론의 넷째 아들인 이다말의 가문으로 넘어가게 되었다. 사사시대 말기의 나태하고 무능한 제사장 엘리가 바로 이다말의 자손이었다. 엘리의 두 아들은 성막에서 악행을 일삼았고 블레셋과의 전쟁에 하나님의 언약궤를 앞세우고 나갔다가 그마저 적에게 빼앗겼다.

"하나님의 궤를 말할 때에 엘리가 자기 의자에서 뒤로 넘어져 문 곁에서 목이 부러져 죽었으니 나이가 많고 비대한 까닭이라"_삼상 4:18

후일 다윗이 사울로부터 도망할 때 놉의 제사장 아히멜렉의 신세를 진 일이 있었다. 아히멜렉은 엘리의 증손이었다. 사울이 아히멜렉의 집을 진멸할 때 그 아들 아비아달이 살아남았고, 다윗은 왕이 된 후 그를 대제사장으로 삼았다. 그러나 다윗의 아들 솔로몬은 즉위하자 곧 그를 면직하고 엘르아살의 자손 사독을 그 자리에 임명했다.

"제사장 사독으로 아비아달을 대신하게 하니라"_왕상 2:35

라마의 탄식

평생 나실인으로 선택되었던 삼손과 거의 비슷한 시기에 하나님은 라마에서 태어난 또 한 사람을 택하여 평생 나실인으로 삼았다. 그가 바로 반역자민 16:1 고라의 자손 중 하나인 엘가나의 아들 사무엘이었다.

"에브라임 산지 라마다임소빔에 에브라임 사람 엘가나라 하는 사람이

있었으니 그는 여로함의 아들이요 엘리후의 손자요 도후의 증손이요 숩의 현손이더라"_삼상 1:1

라마다임소빔은 '숩 집안의 라마다임' 이라는 뜻이며 그냥 라마라고 불리기도 했다. 숩의 현손 엘가나는 에브라임 지파가 아니고 에브라임 산지에 사는 레위인으로, 광야에서 모세에게 반역하여 죽임을 당한 고라의 자손이었다대상 6:34-37. 그에게 두 아내가 있었는데 하나님께서 그 중의 한 아내를 주목하고 계셨다.

"그에게 두 아내가 있었으니 한 사람의 이름은 한나요 한 사람의 이름은 브닌나라 브닌나에게는 자식이 있고 한나에게는 자식이 없었더라"_삼상 1:2

한나는 먼저 자식을 낳은 브닌나에게 늘 멸시를 당하며 사는 외로운 여자였다. 한나는 남편이 실로의 성막에 올라갈 때마다 따라가서 울며 기도했다.

"주의 여종에게 아들을 주시면 내가 그의 평생에 그를 여호와께 드리고 삭도를 그의 머리에 대지 아니하겠나이다"_삼상 1:11

제사장 엘리가 그녀에게 말했다.

"이스라엘의 하나님이 네가 기도하여 구한 것을 허락하시기를 원하노라"_삼상 1:17

하나님이 무능한 제사장 엘리의 축복에 응답하신 것은 한나의 외로움과 슬픔을 자신의 것과 같이 여기셨기 때문이었다. 한나가 임신하고 아들을 낳아 그 이름을 사무엘, 즉 '하나님의 이름' 이라 했으니 하나님께 그를 구하였다는 뜻이었다.

"가난한 자를 진토에서 일으키시며 빈궁한 자를 거름 더미에서 올리사 귀족들과 함께 앉게 하시며 영광의 자리를 차지하게 하시는도다"_삼상 2:8

한나의 이 찬양은 아기 예수를 잉태했던 마리아의 찬양과 흡사하다.

"권세 있는 자를 그 위에서 내리치셨으며 비천한 자를 높이셨고 주리는 자를 좋은 것으로 배불리셨으며 부자는 빈 손으로 보내셨도다"_눅 1:52,53

이것만으로도 사무엘은 그리스도의 예표가 될 만하다.

"사무엘이 자라매 여호와께서 그와 함께 계셔서 그의 말이 하나도 땅에 떨어지지 않게 하시니 단에서부터 브엘세바까지의 온 이스라엘이 사무엘은 여호와의 선지자로 세우심을 입은 줄을 알았더라"_삼상 3:19,20

사무엘은 온 이스라엘로 하여금 이방 신을 제거하게 한 후 그들을 미스바에 모아 금식하며 회개의 기도를 드리게 하고 블레셋과의 전쟁에서 큰 승리를 거두었다. 그가 늙은 후에 요엘과 아비야 두 아들을 사사로 삼았는데, 그들의 판결이 공정하지 않으므로 이스라엘 장로들이 라마에 있는 사무엘을 방문했다.

"당신은 늙고 당신의 아들들은 당신의 행위를 따르지 아니하니 모든 나라와 같이 우리에게 왕을 세워 우리를 다스리게 하소서"_삼상 8:5

그 말을 서운하게 여긴 사무엘이 하나님께 기도하자 하나님께서 그를 위로하셨다. 하나님이 사람에게서 버림받은 것은 어제 오늘의 일이 아니었던 것이다.

"백성이 네게 한 말을 다 들으라 이는 그들이 너를 버림이 아니요 나를 버려 자기들의 왕이 되지 못하게 함이니라 내가 그들을 애굽에서 인도하여 낸 날로부터 오늘까지 그들이 모든 행사로 나를 버리고 다른 신들을 섬김 같이 네게도 그리하는도다"_삼상 8:7,8

왕으로 말미암아

이스라엘 백성이 사무엘에게 왕을 세워 우리를 다스리게 해 달라고 요구하자 하나님은 사무엘에게 그들의 말을 들어 주되 왕의 제도에 대하여 미리 일러 주라고 하셨다.

"너는 그들에게 엄히 경고하고 그들을 다스릴 왕의 제도를 가르치라"_삼상 8:9

사무엘은 그 지시대로 왕의 제도를 설명했다.

"너희를 다스릴 왕의 제도는 이러하니라 그가 너희 아들들을 데려다가 그의 병거와 말을 어거하게 하리니 그들이 그 병거 앞에서 달릴 것이며 그가 또 너희의 딸들을 데려다가 향료 만드는 자와 요리하는 자와 떡 굽는 자로 삼을 것이며"_삼상 8:11-13

징집뿐 아니라 징세의 문제도 거론되었다.

"그가 또 너희의 밭과 포도원과 감람원에서 제일 좋은 것을 가져다가 자기의 신하들에게 줄 것이며 그가 또 너희의 곡식과 포도원 소산의 십일조를 거두어 자기의 관리와 신하에게 줄 것이며"_삼상 8:14,15

또 백성을 위해 싸운다는 이유로 그들의 주인이 되려 할 것이었다.

"또 너희의 노비와 가장 아름다운 소년과 나귀들을 끌어다가 자기 일을 시킬 것이며 너희의 양 떼의 십분의 일을 거두어 가리니 너희가 그의 종이 될 것이라"_삼상 8:16,17

그것을 다 말해 주고 사무엘은 경고했다.

"그 날에 너희는 너희가 택한 왕으로 말미암아 부르짖되 그 날에 여호와께서 너희에게 응답하지 아니하시리라"_삼상 8:18

그러나 백성의 대표들은 왕을 세워달라고 했다. 사무엘은 하나님의 지시대로 왕을 세워 주기로 했다. 그래도 왕으로 말미암아 생길 문제를 최소화하기 위해 백성들 중에 세력이 약화된 베냐민 지파에서 성실하고 겸손한 사울을 택하여 기름을 붓고, 백성들 앞에서 제비뽑기의 형식을 거쳐 그를 세웠다. 그에 대한 지지가 아직 미흡했으나 그가 암몬의 공격을 물리치자 백성들이 환호했다.

"모든 백성이 길갈로 가서 거기서 여호와 앞에서 사울을 왕으로 삼고 길갈에서 여호와 앞에 화목제를 드리고 사울과 이스라엘 모든 사람이 거기서 크게 기뻐하니라"_삼상 11:15

그러나 왕이 된 후 사울의 태도는 차츰 달라졌다. 블레셋 군대와의 싸움이 임박했을 때 사무엘을 기다리던 사울은 그의 도착이 늦어지자 직접 번제를 드렸다.

"사울이 이르되 번제와 화목제물을 이리로 가져오라 하여 번제를 드렸더니 번제 드리기를 마치자 사무엘이 온지라"_삼상 13:9,10

사무엘이 사울을 크게 꾸짖었다. 그것은 왕권과 제사권의 충돌을 의미했다. 고대의 바벨론으로부터 시작하여 애굽과 가나안 등 이방의 모든 왕들이 제사권을 장악하면서 자신들의 신을 등에 업고 백성들을 학대하는 폭정을 시작했던 것이다.

"왕의 나라가 길지 못할 것이라"_삼상 13:14

후일 사무엘이 다시 사울에게 하나님의 명령을 전했다.

"아말렉을 쳐서 그들의 모든 소유를 남기지 말고 진멸하되 남녀와 소아와 젖 먹는 아이와 우양과 낙타와 나귀를 죽이라 하셨나이다"_삼상 15:3

그러나 사울은 아말렉을 치고 양과 소의 가장 좋은 것을 남겨 두었다. 하나님께 제물로 드리기 위해 남겨 두었다고 사울이 변명하자 사무엘은 하나님의 말씀을 전했다.

"순종이 제사보다 낫고 듣는 것이 숫양의 기름보다 나으니 이는 거역하는 것은 점치는 죄와 같고 완고한 것은 사신 우상에게 절하는 죄와 같음이라 왕이 여호와의 말씀을 버렸으므로 여호와께서도 왕을 버려 왕이 되지 못하게 하셨나이다"_삼상 15:22,23

성경 속의 비밀 ❻

마음에 관하여

마음을 받으시다

하나님은 사랑이시고 사랑은 마음으로 하는 것이다. 그러므로 우리가 성경 속에 숨어 있는 비밀을 찾아내려면 하나님의 '마음'을 읽어야 한다.

"여호와께서 사람의 죄악이 세상에 가득함과 그의 마음으로 생각하는 모든 계획이 항상 악할 뿐임을 보시고 땅 위에 사람 지으셨음을 한탄하사 마음에 근심하시고 이르시되 내가 창조한 사람을 내가 지면에서 쓸어버리되 사람으로부터 가축과 기는 것과 공중의 새까지 그리하리니 이는 내가 그것들을 지었음을 한탄함이니라"_창 6:5-7

여기서 처음으로 사람의 마음과 하나님의 마음이 비교되고 있다. 사람은 마음으로 항상 악한 일을 계획했고 하나님은 마음으로 근심하셨다. 하나님은 공평하셔서 어차피 멸망으로 가는 것들을 더 이상 방치할 수 없었다. 마침내 무서운 일이 벌어졌다. 땅 위의 모든 생명을 쓸어버리는 홍수가 지나간 후 방주에서 나온 노아가 제단을 쌓고 번제를 드렸을 때 하나님은 그의 향기를 받으셨다.

"그 중심에 이르시되 내가 다시는 사람으로 말미암아 땅을 저주하지 아니하리니"_창 8:21

이것은 중심, 곧 하나님의 속마음을 드러내어 말씀하신 것이다. 창조주 하나님이 자기가 창조하신 땅 위의 생명을 모두 쓸어버린 데는 사람이 모르는 여러 가지 뜻이 있을 것이나 아무래도 하나님의 속마음은 매우 아프셨을 것이다. 우리가 주목해야 할 것은 하나님의 그 속마음이 다시 사람의 마음과 비교된 점이다.

"이는 사람의 마음이 계획하는 바가 어려서부터 악함이라 내가 전에 행한 것 같이 모든 생물을 다시 멸하지 아니하리니"_창 8:21

얼핏 보면 이 말씀은 홍수 전에 같은 이유로 멸망시킬 것을 결정하셨던 일과 모순되는 것으로 들린다. 홍수 전의 마음이 홍수 후에 바뀌신 것일까? 화란의 복음주의 신학자들은 이 부분을 다른 표현으로 해석했다.

"내가 다시는 사람으로 말미암아 땅을 저주하지 아니하리니 사람의 마음이 계획하는 바가 어려서부터 악한 것을 심판하기 위해 온 세상을 멸망시키는 심판을 수단으로 택하지는 않으리라" G. 알더스, 〈화란주석〉 중에서

그것이 바로 하나님의 속마음이었다. 하나님의 속마음은 처음부터 줄곧 사람을 사랑하는 것이었고, 그래서 하나님의 마음을 보았던 노아의 가족을 살리셨다. 사람을 사랑하는 하나님의 마음은 변함이 없으나 사람의 마음이 연약하여 자주 미혹에 빠지고 두려움에 떨기도 한다. 그러나 사람의 마음이 그렇게 연약하다는 데서 하나님은 놀랍게도 긍정적인 가능성과 희망을 찾아내셨다.

"노아가 여호와께 제단을 쌓고"_창 8:20

그는 연약함과 두려움에서 빠져나와 하나님께 감사의 번제를 드렸다.

"여호와께서 그 향기를 받으시고"_창 8:21

노아가 하나님의 눈에서 사랑하시는 마음을 발견한 것처럼 하나님도 노아의 눈에서 감사하는 마음을 발견하시고 그것을 받으신 것이다. 사람의 마음이 연약하여 어려서부터 자주 넘어지고 그 계획하는 바가 악하더라도 그것을 뉘우치고 다시 돌아올 수 있다는 가능성이 남아 있었다. 돌아올 수 있는 희망이 있다면 그 때까지 멸망을 유보하는 것이 하나님의 공평에도 합당한 일이었다.

"땅이 있을 동안에는 심음과 거둠과 추위와 더위와 여름과 겨울과 낮

과 밤이 쉬지 아니하리라"_창 8:22

마음이 어떠한지

사랑은 마음으로 하는 것인데 사람의 마음은 연약하여 자주 미혹에 빠져 달아나고 두려움으로 숨어버리기도 한다. 그러나 하나님은 사람의 그 연약함에 소망을 두시고 구원의 미약한 가능성이라도 찾기 위해 끊임없이 사람의 마음을 살피신다.

"네 하나님 여호와께서 이 40년 동안에 네게 광야 길을 걷게 하신 것을 기억하라 이는 너를 낮추시며 너를 시험하사 네 마음이 어떠한지 그 명령을 지키는지 지키지 않는지 알려 하심이라"_신 8:2

사람이 멸망의 길에서 돌아서게 하려면 안락한 길을 가는 것보다 험난한 길을 걷게 하는 것이 더 유리했다. 사람은 힘들고 어려울 때 하나님을 찾기 때문이다.

"내가 여호와인 줄 아는 마음을 그들에게 주어서 그들이 전심으로 내게 돌아오게 하리니 그들은 내 백성이 되겠고 나는 그들의 하나님이 되리라"_렘 24:7

그러나 사람이 가는 길에 뚜렷한 목표가 없이 언제 끝날지도 모르는 고난만 계속된다면 사람은 기진해서 쓰러져버릴 수도 있었다. 그래서 하나님은 이스라엘 백성을 광야로 끌어내실 때 그들에게 특별한 목표를 주셨다.

"내가 내려가서 그들을 애굽인의 손에서 건져내고 그들을 그 땅에서 인도하여 아름답고 광대한 땅, 젖과 꿀이 흐르는 땅 곧 가나안 족속, 헷

족속, 아모리 족속, 브리스 족속, 히위 족속, 여부스 족속의 지방에 데려 가려 하노라"_출 3:8

광야로 나간 이스라엘 백성이 하나님께서 기대하신 대로 그분을 잘 따랐던 것은 아니었다. 길이 험하면 불평하고, 물이 없으면 원망하며, 모세가 하나님을 만나기 위해 시내산에 올라갔을 때에는 금송아지를 만들어 놓고 절하며 춤을 추었다. 그러나 하나님은 그들을 때로는 위협하고 혹은 달래가며 정성스럽게 보살폈다.

"사람이 자기의 아들을 안는 것 같이 너희의 하나님 여호와께서 너희가 걸어온 길에서 너희를 안으사 이 곳까지 이르게 하셨느니라"_신 1:31

그리고 하나님을 향한 그 마음을 지켜달라고 당부하신다.

"오직 너는 스스로 삼가며 네 마음을 힘써 지키라 그리하여 네가 눈으로 본 그 일을 잊어버리지 말라 네가 생존하는 날 동안에 그 일들이 네 마음에서 떠나지 않도록 조심하라"_신 4:9

하나님의 그 마음을 다 알게 된 모세도 백성들에게 당부했다.

"이스라엘아 들으라 우리 하나님 여호와는 오직 유일한 여호와시니"_신 6:4

그것은 곧 '외로우신 여호와'를 뜻함이었다.

"너는 마음을 다하고 뜻을 다하고 힘을 다하여 네 하나님 여호와를 사랑하라"_신 6:5

모세는 하나님이 광야에서 풍요로운 것으로 주시지 않고 오직 만나로만 배를 채우게 하신 이유에 대해서도 설명했다.

"너를 낮추시며 너를 주리게 하시며 또 너도 알지 못하며 네 조상들도 알지 못하던 만나를 네게 먹이신 것은 사람이 떡으로만 사는 것이 아니요 여호와의 입에서 나오는 모든 말씀으로 사는 줄을 네가 알게 하려 하

심이니라"_신 8:3

그러나 하나님은 아직도 긴장하고 계셨다.

"네가 먹어서 배부르고 아름다운 집을 짓고 거주하게 되며 또 네 소와 양이 번성하며 네 은금이 증식되며 네 소유가 다 풍부하게 될 때에 네 마음이 교만하여 네 하나님 여호와를 잊어버릴까 염려하노라"_신 8:12-14

내가 배부르고 안락하며 은금이 증식되어 소유가 풍부해진다고 느끼면 즉시 내 마음이 교만하진 것은 아닌가 점검하고 하나님을 사모하는 마음을 지키는 데 힘써야 할 것이다.

마음에 맞는 사람

하나님의 진노하신 눈에서 사랑을 발견하고, 홍수의 무서운 재난 속에서 하나님의 아픔을 이해했던 노아의 마음 때문에 하나님은 사람의 마음에서 구원의 실마리를 찾아내셨다. 그래서 겸손했던 사울의 마음이 왕이 된 후에 달라졌어도 하나님은 실망하지 않으시고 다시 그 마음에 맞는 사람을 찾으셨다.

"여호와께서 그의 마음에 맞는 사람을 구하여 여호와께서 그를 그의 백성의 지도자로 삼으셨느니라"_삼상 13:14

사무엘이 하나님의 명령을 따라 이새의 집에 갔을 때 하나님은 홍수가 끝났을 때 그분의 마음을 표현한 중심, 즉 '속마음'이라는 말을 사용하셨다.

"사람은 외모를 보거니와 나 여호와는 중심을 보느니라"_삼상 16:7

다윗은 그 속마음이 어떤 사람이었기에 하나님께서 그를 마음에 맞는 사람으로 지목하셨던 것일까? 지금까지 우리가 살펴본 하나님은 외로운 분이었고, 사람을 지은 후 그를 위해 노래한 분이었고, 그 사람에게 버림받은 분이었고 그럼에도 불구하고 멸망의 길로 가는 사람을 구해내기 위해 애쓰는 분이었다. 양을 치던 다윗의 마음은 어떤 것이었기에 하나님의 마음과 통했던 것일까?

"막내가 남았는데 그는 양을 지키나이다"_삼상 16:11

그는 들에서 혼자 양을 지키고 있는 외로운 사람이었다. 그럼에도 불구하고 그는 수금을 타고 노래하며 자신의 외로움을 달랜 사람이었다. 시편에 기록된 150편의 노래 중 73개의 노래가 다윗의 작품으로 명기되어 있고 작자 미상으로 되어 있는 4편의 노래가 역시 그의 작품으로 추정되고 있다.

"이스라엘의 노래 잘 하는 자가 말하노라"_삼하 23:1

그의 아버지 이새는 사무엘이 그의 아들들을 보러 왔을 때 다윗을 빼놓고 일곱 아들만을 불러서 보여 주었다. 다윗은 그 아버지에게 잊혀진 아들이었다.

"내 부모는 나를 버렸으나 여호와는 나를 영접하시리이다"_시 27:10

그래도 다윗은 자신에게 맡겨진 양 떼를 목숨 걸고 지켜냈다.

"아버지의 양을 지킬 때에 사자나 곰이 와서 양 떼에서 새끼를 물어가면 내가 따라가서 그것을 치고 그 입에서 새끼를 건져내었고 그것이 일어나 나를 해하고자 하면 내가 그 수염을 잡고 그것을 쳐죽였나이다"_삼상 17:34,35

다윗은 그런 위험 속에서 늘 자신을 지켜주고 계신 하나님도 양을 지키는 목자와 같은 분일 것으로 인식하고 있었다.

"여호와는 나의 목자시니 내게 부족함이 없으리로다"_시 23:1

외로운 다윗, 노래로 그 외로움을 달래가며 비록 아버지에게서 버림을 받았어도 자신에게 맡겨진 양들은 목숨걸고 지켜온 그는 하나님을 자신의 목자로 삼았으며 하나님의 마음과 공감하여 처음으로 하나님을 아름답다고 말한 사람이었다.

"내가 여호와께 바라는 한 가지 일 그것을 구하리니 곧 내가 내 평생에 여호와의 집에 살면서 여호와의 아름다움을 바라보며 그의 성전에서 사모하는 그것이라"_시 27:4

하나님이 사람을 창조하실 때 자기 형상대로 지으셨다고 했는데 다윗이야말로 하나님의 마음과 성품을 그대로 닮은 사람이었다. 그러니 하나님이 그를 마음에 맞는 자라고 말씀하실 수밖에 없었던 것이다. 하나님을 아름답다고 한 그가 또 한 가지 인류 최초로 한 일이 있었는데 그것은 하나님을 사랑한다고 고백한 것이었다.

"나의 힘이신 여호와여 내가 주를 사랑하나이다"_시 18:1

옥상의 위기

이스라엘 군대가 엘라 골짜기에서 블레셋 군대와 대치하고 있을 때 거대한 몸집의 블레셋 장수 골리앗이 이스라엘 군대를 조롱하고 있었다.

"사람을 보내어 나와 더불어 싸우게 하라"_삼상 17:10

아버지의 심부름으로 전장의 형들을 방문한 다윗이 그 말을 들었다. 그리고 이스라엘 병사들이 서로 주고받는 말도 들었다.

"그를 죽이는 사람은 왕이 많은 재물로 부하게 하고 그의 딸을 그에게

주고 그 아버지의 집을 이스라엘 중에서 세금을 면제하게 하시리라"_삼상 17:25

다윗은 두 번이나 더 그것을 확인하고 골리앗과 대결하기 위해 나선다. 그가 나선 명분은 골리앗이 하나님의 군대를 모욕했다는 것이었으나 이긴 자에 대한 왕의 포상 조건에도 관심이 있었음에 틀림없다. 그러나 골리앗을 물매로 쓰러뜨린 다윗은 사울 왕이 그의 딸 메랍을 주겠다고 하자 뜻밖에도 그것을 사양한다.

"내 아버지의 집이 무엇이기에 내가 왕의 사위가 되리이까"_삼상 18:18

할 수 없이 메랍을 다른 사람에게 주었으나 다윗의 인기가 자꾸 올라가므로 사울 왕이 이번에는 그의 딸 미갈을 주겠다고 했다. 그러나 다윗은 또 사양했다.

"나는 가난하고 천한 사람이라"_삼상 18:23

그제야 사울 왕은 다윗이 사양하는 이유를 알았다. 그것은 신부를 데려올 때 장인에게 지불하는 지참금 '모하르' 때문이었던 것이다. 이미 형들이 아버지의 돈을 다 써버려 여덟 번째 아들 다윗이 쓸 모하르는 없었다. 사울 왕은 모하르의 조건을 바꾸었다.

"블레셋 사람의 포피 백 개를 원하신다 하라"_삼상 18:25

그제야 다윗은 즉시 출동하여 블레셋 사람 2백 명을 죽여 그 포피를 왕에게 드리고 미갈을 아내로 삼았다. 이렇게 다윗은 늘 자신을 '가난한 자'로 자처하였고 나중에 이스라엘의 왕이 된 후에도 자신은 가난한 자라고 하였다.

"가난한 자의 부르짖음을 잊지 아니하시도다"_시 9:12

그래서 다윗의 가장 큰 약점은 남이 주는 것을 거절하지 못하는 습성이었다.

“두로 왕 히람이 다윗에게 사절들과 백향목과 목수와 석수를 보내매 그들이 다윗을 위하여 집을 지으니 다윗이 여호와께서 자기를 세우사 이스라엘 왕으로 삼으신 것과 그의 백성 이스라엘을 위하여 그 나라를 높이신 것을 알았더라”_삼하 5:11,12

시돈을 포함한 두로 족속은 하나님이 진멸하라고 명령하신 가나안 족속의 핵심 지파였다창 10:15. 다윗의 기세가 가나안을 다 휩쓸 것 같자 두로 왕은 생존을 위해 다윗에게 사상 최대의 뇌물을 바쳤고 다윗은 그것을 덥석 받아버린 것이다. 두로와의 강화는 후일 이스라엘의 큰 화근이 되었다. 역전의 용사인 다윗은 호화로운 왕궁에서 점차 안일에 빠져 전쟁에 출전을 하지도 않았다.

“왕들이 출전할 때가 되매 다윗이 요압과 그에게 있는 그의 부하들과 온 이스라엘 군대를 보내니 그들이 암몬 자손을 멸하고 랍바를 에워쌌고 다윗은 예루살렘에 그대로 있더라”_삼하 11:1

그리고 다윗은 두로 왕이 지어준 그 왕궁의 옥상에서 실족하기 시작한다.

“저녁 때에 다윗이 그의 침상에서 일어나 왕궁 옥상에서 거닐다가 그곳에서 보니 한 여인이 목욕을 하는데 심히 아름다워 보이는지라 다윗이 사람을 보내 그 여인을 알아보게 하였더니 그가 아뢰되 그는 엘리암의 딸이요 헷 사람 우리아의 아내 밧세바가 아니니이까”_삼하 11:2,3

인자와 진리

여덟 형제 중에서 막내로 태어나 아버지와 형들로부터 소외당하며 들에서 양을 치던 다윗은 오직 하나님만을 의지하며 살아온 사람이었다. 사울 왕이 그를 시기하여 죽이려고 하자 그는 10년 동안 도망자 생활을 해야 했다. 왕을 피해 다니며 사는 것이 힘들기도 했지만 율법의 규례에 대해서는 거의 철부지와 같았다. 도망하다가 놉에 이른 다윗은 제단의 진설병을 달라고 하여 먹었다.

"이 떡은 아론과 그의 자손에게 돌리고"_레 24:9

다윗은 또 부자 나발이 갈멜에서 양털을 깎는 날 자기 부하들을 보내 우리가 너희 일꾼들에게 해를 끼치지 않았으니 식량을 달라고 했다. 이는 마치 요즘의 조폭이 보호의 대가를 요구하는 것과 같은 것이었다. 나발이 주기를 거절하자 부하들과 함께 치려 하였으나 나발의 아내 아비가일이 식량을 가져와 사정하여 공격을 취소했다. 후일 나발이 죽자 다윗은 아비가일을 아내로 삼았다.

그 외에도 다윗은 이스르엘의 아히노암, 그술 왕의 딸 마아가 그리고 학깃, 아비달, 에글라 등을 아내로 삼았다. 다윗이 도망치자 사울은 그의 아내 미갈을 라이스의 아들 발디엘에게 주었는데삼상 25:44 그가 헤브론에서 유다 왕이 되었을 때 그 남편 발디엘이 울며 따라오는데도 미갈을 그에게서 빼앗아 왔다삼하 3:15. 개가한 전처를 다시 데려오는 것은 율법을 위반한 행위였다.

"그 여자는 그의 집에서 나가서 다른 사람의 아내가 되려니와 그의 둘째 남편도 그를 미워하여 이혼 증서를 써서 그의 손에 주고 그를 자기 집에서 내보냈거나 또는 그를 아내로 맞이한 둘째 남편이 죽었다 하자 그 여자는 이미 몸을 더럽혔은즉 그를 내보낸 전남편이 그를 다시 아내로 맞이하지 말지니 이 일은 여호와 앞에 가증한 것이라"_신 24:2-4

다윗은 다시 헷 사람 우리아의 아내 밧세바를 아내로 들였다. 밧세바의 본명은 밧수아대상 3:5이고 이는 '수아의 딸'이라는 가나안 이름에서 온 것이다창 38:2. 다윗이 우리아의 아내와 간통하고, 그 남편 우리아를 죽게 하고, 그 아내를 데려온 것은 십계명 중에서 살인하지 말라는 제6계명, 간음하지 말라는 제7계명, 이웃의 것을 탐내지 말라는 제10계명을 한꺼번에 위반하여 사형에 해당하는 죄였다. 그런 다윗이 끝까지 하나님께 매달려 용서받을 수 있었던 것은 그가 발견한 비밀 때문이었다.

"주의 인자와 진리로 나를 항상 보호하소서"_시 40:11

하나님 앞에 의인은 하나도 없어서롬 3:10 그분의 '에메트' 즉 진리 앞에서는 살아남을 자가 없다. 그러나 하나님이 세상을 다스리시는 또 하나의 기둥 '헤세드' 즉 인자에는 우리가 매달릴만한 틈새가 있는 것이다. 여덟 형제의 막내로 자라며 눈치가 빨랐던 다윗은 하나님의 눈치를 살피는 데도 빨랐다. 그는 자신이 완전하지 못함을 잘 알면서도 그분의 인자에 매달려 완전하기를 간구했다.

"여호와께서 나를 위하여 보상해 주시리이다 여호와여 주의 인자하심이 영원하오니 주의 손으로 지으신 것을 버리지 마옵소서"_시 138:8, 개역한글판

마음으로 사랑하는

성경 중에서 가장 아름다운 부분을 말한다면 '아가雅歌'를 빼 놓을 수 없을 것이다. 아가는 그 본래의 제목부터가 시르 핫시림, 즉 '노래들 중의 노래'이다. 하나님이 최초의 가수 사 5:1라면 아가는 그분이 가장 사랑하는 애창곡이라고 할 수도 있다. 아가는 그 선정적인 표현 때문에 히브리 정경화 과정에서 반대한 랍비도 있었으나 얌니아 협의회에서 한 랍비 아키바의 발언은 유명하다.

"모든 성문서가 거룩하지만 아가서는 거룩한 것들 가운데서도 가장 거룩하다"AD 95, '얌니아 협의회'.

'아가'는 문학적 재능이 뛰어났던 솔로몬이 써낸 뮤지컬 판타지이다. 판타지라고 이름을 붙이는 이유는 이 드라마의 주인공인 목동과 술람미 여인의 아름다운 사랑이 결국 판타지로 끝나고 여인은 마지막 장에서 현실의 소녀로 돌아오기 때문이다.

"우리에게 있는 작은 누이는 아직도 유방이 없구나 그가 청혼을 받는 날에는 우리가 그를 위하여 무엇을 할까"_아 8:8

이 드라마에서 관심사는 솔로몬이 자신을 상징하여 내세운 주인공 목동의 사랑을 받는 술람미 여인이 과연 누구일까 하는 것이다. 후궁 7백 명에 첩 3백 명 등 여러 나라에서 뽑아온 많은 여인들을 거느리고 있었던 솔로몬은 술람미 여인이 환상 속에서 그리는 그녀의 연인을 자신에 빗대어 묘사하고 있다.

"왕비가 60명이요 후궁이 80명이요 시녀가 무수하되 내 비둘기, 내 완전한 자는 하나뿐이로구나"_아 6:8,9

여러 나라에서 데려온 미녀들을 다 제치고 목동의 사랑을 차지한 술람미 여인은 매우 뜻밖에도 시골의 포도원에서 일하던 얼굴이 그을린 여자였다.

"내가 햇볕에 쬐어서 거무스름할지라도 흘겨보지 말 것은 내 어머니의 아들들이 나에게 노하여 포도원지기로 삼았음이라"_아 1:6

이 술람미 여인이 누구인가에 대한 학자들의 연구 중 라울리H. H. Rowley가 1939년에 발표한 '술람미의 의미'가 흥미를 끈다. 그는 수넴 여인을 의미하는 '수남미'가 히브리식 자음변화로 '술람미'가 되었다고 보았다. 또 솔로몬이 자기 이름과 술람미를 의도적으로 같은 SLM 발음에 일치시킨 것일 수도 있다고 했다. 성경에서 솔로몬 시대의 수넴 여인은 다윗을 위해 데려왔던 아비삭 뿐이다.

"다윗 왕이 나이가 많아 늙으니 이불을 덮어도 따뜻하지 아니한지라"_왕상 1:1

왕의 신하들이 왕의 품에 누워 왕의 몸을 따뜻하게 해 줄 처녀를 구하다가 수넴 여자 아비삭을 택하여 왕궁으로 데려왔다.

"이 처녀는 심히 아름다워 그가 왕을 받들어 시중들었으나 왕이 잠자리는 같이 하지 아니하였더라"_왕상 1:4

다윗이 70세에 죽었으므로 그 2년 전쯤 아비삭이 왕궁에 들어왔다면 솔로몬은 18세 쯤 되는 사춘기 소년이었을 것이다. 왕궁에서 단장한 미녀들만 보아온 솔로몬이 포도원에서 그을린 수넴 처녀를 보고 첫 눈에 반했을 수도 있다. 그는 다윗이 죽은 후에도 아버지의 여자를 감히 차지하지 못했으나 '아가'에는 그녀가 '마음으로 사랑'해 주기를 바라는 그의 간절한 열망이 가득하다.

"성 안을 순찰하는 자들을 만나서 묻기를 내 마음으로 사랑하는 자를 너희가 보았느냐 하고 그들을 지나치자마자 마음에 사랑하는 자를 만나서 그를 붙잡고 내 어머니 집으로, 나를 잉태한 이의 방으로 가기까지 놓지 아니하였노라"_아 3:3,4

마음을 돌이켜

하나님은 사랑이시고 성경의 주제도 사랑인데 그 사랑은 마음으로 하는 것이기 때문에 구약 성경에는 '마음'이라는 단어가 730회, 신약 성경에는 105회나 나온다. 마음에 대한 한글 사전의 설명은 간단하지 않다.

"① 사람의 지智, 정情, 의意의 움직임 또 그 움직임의 근원이 되는 정신적 상태의 총체 ② 시비, 선악을 판단하고 행동을 결정하는 정신 활동" 『한글사전』, 민중서관

이 두 가지 외에도 7개의 항목이 더 나와 있다. 이렇게 마음에 대한 해석이 다양하기 때문에 성경에 나오는 어휘도 여러 가지가 있지만 구약에서는 히브리어 '렙'이 대표적으로 사용되었고, 신약 성경은 헬라어 '카르디아'를 주로 썼다. 또 마음은 영혼과도 관계가 있다. 유대에서는 영혼을 하나님과 소통하는 '영루아흐, Spirit'과 지, 정, 의를 주관하는 '혼네페쉬, Soul'으로 나누어 쓰는 습관이 있었는데 신약에서도 영은 헬라어의 '프뉴마' 그리고 혼은 '프쉬케'로 표현했다.

"평강의 하나님이 친히 너희를 온전히 거룩하게 하시고 또 너희의 온 영과 혼과 몸이 우리 주 예수 그리스도께서 강림하실 때에 흠 없게 보전되기를 원하노라"_살전 5:23

그러므로 사랑의 근원이 되는 '마음'은 '혼' 쪽에 가까운 개념으로 생각할 수 있고, 마음이 어느 쪽으로 움직이느냐 하는 것은 하나님이 사람에게 주신 '자유'에 그 바탕을 두고 있다. 하나님은 사랑이시기 때문에 사람을 사랑하는 그분의 마음이 변하지 않으시나 사람의 마음은 그 자유 때문에 수시로 변한다. 그래서 하나님과 사람을 갈라놓으려는 사탄은 그 마음을 공격하는 것이다.

"솔로몬의 나이 늙을 때에 왕비들이 그 마음을 돌이켜 다른 신들을 좇게 하였으므로 왕의 마음이 그 부친 다윗의 마음과 같지 아니하여 그 하나님 여호와 앞에 온전치 못하였으니 이는 시돈 사람의 여신 아스다롯을 좇고 암몬 사람의 가증한 밀곰을 좇음이라"_왕상 11:4,5, 개역한글판

다윗은 그 생애 중에 많은 실수를 하였으나 하나님을 버리고 다른 신을 섬기지는 않았다. 그러나 그가 많은 아내를 두었던 것과 가나안의 핵심 세력인 두로와 시돈을 진멸하지 않고 오히려 화친한 것은 솔로몬에게 나쁜 영향을 주었다.

"솔로몬이 여호와의 눈 앞에서 악을 행하여 그의 아버지 다윗이 여호와를 온전히 따름 같이 따르지 아니하고"_왕상 11:6

시돈의 아스다롯은 사랑의 여신이고 암몬의 밀곰, 모압의 그모스도 그 복사판이었다. 그 여신들이 사랑 아닌 자유연애와 육체적 환락을 조장했으므로 성경은 그들을 음란의 여신이라 했다. 아마도 솔로몬은 아버지의 여자 아비삭에 대한 사랑을 이룰 수 없어 많은 여인 사이를 방황하며 사랑의 여신에 빠졌을 수도 있다. 솔로몬은 다윗이 죽은 후 아비삭을 탐내는 이복 형 아도니야를 죽였다.

"여호와께서 살아 계심을 두고 맹세하노니 아도니야는 오늘 죽임을 당하리라 하고 여호야다의 아들 브나야를 보내매 그가 아도니야를 쳐서

죽였더라"_왕상 2:24,25

솔로몬의 잠언은 주로 그 아들을 교육하기 위해 남긴 것이었다. 그는 잠언에서 자신의 아버지 다윗과 어머니 밧세바의 일을 비판하고 있다.

"부녀와 간음하는 자는 무지한 자라 이것을 행하는 자는 자기의 영혼을 망하게 하며 상함과 능욕을 받고 부끄러움을 씻을 수 없게 되나니 그 남편이 투기함으로 분노하여 원수를 갚는 날에 용서하지 아니하고"_잠 6:32-34, 개역한글판

솔로몬은 모세가 죽기 전 백성에게 당부했던 말신 4:9을 자기 아들에게도 전했다.

"무릇 지킬만한 것보다 더욱 네 마음을 지키라"_잠 4:23, 개역한글판

사망의 방으로

천 명이 넘는 여인들 사이에서 방황하며 사랑의 여신 아스다롯과 암몬의 밀곰, 모압의 그모스에 빠져 있던 솔로몬은 그 아들을 위해 잠언을 남겼다.

"내 아들아 악한 자가 너를 꾈지라도 따르지 말라"_잠 1:10

잠언 1장에서 7장까지만 해도 '내 아들아' 라고 부르는 말이 12회나 나온다. 그 잠언들 중에 솔로몬이 강조한 것은 음란한 여자를 조심하라는 것이었다.

"지혜에게 너는 내 누이라 하며 명철에게 너는 내 친족이라 하라 그리하면 이것이 너를 지켜서 음녀에게, 말로 호리는 이방 여인에게 빠지지 않게 하리라"_잠 7:5

그 여자는 길거리에서 또는 광장의 모퉁이에서 지나가는 남자를 붙잡고 그에게 입을 맞추며 부끄러움을 모르는 얼굴로 말한다. 당신을 만나려고 나와서 당신의 얼굴을 찾다가 이제 당신을 만났다며 유혹하는 것이다.

"오라 우리가 아침까지 흡족하게 서로 사랑하며 사랑함으로 희락하자 남편은 집을 떠나 먼 길을 갔는데 은 주머니를 가졌은즉 보름 날에나 집에 돌아오리라"_잠 7:18-20

사랑의 여신 아스다롯이 '아하바'를 '에로스'로 바꾸는 장면이었다. 아스다롯의 유혹을 받은 젊은이는 소가 도수장으로 끌려가는 것처럼 여자를 따라간다.

"네 마음이 음녀의 길로 치우치지 말며 그 길에 미혹지 말지어다 대저 그가 많은 사람을 상하여 엎드러지게 하였나니 그에게 죽은 자가 허다하니라 그 집은 음부의 길이라 사망의 방으로 내려가느니라"_잠 7:25-27, 개역한글판

그러나 솔로몬의 아들 여로보암은 간절하게 적어 놓은 아버지의 교훈을 따르지 않았고, 그가 평소에 했던 행위만을 본받았다.

"르호보암이 아내 18과 첩 60을 취하여 아들 28과 딸 60을 낳았으나 압살롬의 딸 마아가를 모든 처첩보다 더 사랑하여"_대하 11:21, 개역한글판

솔로몬이 죽은 후 르호보암은 신하들 간의 분쟁을 조정하지 못해 이스라엘의 분단을 초래하게 되었다. 12지파 중 10지파를 이끌고 세겜으로 올라간 여로보암의 나라가 이스라엘이라는 이름을 차지했고 유다 지파와 베냐민 지파만 남은 르호보암의 나라는 유다라는 이름을 사용하게 되었다. 금송아지를 만들어 섬기던 이스라엘에서는 쿠데타가 거듭되다가 아합 왕의 시대가 시작되었다.

"오므리의 아들 아합이 그의 이전의 모든 사람보다 여호와 보시기에 악을 더욱 행하여 느밧의 아들 여로보암의 죄를 따라 행하는 것을 오히려 가볍게 여기며 시돈 사람의 왕 엣바알의 딸 이세벨을 아내로 삼고 가서 바알을 섬겨 숭배하고"_왕상 16:30,31

르호보암의 증손 여호사밧은 남북이 분단된 지 70년 만에 남북의 대화를 재개했다. 그러나 그 과정에서 성급한 시도를 하여 문제가 생겼다.

"여호사밧이 부귀와 영광을 크게 떨쳤고 아합 가문과 혼인함으로 인척 관계를 맺었더라"_대하 18:1

그는 아합과 이세벨의 딸 아달랴를 자신의 며느리로 맞아들였던 것이다.

"여호람이 왕위에 오를 때에 나이가 32세라 예루살렘에서 8년 동안 다스리니라 그가 이스라엘 왕들의 길로 행하여 아합의 집과 같이 하였으니 이는 아합의 딸이 그의 아내가 되었음이라"_대하 21:5,6

여호람이 죽고 아달랴가 낳은 아하시야가 왕이 되었으나 북왕국을 방문했던 그가 죽자 아달랴는 자신의 손자를 다 죽이고 여왕이 되어 유다를 6년 동안 지배했다. 솔로몬이 염려했던 대로 그의 나라는 결국 사망의 계단을 내려가기 시작했던 것이다.

눈썹을 그리고

북 이스라엘의 왕비가 된 가나안 여자 이세벨은 사마리아에 바알 신과 아세라 여신의 신전을 세워 그 신들을 섬기게 했다. 이세벨의 딸 아달랴 역시 남 유다의 여왕이 되어 바알

신과 아세라 여신과 온갖 신들을 끌어들였다. 아달랴가 그 손자들을 다 죽일 때 아하시야의 누이 여호세바가 한 아들을 빼냈다.

"여호세바가 아하시야의 아들 요아스를 왕자들이 죽임을 당하는 중에서 빼내어 그와 그의 유모를 침실에 숨겨 아달랴를 피하여 죽임을 당하지 아니하게 한지라"_왕하 11:2

여호세바는 제사장 여호야다의 아내였다. 여호야다는 아달랴가 나라를 다스린 지 6년 만에 군사를 일으켜 아달랴를 죽이고 요아스를 왕으로 세웠다. 요아스는 여호야다가 시키는 대로 성전을 정화하고 국정을 개혁했으나, 그가 죽자 마음이 변했다.

"여호야다가 죽은 후에 유다 방백들이 와서 왕에게 절하매 왕이 그들의 말을 듣고 그의 조상들의 하나님 여호와의 전을 버리고 아세라 목상과 우상을 섬겼으므로 그 죄로 말미암아 진노가 유다와 예루살렘에 임하니라"_대하 24:17,18

여호야다의 아들 스가랴가 백성들 앞에서 왕을 탄핵하자 왕을 미혹한 무리들이 성전 뜰 안에서 돌로 쳐서 죽였다. 요아스는 그 이듬해에 반란군의 손에 죽임을 당했다. 그의 아들 아마샤 때에 북에도 요아스라는 왕이 있었다. 아합 일가를 제거하고 왕이 된 예후의 손자였다. 요아스는 유다를 공격하여 성전의 기물을 약탈했다. 아마샤 후에 웃시야, 요담을 거쳐 아하스가 왕위에 올랐다.

"아하스가 왕위에 오를 때에 나이가 20세라"_대하 28:1

그 때 북에는 호세아라는 젊은 선지자가 있었다. 그는 하나님으로부터 방탕한 여자 고멜과 결혼하라는 지시를 받았다. 선지자의 아내가 된 고멜은 늘 타락한 자들과 연애하여 아비 없는 자식을 낳고 도망치는 일을 거듭했다.

"나는 나를 사랑하는 자들을 따르리니 그들이 내 떡과 내 물과 내 양털과 내 삼과 내 기름과 내 술들을 준다 하였음이라"_호 2:5

이는 이스라엘과 유다로부터 버림을 받은 하나님의 아픔을 호세아가 직접 당하고 느끼게 하신 것이었다. 북에서는 예후 왕조가 끝나고 살룸과 므나헴을 거쳐 베가에게로 왕위가 넘어가 있었다. 그가 아람 왕과 손잡고 유다를 치려 하자 아하스는 앗수르에 도움을 청했고, 앗수르는 아람의 다메섹을 점령했다. 앗수르 왕을 만나러 다메섹에 간 아하스는 오히려 그곳의 신들에게 반했다.

"아하스 왕이 그 제단의 모든 구조와 제도의 양식을 그려 제사장 우리야에게 보냈더니 아하스 왕이 다메섹에서 돌아오기 전에 제사장 우리야가 아하스 왕이 다메섹에서 보낸 대로 모두 행하여 제사장 우리야가 제단을 만든지라"_왕하 16:10,11

남의 유다는 그렇게 사망의 방으로 내려가고 있었다.

"아람 왕의 신들이 그들을 도왔으니 나도 그 신에게 제사하여 나를 돕게 하리라 하였으나 그 신이 아하스와 온 이스라엘을 망하게 하였더라"_대하 28:23

북의 이스라엘은 앗수르의 공격을 받아 BC 722년에 멸망했다. 남의 유다는 아하스의 아들 히스기야가 개혁을 시도했고 그의 증손 요시야가 한 번 더 몸부림을 쳤으나 바벨론의 공격을 받아 BC 586년 멸망했다. 하나님은 그의 백성들이 그분의 성소에 우상을 끌어들여 섬길 때 그 마음의 비통함이 어떠했던가를 선지자 에스겔을 통해 전하셨다.

"그들이 오매 그들을 위해 목욕하며 눈썹을 그리며 스스로 단장하며 화려한 자리에 앉아 앞에 상을 차리고 내 향과 기름을 그 위에 놓고"_겔 23:40,41

보물이 있는 곳에

애굽에서 이스라엘 자손을 이끌어내고 그들과 함께 광야에서 40년을 지내고도 가나안 땅에 들어가지 못하게 된 모세가 이리비 광야에서 마지막으로 이스라엘 백성에게 당부한 것을 기록한 것이 '신명기' 이다. 모세는 그 신명기의 마지막 부분에서 복과 저주에 대한 것을 언급했다.

"네가 네 하나님 여호와의 말씀을 청종하면 이 모든 복이 네게 임하며 네게 이르리니"_신 28:2

복에 대한 언급은 모두 14절로 되어 있다.

"내가 오늘 너희에게 명령하는 그 말씀을 떠나 좌로나 우로나 치우치지 아니하고 다른 신을 따라 섬기지 아니하면 이와 같으리라"_신 28:14

그리고 바로 저주에 대한 경고로 들어간다.

"네가 만일 네 하나님 여호와의 말씀을 순종하지 아니하여 내가 오늘 네게 명령하는 그의 모든 명령과 규례를 지켜 행하지 아니하면 이 모든 저주가 네게 임하며 네게 이를 것이니"_신 28:15

복에 대한 언급이 모두 14절로 되어 있는데 비해 저주에 대한 경고는 15절에서 68절까지 무려 54절에 이른다. 이스라엘 자손이 장차 복을 받는 경우보다는 필경 저주받는 길로 가게 될 확률이 높다는 의미였다. 복과 저주에 대한 경고를 끝낸 모세는 그들이 저주의 길에 빠졌을 때 거기서 빠져나오는 방법을 일러 주었다.

"내가 네게 진술한 모든 복과 저주가 네게 임하므로 네가 네 하나님 여호와로부터 쫓겨간 모든 나라 가운데서 이 일이 마음에서 기억이 나

거든"_신 30:1

역시 여기서도 '마음'이 구원의 열쇠로 등장한다.

"너와 네 자손이 네 하나님 여호와께로 돌아와 내가 오늘 네게 명령한 것을 온전히 따라 마음을 다하고 뜻을 다하여 여호와의 말씀을 청종하면 네 하나님 여호와께서 마음을 돌이키시고 너를 긍휼히 여기사"_신 30:2,3

여기서 사람의 마음과 하나님의 마음이 소통하는 것이다.

"네 하나님 여호와께서 네 마음과 네 자손의 마음에 할례를 베푸사 너로 마음을 다하며 뜻을 다하여 네 하나님 여호와를 사랑하게 하사 너로 생명을 얻게 하실 것이며"_신 30:6

그러므로 할례의 본래 의미는 마음을 찢는 것이었다.

"너희는 스스로 할례를 행하여 너희 마음 가죽을 베고 나 여호와께 속하라"_렘 4:4

그래서 가장 큰 계명이 무엇이냐고 묻는 율법사의 질문에 예수께서도 모세가 이미 말한 대로 마음을 다하여 하나님을 사랑하라고 대답하신 것이다.

"네 마음을 다하고 목숨을 다하고 뜻을 다하여 주 너의 하나님을 사랑하라 하셨으니 이것이 크고 첫째 되는 계명이요 둘째도 그와 같으니 네 이웃을 네 자신 같이 사랑하라 하셨으니 이 두 계명이 온 율법과 선지자의 강령이니라"_마 22:37-40

그것이 바로 사탄의 미혹으로부터 마음을 지키는 방법이었다.

"오직 너희를 위하여 보물을 하늘에 쌓아 두라 거기는 좀이나 동록이 해하지 못하며 도둑이 구멍을 뚫지도 못하고 도둑질도 못하느니라 네 보물이 있는 그곳에는 네 마음도 있느니라"_마 6:20,21

하늘에 쌓아 둘 보물이란 바로 사랑이었다. 사랑하시는 하나님의 마음이 변치 않듯이 그분 계신 곳에 사랑을 쌓아 두면 우리의 마음도 미혹되지 않는다는 뜻이었다.

성경 속의 비밀 ❼

약속에 관하여

네가 나를 위하여

예루살렘에 입성한 다윗이 12지파의 추대로 이스라엘의 왕이 되자 벼랑 끝에 몰린 두로 왕 히람은 그에게 사절들과 백향목과 목수와 석수를 보내 왕궁을 지어 주었다. 그것으로 두로는 살아남게 되었으나 다윗의 마음은 편하지 않았다.

"나는 백향목 궁에 살거늘 하나님의 궤는 휘장 가운데 있도다"_삼하 7:2

그 밤에 하나님의 말씀이 선지자 나단에게 임했고 그는 왕에게 그것을 전했다.

"네가 나를 위하여 내가 살 집을 건축하겠느냐"_삼하 7:5

하나님은 광야에서 이스라엘 자손과 동행하는 동안 장막에 계셨다. 아브라함과 다윗처럼 하나님도 목자였던 것이다.

"하늘은 나의 보좌요 땅은 나의 발판이니 너희가 나를 위하여 무슨 집을 지으랴 내가 안식할 처소가 어디랴"_사 66:1

그러나 하나님은 다윗의 두 가지 마음을 알고 계셨다. 하나님을 장막보다 더 좋은 곳에 모시고 싶다는 마음과 또 하나는 지금까지 그와 함께 하신 하나님을 자기 곁에 붙잡아 두고 싶다는 마음이었다. 하나님은 그 마음만을 받으셨다.

"땅에서 위대한 자들의 이름 같이 네 이름을 위대하게 만들어 주리라 내가 또 내 백성 이스라엘을 위하여 한 곳을 정하여 그를 심고 그를 거주하게 하고 다시 옮기지 못하게 하며 악한 종류로 전과 같이 그를 해하지 못하게 하여"_삼하 7:9,10

하나님은 오히려 그의 집을 지어 주겠다고 하셨다.

"여호와가 너를 위하여 집을 짓고 네 수한이 차서 네 조상들과 함께 누울 때에 내가 네 몸에서 날 네 씨를 네 뒤에 세워 그의 나라를 견고하게 하리라 그는 내 이름을 위하여 집을 건축할 것이요 나는 그의 나라 왕위를 영원히 견고하게 하리라"_삼하 7:11-13

'네 몸에서 날 씨'는 다윗의 자손으로 불릴 예수 그리스도를 말씀한 것이고 그가 와서 지을 집이란 성전이 아닌 교회를 의미한 것이었다.

"나는 그에게 아버지가 되고 그는 내게 아들이 되리니 그가 만일 죄를 범하면 내가 사람의 매와 인생의 채찍으로 징계하려니와 내가 앞에서 물러나게 한 사울에게서 내 은총을 빼앗은 것처럼 그에게서 빼앗지는 아니하리라 네 집과 네 나라가 내 앞에서 영원히 보존되고 네 왕위가 영원히 견고하리라"_삼하 7:14-16

그러나 다윗은 자기 생각대로 그 말씀을 해석했다.

"오직 하나님이 내게 이르시되 너는 군인이라 피를 흘렸으니 내 이름을 위하여 전을 건축하지 못하리라 하셨느니라"_대상 28:3, 개역한글판

그리고 '네 몸에서 날 네 씨'도 그의 아들 솔로몬으로 단정했다.

"내게 이르시기를 네 아들 솔로몬 그가 내 성전을 건축하고 내 여러 뜰을 만들리니 이는 내가 그를 택하여 내 아들로 삼고 나는 그의 아버지가 될 것임이라 그가 만일 나의 계명과 법도를 힘써 준행하기를 오늘과 같이 하면 내가 그의 나라를 영원히 견고하게 하리라 하셨느니라"_대상 28:6,7

그는 밧세바가 낳은 네 번째 아들에게 큰 애착을 갖고 있었다.

"다윗이 그 아내 밧세바를 위로하고 그에게 들어가 그와 동침하였더니 그가 아들을 낳으매 그의 이름을 솔로몬이라 하니라 여호와께서 그를 사랑하사 선지자 나단을 보내 그의 이름을 여디디야라 하시니 이는

여호와께서 사랑하셨기 때문이더라"_삼하 12:24,25

솔로몬은 '평강의 사람'이라는 뜻이었다. 하나님께서 여디디야라는 이름을 주셨는데도 솔로몬이라 한 것은 하나님의 집을 지으려면 그의 아들이 자기처럼 피를 흘리지 않는 평강의 왕이어야 한다고 생각했기 때문이었다.

오르난의 타작 마당

다윗이 하나님의 집을 짓고 싶어할 때 하나님은 그의 마음을 받으셨으나 집을 건축하는 것은 사양하셔서 다윗은 그 생각을 접었다.

"주께서 이 좋은 것을 주의 종에게 말씀하셨사오니 이제 청하건대 종의 집에 복을 주사 주 앞에 영원히 있게 하옵소서 주 여호와께서 말씀하셨사오니 주의 종의 집이 영원히 복을 받게 하옵소서"_삼하 7:28,29

다윗은 최초로 하나님을 사랑한다고 고백했으나시 18:1 이웃을 사랑하는 것은 잘 몰랐다. 그의 기도는 늘 자신과 그의 집의 복을 구하는 것이었다.

"여호와께서 그 왕에게 큰 구원을 주시며 기름 부음 받은 자에게 인자를 베푸심이여 영원토록 다윗과 그 후손에게로다"_시 18:50

다윗은 그렇게 성전을 건축하고 싶은 마음을 접고 군인답게 전쟁에 매달렸다.

"다윗이 어디로 가든지 여호와께서 이기게 하시니라"_삼하 8:6

그러면서 다윗은 차츰 자신도 모르게 하나님의 눈을 피하고 있었다.

하나님이 그가 여러 여인을 후궁으로 들이는 것까지 방관하고 계셨는데도 그는 또 우리아의 아내 밧세바와 정을 통하기 시작한 것이다. 이런 다윗에게 나단 선지자가 하나님의 말씀을 전했다.

"네가 나를 업신여기고 헷 사람 우리아의 아내를 빼앗아 네 아내로 삼았은즉 칼이 네 집에서 영원토록 떠나지 아니하리라"_삼하 12:10

다윗은 즉시 그의 잘못을 뉘우쳤다.

"내가 여호와께 죄를 범하였노라"_삼하 12:13

그는 눈물의 기도로 죄의 사함을 받았으나 그의 집에 내린 재앙은 피할 수 없었다. 밧세바가 낳은 아이는 병으로 죽었고, 그의 아들 암논이 이복누이 다말을 강간하고 버리자 다말의 오라비 압살롬이 암논을 죽였고, 그는 마침내 반란을 일으켰다가 전장에서 요압의 칼에 죽었다. 그리고 다윗은 더 큰 시험에 걸린다.

"사탄이 일어나 이스라엘을 대적하고 다윗을 충동하여 이스라엘을 계수하게 하니라"_대상 21:1

인구를 계수하는 것은 하나님의 권한에 속한 일이었다. 하나님은 선견자 갓을 통해 징세와 징병을 목적으로 계수를 지시한 다윗의 행위를 악한 것으로 규정하고, 3년의 기근과 3달의 패전과 3일의 전염병, 이 세 가지의 징벌 중 하나를 택하라고 요구하셨다. 다윗은 3일간의 전염병을 택했으나 그 사이에 7만 명이 죽는 참사가 일어났다. 다윗은 칼을 빼어 든 여호와의 사자가 여부스 사람 오르난의 타작 마당 곁에 서 있는 것을 보자 신하들과 함께 굵은 베를 입고 땅에 엎드렸다.

"주의 손으로 나와 내 아버지의 집을 치시고 주의 백성에게 재앙을 내리지 마옵소서"_대상 21:17

자신과 자기 집을 위해서만 기도하던 그의 기도가 바뀐 것이다. 여호와의 사자는 오르난의 타작 마당에 제단을 쌓으라고 지시했다. 그곳은 아브라함이 독자 이삭을 번제로 드리려 했던 장소였다. 다윗은 오르난에게 금 6백 세겔을 주고 그 땅을 사서 번제와 화목제를 드렸고 그곳을 성전 세울 자리로 정했다. 그로부터 1천 년 후 광야의 소리로 온 세례 요한이 메시야의 강림을 예고했다.

"그는 성령과 불로 너희에게 세례를 베푸실 것이요 손에 키를 들고 자기의 타작 마당을 정하게 하사 알곡은 모아 곳간에 들이고 쭉정이는 꺼지지 않는 불에 태우시리라"_마 3:11,12

레갑의 한

세상에 죄악이 관영하여 하나님이 큰 홍수로 땅 위의 모든 생물을 다 쓸어버리기로 작정하셨을 때 노아와 그의 가족을 살리기 위해 큰 방주를 만들라고 지시하셨다.

"너는 잣나무로 너를 위하여 방주를 짓되 그 안에 간들을 막고 역청으로 그 안팎에 칠하라 그 방주의 제도는 이러하니 장이 300규빗, 광이 50규빗, 고가 30규빗이며 거기 창을 내되 위에서부터 한 규빗에 내고 그 문은 옆으로 내고 상 중 하 3층으로 할지니라"_창 6:14-16, 개역한글판

그 방주는 길이 135m, 너비 22.5m, 높이 13.5m에 무게가 13,960t에 이르는 거대한 규모였다. 당시 노아는 농사를 짓는 셋 자손이었고, 그 배를 건조하는 데 필요한 건축 기술, 금속 기술, 항해 기술은 모두 건축업과 제조업과 상업에 종사하는 가인 족속 쪽에 있었다. 노아는 가인 족속의 기술자들을 초빙하여 배를 건조했을 것이고, 자기 세 아들들에게

그 기술을 배우게 했을 것이다.

"방주에서 나온 노아의 아들들은 셈과 함과 야벳이며"_창 9:18

홍수 후에 야벳의 자손들은 바닷가에서 살았다.

"각기 언어와 종족과 나라대로 바닷가의 땅에 머물렀더라"_창 10:5

어업에 종사한 야벳은 가인 족속에게서 조선 기술과 항해 기술을 배웠을 것이다. 함의 자손들은 금속 기술을 배워 무기를 만들고 수렵 생활을 했다.

"구스가 또 니므롯을 낳았으니 그는 세상에 첫 용사라 그가 여호와 앞에 용감한 사냥꾼이 되었으므로"_창 10:8,9

니므롯은 나중에 셈의 성들을 점령하고 그들을 시켜 큰 건축을 시작했다. 셈은 가인 족속에게서 배운 건축 기술을 지니고 있었던 것이다.

"니느웨와 갈라 사이의 레센을 건축하였으니 이는 큰 성읍이라"_창 10:12

요세푸스의 『유대고대사』와 쿰란 문서 중의 '창세기 외경'에 보면 아브라함은 건축, 금속, 기계 기술을 모두 지닌 기술자였다. 아브라함 가문의 이런 기술은 나중에 애굽에서 신전과 피라미드를 건축할 때 크게 사용되었다. 그리고 광야에 나와 성막을 만들 때에는 유다 지파 훌의 손자인 브살렐이 그 일을 주도했다.

"유다 지파 훌의 손자요 우리의 아들인 브살렐을 지명하여 부르고"_출 31:2

또 미디안에 속하는 겐 족속도 기술로 그들을 도왔다.

"모세의 장인은 겐 사람이라 그의 자손이 유다 자손과 함께"_삿 1:16

이들 기술자 집단을 '레갑 사람'이라 했는데대상 2:55 모두가 베들레헴 근처 에브라다에 모여 살았다. 그러나 성전을 건축할 때 솔로몬은 레갑의 기술자 집단을 제외한 채 이방 사람들 153,600명을 그 공사에 동원했다.

"그 중에서 7만 명은 짐꾼이 되게 하였고 8만 명은 산에서 벌목하게 하였고 3,600명은 감독으로 삼아 백성들에게 일을 시키게 하였더라"_대하 2:18

뿐만 아니라 솔로몬은 두로 사람을 공사의 총감독으로 초빙했나.

"솔로몬 왕이 사람을 보내어 히람을 두로에서 데려오니 그는 납달리 지파 과부의 아들이요 그의 아버지는 두로 사람이니 놋쇠 대장장이라"_왕상 7:13,14

지난날 성막을 만들었던 기술자들의 후예인 에브라다의 레갑 사람들은 역사적인 성전 건축에 참여하지 못하고 그곳을 떠나 방랑하기 시작했다. 이후로 그들은 집을 짓지 않고 장막에 살며 평생 포도주를 입에 대지 않는 통한의 세월을 살게 되었다. 그들은 집단적으로 삼손과 사무엘 같은 '평생 나실인' 이 되었던 것이다.

기도하는 집

다윗이 준비하고 솔로몬이 건축했던 예루살렘 성전은 하나님 쪽에서 볼 때 여러 가지로 합당하지 않은 점이 많았다. 우선 하나님이 사람의 손으로 건축한 집에 갇혀 계실 수 없기 때문이었다.

"너희가 나를 위하여 무슨 집을 지으랴"_사 66:1

더구나 돌을 깎아서 건축한 것도 하나님의 지시와 다른 것이었다.

"네가 내게 돌로 제단을 쌓거든 다듬은 돌로 쌓지 말라 네가 정으로 그것을 쪼면 부정하게 함이니라"_출 20:25

물론 성전의 제단은 놋으로 만들었으나대하 4:1 하나님께서 다듬은 돌로 제단을 쌓지 말라고 하신 것은 애굽 사람들처럼 종들의 손으로 돌을 깎아 신전을 건축하지 말라는 뜻이었던 것이다. 또 이스라엘 사람들의 손이 아닌 이방인의 손으로 성전을 건축한 것도 적절하지 못한 것이었고, 두로 사람 히람이 공사를 지휘한 것도 그러했다. 그러나 하나님은 아무런 말씀도 하시지 않았다.

"여호와의 영광이 여호와의 성전에 가득함이었더라"_왕상 8:11

성전이 완공되자 솔로몬은 제단 앞에서 하늘을 향해 두 손을 폈다. 그러나 솔로몬 자신도 하나님이 그가 지은 성전에 계신다고 생각하지 않았다.

"하나님이 참으로 땅에 거하시리이까 하늘과 하늘들의 하늘이라도 주를 용납하지 못하겠거든 하물며 내가 건축한 이 성전이오리이까 그러나 내 하나님 여호와여 주의 종의 기도와 간구를 돌아보시며 이 종이 오늘 주 앞에서 부르짖음과 비는 기도를 들으시옵소서"_왕상 8:27,28

그는 성전을 기도하는 집으로 인식하고 있었던 것이다.

"내 집은 만민이 기도하는 집이라 일컬음이 될 것임이라"_사 56:7

하나님도 솔로몬의 생각에 동의하셨다.

"네 기도와 네가 내 앞에서 간구한 바를 내가 들었은즉 나는 네가 건축한 이 성전을 거룩하게 구별하여 내 이름을 영원히 그곳에 두며 내 눈길과 내 마음이 항상 거기에 있으리니"_왕상 9:3

그러나 하나님은 한 가지 경고하기를 잊지 않으셨다.

"만일 너희나 너희의 자손이 아주 돌아서서 나를 따르지 아니하며 내가 너희 앞에 둔 나의 계명과 법도를 지키지 아니하고 가서 다른 신을 섬겨 그것을 경배하면 내가 이스라엘을 내가 그들에게 준 땅에서 끊어 버릴 것이요 내 이름을 위하여 내가 거룩하게 구별한 이 성전이라도 던져 버리리니"_왕상 9:6,7

그러나 성전을 지어 하나님께 드리고 싶었던 다윗의 집념과 그 아들 솔로몬에 대한 애착은 하나님의 계획에 한 가지 긍정적인 흔적을 남겼다. 솔로몬은 비록 예표적인 것이기는 하나 교회를 상징하는 하나님의 집을 건축하여 그리스도의 모형이 된 것이다. '아가' 의 사랑 역시 사람을 위해 목숨을 건 그리스도의 모형이 되었다.

"나는 사론의 수선화요 골짜기의 백합화로다"_아 2:1

이 대목은 목동과 술람미 여인의 듀엣 곡이다. 목동이 부른 사론의 수선화는 메시야를 의미하고 여인이 부른 백합화는 성도를 뜻한다. 후일 예수 그리스도는 성전에 들어가 매매하는 사람들을 내쫓고 돈 바꾸는 사람들의 상을 둘러엎으셨다.

"내 집은 기도하는 집이라 일컬음을 받으리라 하였거늘 너희는 강도의 소굴을 만드는도다"_마 21:13

레갑과 포도주

타락해 가는 유다의 신앙을 바로잡아 보려고 애썼던 요시야 왕이 애굽과 앗수르의 전쟁에 휘말려 BC 609년 31세의 나이로 므깃도에서 전사하자, 선지자 예레미야는 유다의 종말이 가까이 이르렀음을 깨달았다.

"온 유다와 예루살렘 사람들이 요시야를 슬퍼하고 예레미야는 그를 위하여 애가를 지었으며"_대하 35:24,25

요시야의 아들 여호아하스가 왕위에 올랐으나 애굽 왕이 그를 폐하고 여호야김을 왕으로 세웠다. 예레미야는 북에서 오는 바벨론의 불길한 바람을 예감했다.

"북방에서부터 크게 떠드는 소리가 들리니 유다 성읍들을 황폐하게 하며 승냥이의 거처가 되게 하리로다"_렘 10:22

바로 그 시기에 하나님의 말씀이 예레미야에게 임했다.

"너는 레갑 사람들의 집에 가서 그들에게 말하고 그들을 여호와의 집 한 방으로 데려다가 포도주를 마시게 하라"_렘 35:2

에브라다를 떠나 각지에서 유랑하던 레갑 사람들은 BC 605년 바벨론 군대가 예루살렘을 향해 진격할 때 조국의 위기를 좌시할 수 없어 예루살렘으로 집결하고 있었던 것이다. 예레미야는 그들을 성전에 모아 놓고 하나님의 명령을 전했다. 그러나 그들의 반응은 부정적이었다.

"우리는 포도주를 마시지 아니하겠노라."

그들이 의논한 결과 하나님의 명령을 따를 수 없다고 한 것이다.

"우리 선조 요나답이 우리에게 명령하여 이르기를 너희와 너희 자손은 영원히 포도주를 마시지 말며 너희가 집도 짓지 말며 파종도 하지 말며 포도원을 소유하지도 말고 너희는 평생 동안 장막에 살아라 그리하면 너희가 머물러 사는 땅에서 너희 생명이 길리라 하였으므로"_렘 35:6,7

요나답여호나답은 BC 841년 북 이스라엘에서 반란을 일으킨 예후와 손을 잡고 바알의 신전을 파괴한 레갑의 지도자였다. 그는 예후가 이스라엘 왕 요람과 그 모후 이세벨을 죽이고 유다 왕 아하시야까지 죽였으므로 그와 함께 남북을 통일하고 신앙을 바로 세울 수 있는 절호의 기회라고 생각했던 것이다.

"예후가 레갑의 아들 여호나답과 더불어 바알의 신당에 들어가서"_왕하 10:23

그러나 요나답의 기대는 어긋났다. 예후는 왕이 되자 마음이 달라진 것이다.

"예후가 이와 같이 이스라엘 중에서 바알을 멸하였으나 이스라엘에게 범죄하게 한 느밧의 아들 여로보암의 죄 곧 벧엘과 단에 있는 금송아지를 섬기는 죄에서는 떠나지 아니하였더라"_왕하 10:28,29

결국 신앙 부흥의 꿈을 접어야 했던 요나답은 눈물을 머금고 다시 레갑 사람들과 유랑의 길에 나섰던 것이다. 그 레갑의 후예들이 포도주를 마시라는 하나님의 명령을 받아들이지 않자 하나님은 오히려 그들을 칭찬했다.

"레갑의 아들 요나답이 그의 자손에게 포도주를 마시지 말라 한 그 명령은 실행되도다"_렘 35:14

예레미야는 레갑 사람들에게 내린 하나님의 말씀을 전했다.

"레갑의 아들 요나답에게서 내 앞에 설 사람이 영원히 끊어지지 아니하리라"_렘 35:19

예루살렘을 침공한 바벨론 군대는 다니엘을 비롯한 왕족의 자제들을 잡아갔고, BC 597년에 또 들어와 왕족과 귀족과 기술자 1천 명을 데려갔다. 다시 BC 586년 예루살렘 성전은 바벨론 군에 의해 파괴되고 유다는 멸망했다. 이후로 성경에 레갑 사람은 등장하지 않는다. 그들은 어디로 간 것일까?

스룹바벨의 귀환

바벨론 군대는 예루살렘에 들어와 여호야김을 폐하고 그 아들 여호야긴여고냐을 왕으로 세웠다. 그러나 BC 597년 느부갓네살 왕이 바벨론 군대를 이끌고 다시 내려와 성전의 기물과 왕궁의 보물들을 약탈했다.

"그가 여호야긴을 바벨론으로 사로잡아 가고 왕의 어머니와 왕의 아내들과 내시들과 나라의 권세 있는 자도 예루살렘에서 바벨론으로 사로잡아 가고"_왕하 24:15

포로들 중에는 유다의 기술자 1천 명이 포함되어 있었다.

"또 용사 7천 명과 장인과 대장장이 천 명 곧 용감하여 싸움을 할 만한 모든 자들을 바벨론 왕이 바벨론으로 사로잡아 가고"_왕하 24:16

용사 7천 명과 기술자 1천 명을 함께 '용감한 자'로 기록한 것으로 미루어볼 때 바벨론 군대가 처음 들어온 이후 8년 동안 기술자들이 유다의 용사들과 함께 국권의 회복을 위해 힘을 기르며 저항했다는 것을 알 수 있다. 그들은 필시 레갑에 속하는 기술자들이었을 것이고, 바벨론에 잡혀가 그들의 건설 공사를 도왔을 것이다.

"이 민족들은 70년 동안 바벨론의 왕을 섬기리라"_렘 25:11

정복군의 왕이 점령한 나라의 포로를 끌고 가는 것은 개선 행진을 위함이었고, 개선 행사가 끝나면 모두 죽이는 것이 관례였다. 그러나 당시 바벨론은 갑자기 성벽 확장 공사와 공중 정원 건설, 그리고 유브라데와 힛데겔 두 강을 잇는 운하 공사를 시작했고 유다 포로들은 그 공사에 동원되어 살아남을 수 있었다.

"우리가 바벨론의 여러 강변 거기에 앉아서 시온을 기억하며 울었도다"_시 137:1

필자는 1995년에 발표한 소설 『공중의 학은 알고 있다』에서 바벨론이 갑자기 그 많은 공사들을 시작한 것은 먼저 잡혀 가서 총리가 된 다니엘이 동포들이 학살당하는 것을 막기 위해 바벨론 왕에게 대형 공사들을 건의한 것으로 추정해서 썼다. BC 597년에 잡혀가 그발 강변에서 동포들과 함께 운하 공사에 동원되었던 에스겔은 그들이 다니엘을 비난하자 그를 의인의 반열에 올렸다.

"비록 노아, 다니엘, 욥, 이 세 사람이 거기에 있을지라도 그들은 자기의 공의로 자기의 생명만 건지리라"_겔 14:14

대형 건설 공사에 동원되어 죽음을 면한 유다의 포로들은 BC 539년 바벨론을 정복한 페르샤 왕 고레스가 이듬해에 내린 칙령에 의해 고국으로 귀환했다. 귀환한 포로들 중에는 건축 기술자 '스룹바벨'이 포함되어 있었다.

"옛적에 바벨론 왕 느부갓네살에게 사로잡혀 바벨론으로 갔던 자들의 자손들 중에서 놓임을 받고 예루살렘과 유다 도로 돌아와 각기 각자의 성읍으로 돌아간 자 곧 스룹바벨과 예수아와"_스 2:1,2

'스룹바벨'은 바벨론에서 태어났다는 뜻이다. 그가 예루살렘에 돌아와 성전 재건을 주도한 것으로 보아 바벨론으로 잡혀 갔던 레갑의 집단에 입문하여 기술을 전수받은 것으로 추정된다. BC 536년 성전 재건을 위해 기초가 놓일 때 레위인의 원로와 족장들은 그 규모가 솔로몬이 건축한 것에 비해 너무 초라하여 눈물을 흘렸다.

"제사장들과 레위 사람들과 나이 많은 족장들은 첫 성전을 보았으므로 이제 이 성전의 기초가 놓임을 보고 대성통곡 하였으나 여러 사람은

기쁨으로 크게 함성을 지르니"_스 3:12

성전 공사는 사마리아 사람들과 그곳에 이주해 온 이방 사람들의 방해로 중단되었다가 BC 520년에 재개되어 BC 516년에 완공되었다.

하시딤과 하스몬

이스라엘 지파 간의 내분으로 베냐민 지파가 거의 멸문 지경에 이르게 되었던 사건 이후로 이다말의 가문에 넘어갔던 제사권은 다윗의 아들 솔로몬이 왕위에 오르면서 다시 엘르아살의 혈통으로 돌아오게 되었다. 이다말 가문의 아비아달이 면직된 후 그 자리를 차지한 사독은 엘르아살의 직계 자손이었다.

"아론의 자손들은 이러하니라 그의 아들은 엘르아살이요 그의 아들은 비느하스요 그의 아들은 아비수아요 그의 아들은 북기요 그의 아들은 웃시요 그의 아들은 스라히야요 그의 아들은 므라욧이요 그의 아들은 아마랴요 그의 아들은 아히둡이요 그의 아들은 사독이요 그의 아들은 아히마아스더라"_대상 6:50-53

그러나 사독 이후의 제사권도 그리 평탄하지는 않았다. 솔로몬이 죽은 후 이스라엘 10지파를 이끌고 북으로 올라간 여로보암은 레위 지파의 제사권을 무시했다.

"그가 또 산당들을 짓고 레위 자손 아닌 보통 사람으로 제사장을 삼고"_왕상 12:31

BC 874년 북왕국의 왕이 된 아합은 가나안 종족 두로 왕의 딸 이세벨과 결혼했다. 이세벨은 바알과 아세라의 제사장들을 끌어들이고 레위인

제사장들을 모두 학살하여 그 수가 6만에 이르렀다. 그럼에도 불구하고 남왕국의 여호사밧 왕은 70년 만에 남북 대화를 하겠다며 북의 아합 왕과 사돈을 맺었다.

"여호사밧이 부귀와 영광을 크게 떨쳤고 아합 가문과 혼인함으로"_대하 18:1

자기 아들 여호람과 이세벨의 딸 아달랴를 결혼시킨 것이다. 아달랴 왕비는 여호람의 여섯 아우를 죽였고대하 21:4 여호람의 아들 아하시야가 북왕국을 방문하던 중 예후의 반란으로 죽어서 돌아오자 그의 자식들을 다 죽이고 정권을 잡았다대하 22:10. 당시 제사장 여호야다의 아내 여호세바가 왕자 요아스를 빼내어 몰래 길렀는데 그가 6살 되었을 때에 여호야다는 반란을 일으켰다.

"예후의 제7년에 요아스가 왕이 되어"_왕하 12:1

벧엘과 단의 금송아지를 그대로 두었던 예후의 왕권은 4대로 끝났고, 북왕국은 반역이 계속되다가 BC 722년 앗수르에게 멸망당했다. 남왕국은 히스기야 왕과 요시야 왕 등이 개혁을 시도했으나 결국 멸망했고 백성들은 바벨론으로 끌려갔다. BC 538년 페르샤 왕 고레스의 칙령으로 백성들의 귀환이 시작되어 BC 458년에는 제사장 에스라가 귀국했다. 그는 엘르아살의 직계라고 했다.

"그는 스라야의 아들이요 아사랴의 손자요 힐기야의 증손이요 살룸의 현손이요 사독의 5대 손이요 아히둡의 6대 손이요"_스 7:1,2

예루살렘에 돌아온 그는 흩어진 레위인을 규합했다.

"성전을 위해 섬길 자를 데리고 오라고 하였더니"_스 8:17

에스라는 이스라엘이 멸망한 원인을 율법대로 살지 않은 탓으로 보았다. 그는 백성들이 이방에서 얻은 아내들과 자식들을 다 버리라고 촉구하며스 10:11 율법적 근본주의를 주장했다. 이것이 곧 하시딤, 즉 경건파의 시작이었다. 그 후 BC 169년 수리아 왕 안티오쿠스 4세가 예루살렘 성전에 제우스 신상을 세우고 잔혹한 박해를 가할 때 제사장 맛다디아의 아들들이 반란을 일으켰다.

"맛다디아가 죽은 후 그 아들 유다 마카비가 그를 계승했다"마카비상 3:1

성전 탈환에 성공한 유다 마카비는 BC 161년 전사했고, 그 아우 요나단마저 죽자 남은 아우 시몬이 그 6대조의 이름을 딴 하스몬 세습 왕조를 열었다. 하스몬 왕조는 통치권과 제사권이 합쳐지면 그 결과가 어떻게 된다는 것을 보여 주는 모델이 되었다.

갈라선 제사권

마카비의 아우 시몬의 아들로 하스몬 가문의 후계자가 된 요한 힐카누스는 유능한 통치자였다. 그는 이두메아, 즉 에돔 땅을 정복하고 그들에게 할례를 받게 했다. 또 성전을 재건할 때 소외되어 반감을 품었던 사마리아를 정복하며 영토를 계속 넓혀 나가자 하스몬 왕조를 지지했던 하시딤은 힐카누스를 경계하기 시작했다. 또 산업이 성장하고 이방과의 교역이 늘어나면서 어쩔 수 없이 이방 문화가 확산되자 하시딤은 정치적으로 갈라지게 되었다. 구별한다는 말에서 나온 바리새파는 정권의 세속화를 견제하는 입장이 되었고, 사독의 이름에서 나온 사두개파는 제사권의 유지를 위해 정부를 지지하게 되었다. BC 104년 요한 힐카누스가 죽은 후 하스몬 가문은 정식으로 왕실이 되었다.

“요한 힐카누스가 세상을 떠나자 부친의 뒤를 이어 정권을 장악한 장남 아리스토불루스는 왕관을 쓰고 왕이 되었다.”요세푸스, 『유대전쟁사』 1-3

그는 정적으로 여긴 모친과 아우들을 투옥하고 그가 아꼈던 아우 안티고누스까지 의심하여 살해했다. 두 아우가 감옥에서 죽고 왕도 역시 죽자 왕비 알렉산드라는 왕의 아우 중 살아남은 알렉산더 얀네우스를 석방해 왕위를 계승시키고 그와 결혼했다. 알렉산더도 영토 확장에 나서서 갈릴리 지역을 통합하고 페레아를 장악했다. 그도 바리새파보다는 사두개파와 가까운 지도자였다.

“알렉산더는 죽을 때 왕국을 자기 아내 알렉산드라에게 맡겼다.”요세푸스, 『유대전쟁사』 1-5

다시 미망인이 된 알렉산드라는 장남 힐카누스 2세를 대제사장에 임명하고 바리새파와 화해를 시작했다. 그러나 BC 67년 그녀가 죽자 사두개파는 힐카누스 2세의 아우 아리스토불루스 2세를 내세워 정권 찬탈에 성공했다. 이 때 왕위에서 물러난 힐카누스 2세를 돕겠다고 나선 사람이 헤롯의 부친인 안티파테르였다.

“안티파테르는 이두메아 태생으로 혈통으로나 재력으로나 이두메아의 유력 인사였다.”요세푸스, 『유대전쟁사』 1-6

로마에 대한 안티파테르의 공작으로 BC 63년 예루살렘을 점령한 폼페이우스는 힐카누스 2세를 대제사장에 임명했다. 그 후 BC 37년 안티파테르의 아들 헤롯이 로마에 의해 유대 왕으로 임명되었다. 여전히 사두개파를 견제하던 헤롯이 죽은 후 유대가 로마 통치령이 되자 산헤드린 공회에서 점차 바리새파의 의석이 줄기 시작했고 사두개파가 다시 제사권을 장악하게 되었다. 결국 바리새파와 사두개파의 세력 싸움은 외세를 끌어들였고 유대를 로마의 속주로 만들게 된 것이다. 이들의 파벌 싸움에 실망하여 새 종파가 하나 더 생겼는데 그들이 쿰란에 은거하던 엣세네파였다.

"그들은 스스로 제사를 드리고 농사에 전념하며 덕과 의를 추구했다. 그들은 결혼도 하지 않았고 종도 두지 않았으며 서로 봉사하며 살았다."
요세푸스, 『유대고대사』 18-1

그들의 공동체 생활이나 신앙 형태가 세례 요한이나 예수 그리스도의 방식과 비슷하다고 생각한 일부 학자들은 세례 요한 또는 예수를 엣세네파에서 교육과 훈련을 받은 제자로 추정하기도 한다. 그러나 예수는 엣세네파와 아무런 관계도 없었다. 그분은 오히려 세상과 격리되어 고결하게 사는 것을 합당하게 여기지 않았다.

"너희는 세상의 소금이니 소금이 만일 그 맛을 잃으면 무엇으로 짜게 하리요 후에는 아무 쓸 데 없어 다만 밖에 버려져 사람에게 밟힐 뿐이니라"_마 5:13

빛에 대해서도 마찬가지였다.

"사람이 등불을 켜서 말 아래 두지 아니하고 등경 위에 두나니 이러므로 집안 모든 사람에게 비치느니라"_마 5:15

에돔이 웃는 소리

야곱의 쌍둥이 아들 중 먼저 나온 에서는 장자임에도 불구하고 그 어머니 리브가에게 인정을 받지 못하여 아우 야곱에게 장자권을 빼앗겼다. 그후로 에서의 자손인 에돔 족속은 사해 남쪽의 세일 산 지역에 살았다.

"에서 곧 에돔이 세일 산에 거주하니라"_창 36:8

에돔의 수도 셀라는 후일 헬라어 이름 페트라로 알려졌다. 그곳에 가려면 영화 '인디아나 존스 3' 에 나온 것처럼 험한 협곡을 통과해야 하기 때문에 천연의 요새로 형성된 곳이었다. 그러나 에돔은 늘 이스라엘을 시기하는 입장이었다. 애굽을 나온 이스라엘 자손은 가데스 바네아에서 가나안 땅으로 들어가지 못하고 우회할 때 그곳을 통과하려고 에돔 왕에게 부탁했으나 거절당했다.

"너는 지나가지 못하리라 하고 에돔 왕이 많은 백성을 거느리고 나와서 강한 손으로 막으니 에돔 왕이 이같이 이스라엘이 그의 영토로 지나감을 용납하지 아니하므로 이스라엘이 그들에게서 돌이키니라"_민 20:20,21

그로부터 4백 년 후 이스라엘을 건국한 다윗이 에돔을 정복했다.

"다윗이 소금 골짜기에서 에돔 사람 18,000명을 쳐죽이고 돌아와서 명성을 떨치니라 다윗이 에돔에 수비대를 두되 온 에돔에 수비대를 두니 에돔 사람이 다 다윗의 종이 되니라"_삼하 8:13,14

다윗이 에돔을 통과하는 대상의 경로를 장악한 후 솔로몬 시대에는 그 지역의 구리와 철광산을 개발했고 에시온게벨에 무역항을 건설하여 경제 성장에 크게 기여하였다. 그러나 에돔은 기회가 있을 때마다 반기를 들었다. 그리고 BC 605년 바벨론이 예루살렘을 공격할 때 그들에게 협력하고 크게 웃으며 약탈을 감행했다.

"네가 형제의 날 곧 그 재앙의 날에 방관할 것이 아니며 유다 자손이 패망하는 날에 기뻐할 것이 아니며 그 고난의 날에 네가 입을 크게 벌릴 것이 아니며"_옵 1:12

바벨론 시대에 에돔은 이두메아가 되었고, 아랍계 나바테아의 지배를 받았다. BC 120년 하스몬 가문의 요한 힐카누스는 이두메아를 점령하고 그 백성들을 강제로 유대교에 개종시켰다. 그러나 그 이두메아가 다시 크게 웃는 날이 왔다. 이두메아 출신으로 힐카누스 2세의 손녀 마리암네와 약혼했던 헤롯이 BC 37년 예루살렘을 공격, 하스몬 왕조를 종식시키고 유대 왕이 된 것이다.

"헤롯은 재위 18년에 매우 거대한 공사를 시작했다."요세푸스, 『유대고대사』 15-11

그는 유대인의 민심을 얻기 위해 스룹바벨이 재건했던 초라한 성전을 철거하고 거대한 새 성전을 건축하기로 했다. 그 공사는 BC 20년에 시작하여 예수의 시대까지 계속되었다. 지난날 바벨론이 쳐들어왔을 때처럼 그 건물에도 에돔이 웃는 소리가 배어 있다. AD 27년 이 성전을 방문한 예수께서 유대인들에게 말씀하셨다.

"너희가 이 성전을 헐라 내가 사흘 동안에 일으키리라"_요 2:19

그러자 유대인들이 놀라며 말했다.

"이 성전은 46년 동안에 지었거늘 네가 3일 동안에 일으키겠느냐"_요 2:20

후일 예수께서 마지막으로 예루살렘에 올라가셨을 때 제자 중 하나가 그 성전의 건물들을 가리키면서 말했다.

"선생님이여 보소서 이 돌들이 어떠하며 이 건물들이 어떠하니이까"_막 13:1

예수께서 그에게 대답하셨다.

"네가 이 큰 건물들을 보느냐 돌 하나도 돌 위에 남지 않고 다 무너뜨려지리라"_막 13:2

성전과 교회

이스라엘 자손이 광야를 지날 때 하나님은 그들과 동행하기 위해 성막을 만들라고 모세에게 지시하셨다. 이는 하나님께서 거처할 곳이 없어서가 아니고 이스라엘 자손에게 하나님과 동행하는 삶을 현장에서 가르쳐 주시기 위함이었다. 이스라엘 모든 자손은 자신들을 가리켜 '회중출 16:1' 이라 했고 그들이 하나님을 만나 경배하는 곳을 '성막' 이라 했다.

"너는 산에서 보인 양식대로 성막을 세울지니라"_출 26:30

그로부터 440년 후 다윗은 블레셋에 빼앗겼던 언약궤를 찾아 예루살렘에 옮겨 놓고 성전을 지으려 했으나 하나님이 제지하셨다.

"네 몸에서 날 네 씨를 네 뒤에 세워 그의 나라를 견고하게 하리라 그는 내 이름을 위하여 집을 건축할 것이요 나는 그의 나라 왕위를 영원히 견고하게 하리라 나는 그에게 아버지가 되고 그는 내게 아들이 되리니"_삼하 7:12-14

그 씨가 솔로몬이라고 생각한 다윗은 성막의 구조를 바탕으로 성전을 설계했고대상 28:11,12 그의 아들 솔로몬은 성전을 건축했다. 그러나 그 성전은 BC 586년 바벨론군에 훼파되었고, BC 516년 스룹바벨이 재건했으나 이두메아 출신으로 유대 왕이 된 헤롯은 BC 20년 그것을 철거하고 웅장한 새 성전을 건축했다. 그러다 아기 예수가 태어난 BC 4년, 예루살렘에서 폭동이 일어났다.

"헤롯은 성전의 대문에 거대한 금독수리 상을 만들어 올려놓았다. 우리의 율법은 어떤 생물의 모양이라도 형상을 만들지 말라고 금하고 있

다. 우리는 금독수리 상을 끌어내려야 한다." 요세푸스, 『유대고대사』 17-6

금독수리 상을 끌어내려 파괴한 청년들은 모두 체포되었고 그 일을 주도한 마티아스와 유다는 화형을 당했다. 그로부터 30년 후 나사렛에서는 자신들의 손으로 새 성전을 짓겠다고 벼르는 사람들이 건축 기술자의 아들 예수에 기대를 걸고 회당에 모였다. 그러나 예수의 말씀 가운데 성전 건축에 대한 것은 없었다.

"눌린 자를 자유롭게 하고 주의 은혜의 해를 전파하게 하려 하심이라" _눅 4:18,19

실망한 나사렛 사람들은 그를 죽이려 했다.

"산 낭떠러지까지 끌고 나서 밀쳐 떨어뜨리고자 하되" _눅 4:29

그들뿐 아니라 예수의 형제들과 어머니까지도 그분을 이해하지 못했다.

"내 아버지의 뜻대로 하는 자가 내 형제요 자매요 어머니이니라" _마 12:50

그 후 예수께서는 가이사랴 빌립보에서 말씀하셨다.

"이 반석 위에 내 교회를 세우리니 음부의 권세가 이기지 못하리라" _마 16:18

그분은 성전의 시대가 가고 교회의 시대가 왔음을 말씀하셨던 것이다. 성령께서 임하시면 성도의 몸은 다 성전이 되고 고전 6:19 성도의 공동체는 교회가 된다. 하나님께서 말씀하셨던 그분의 집은 곧 교회였던 것이다. 예수께서는 그 사역이 거의 끝나가던 AD 30년 헤롯의 성전 앞에서 말씀하셨다.

"돌 위에 돌 하나도 남지 않고 무너뜨려지리라" _마 24:2

AD 70년 헤롯의 성전은 파괴되었다. 성막은 하늘에 있는 것의 모형과 그림자였고히 8:5 성전도 그러했다. 우리가 사모해야 할 것은 그분의 교회이다.

"그러나 너희가 이른 곳은 시온 산과 살아 계신 하나님의 도성인 하늘의 예루살렘과 천만 천사와 하늘에 기록된 장자들의 모임과 교회와 만민의 심판자이신 하나님과 및 온전하게 된 의인의 영들과 새 언약의 중보자이신 예수와 및 아벨의 피보다 더 나은 것을 말하는 뿌린 피니라"_히 12:22-24

성경 속의 비밀 ❽

기억에 관하여

나사렛 사람

세리 출신인 마태가 기록한 복음서는 치밀하고 정확한 것이 특징이나, 읽기를 시작하면서 곧 난해한 대목을 만나게 된다.

"꿈에 지시하심을 받아 갈릴리 지방으로 떠나가 나사렛이란 동네에 가서 사니 이는 선지자로 하신 말씀에 나사렛 사람이라 칭하리라 하심을 이루려 함이러라"_마 2:22,23

그런데 구약 성경의 어느 곳에도 나사렛이라는 지명이나 나사렛 사람이라는 말이 나오지 않는다. 난외 관주는 나사렛 사람을 이사야서와 연결시키고 있다.

"이새의 줄기에서 한 싹이 나며 그 뿌리에서 한 가지가 나서 결실할 것이요"_사 11:1

학자들이 헬라어의 '나자라이오스' 즉 나사렛 사람과 이 구절을 연결시키는 것은 가지의 히브리어가 '네첼'이기 때문이다. 그러나 칼뱅은 이것을 '나지라이오스' 즉 '나실인'과 관련시켜 해석했다.

"남자나 여자가 특별한 서원 곧 나실인의 서원을 하고 자기 몸을 구별하여 여호와께 드리려고 하면 포도주와 독주를 멀리 하며"_민 6:2,3

나사렛 사람 즉 '나자라이오스'라는 말이 학자들의 추정대로 가지 즉 '네첼'이라는 말에서 온 것인지 아니면 칼뱅의 말처럼 나실인 즉 '나지라이오스'에서 온 것인지 확증하기는 어려우나 두 의미가 다 포함된 대목을 스가랴서에서 발견할 수 있다.

"만군의 여호와께서 이같이 말씀하시되 보라 싹이라 이름하는 사람이

자기 곳에서 돋아나서 여호와의 전을 건축하리라"_슥 6:12

싹이란 곧 '네첼'을 의미하는 것이며 여호와의 전을 건축한다는 것은 기술자 집단인 '레갑 사람'과 관계가 있다. 레갑의 지도자는 유다 지파의 '훌'이었다대상 2:50.

"내가 유다 지파 훌의 손자요 우리의 아들인 브살렐을 지명하여 부르고 하나님의 영을 그에게 충만하게 하여 지혜와 총명과 지식과 여러 가지 재주로 정교한 일을 연구하여 금과 은과 놋으로 만들게 하며 보석을 깎아 물리며"_출 31:2-5

가나안 땅에 들어간 그들은 베들레헴 근처에 있는 에브라다에 모여 살았다.

"아수바가 죽은 후에 갈렙글루배, 대상 2:9이 또 에브랏에게 장가들었더니 에브랏이 그에게 훌을 낳아 주었고 훌은 우리를 낳고 우리는 브살렐을 낳았더라"_대상 2:19,20

에브랏과 에브라다는 같은 말이고 기술자들의 마을이었다. 그들은 솔로몬의 성전 공사에서 소외되고, 요나답의 통일 계획마저 실패하자 포도주를 끊었다. 집단적으로 평생 나실인이 된 것이다. 유랑 생활을 하던 그들이 바벨론 군과 싸우려고 다시 모였을 때 선지자 예레미야가 포도주를 마시라는 하나님의 명령을 전했으나 거부했다.

"우리는 포도주를 마시지 아니하겠노라 레갑의 아들 우리 선조 요나답이 우리에게 명령하여 이르기를 너희와 너희 자손은 영원히 포도주를 마시지 말며"_렘 35:6

스룹바벨이 재건한 성전을 이두메아 출신의 헤롯 왕이 철거하고 새로운 성전을 건축하자 레갑의 기술자들은 다시 스불론 지역에 모여 장막을 치고 살며 의인이요 건축 기술자인 요셉의 아들 예수에게 기대를 걸고 있었다. 그런 나사렛 사람들이 포도주를 만들고 그것을 마시는 예수에게 거부감을 느낀 것은 당연했다.

"혼인집 손님들이 신랑과 함께 있을 동안에 슬퍼할 수 있느냐"_마 9:15

그분은 십자가의 피로 모든 사람의 죄를 사하게 될 메시야의 자격으로 포도주를 마셔서 지난날 하나님의 명령을 거부했던 레갑 사람들의 죄를 사해 주었던 것이다. 예수 그리스도는 나중에 나사렛 사람으로 불렸고 그 제자들도 그렇게 불려졌다.

"이 사람은 나사렛 예수와 함께 있었도다"_마 26:71

나사렛의 꿈

BC 605년 레갑 사람들은 포도주를 마시라는 하나님의 명령을 거부하고 마시지 않았으나 오히려 하나님으로부터 칭찬과 약속의 말씀을 받았다.

"레갑의 아들 요나답에게서 내 앞에 설 사람이 영원히 끊어지지 아니하리라"렘 35:19. 그러나 이후로 레갑 사람들은 성경에 나타나지 않는다. 내 앞에 설 사람이 영원히 끊어지지 않으리라고 약속하셨는데 그들은 어디로 간 것일까? 그 약속을 믿고 따라가면 성경에서 그들을 추적할 수 있다. BC 597년 예루살렘을 재차 침공한 바벨론의 느부갓네살 왕은 유다의 기술자들을 잡아갔다.

"그가 또 용사 7,000명과 장인과 대장장이 1,000명 곧 용감하여 싸움을 할 만한 모든 자들을 바벨론 왕이 바벨론으로 사로잡아 가고"_왕하 24:16

BC 586년 바벨론의 3차 침공 때 예루살렘 성전은 파괴되었고, 바벨론에서는 갑자기 성벽 증축과 공중 정원, 운하 건설 등 대형 공사들이 벌어진다. 유다에서 잡혀간 기술자들이 그 공사를 주도했을 것이다. 그리고 BC 538년 그 자손들이 돌아와 스룹바벨의 주도로 예루살렘 성전을 재건하게 된다.

"스알디엘의 아들 스룹바벨과 그의 형제들이 다 일어나 이스라엘 하나님의 제단을 만들고"_스 3:2

성전 재건을 주도한 '스룹바벨과 그의 형제들'은 바벨론에서 각종 대형 공사에 관여했던 레갑의 후예들이었을 것이다. 그러나 그들이 재건한 성전의 규모는 초라했다.

"제사장들과 레위 사람들과 나이 많은 족장들은 첫 성전을 보았으므로 이제 이 성전의 기초가 놓임을 보고 대성통곡하였으나"_스 3:12

그러나 스룹바벨이 재건한 성전의 운명도 평탄치는 못했다. BC 189년 수리아 왕 안티오쿠스 4세는 성전에 제우스 신상을 세우고 돼지의 피를 뿌렸다. 유다 마카비가 성전을 탈환하고 정화했으나 BC 37년 유대 왕이 된 이두메아 사람 헤롯은 BC 20년에 그 성전을 허물고 웅장한 규모의 새 성전을 건축했다. 레갑 사람들은 다볼산 근처에 모여 살며 한 의로운 후계자에 기대를 걸었다.

"요셉은 의로운 사람이라"_마 1:19

나사렛 사람들은 하나님께서 다윗에게 약속한 것처럼 언젠가 자신들의 손으로 하나님이 성전을 건축하게 되리라는 꿈을 꾸고 있었다.

"내가 네 몸에서 날 네 씨를 네 뒤에 세워 그의 나라를 견고하게 하리라 그는 내 이름을 위하여 집을 건축할 것이요 나는 그의 나라 왕위를 영원히 견고하게 하리라"_삼하 7:12,13

요셉은 목수였다. 성경에 '목수'로 번역된 헬라어 '테크톤'은 건축 기술자라는 뜻이다. 그러나 요셉은 일찍 죽었고 한 지혜로운 아들을 길러 남겼다.

"이 사람의 이 지혜와 능력이 어디서 났느냐 이는 그 목수의 아들이 아니냐"_마 13:55

그도 역시 요셉의 기술을 물려받은 목수 즉 '테크톤'이었다.

"이 사람이 마리아의 아들 목수가 아니냐"_막 6:3

그리고 그 예수는 예루살렘에 올라갔을 때 성전에서 충격적인 선언을 했다.

"너희가 이 성전을 헐라 내가 사흘 동안에 일으키리라"_요 2:19

사도 요한은 그 사흘이 예수의 죽음과 부활을 의미한 것이라고 해석했다. 그분이 부활하신 후에 교회가 세워졌고 나사렛 예수를 따르는 그리스도인들은 하나님 앞에서 영원히 끊어지지 않는 교회의 건설자, 즉 레갑 사람들이 된 것이다.

두 개의 계보

신약 성경의 맨 앞에 위치한 마태복음에는 아브라함으로부터 시작해 다윗을 거쳐 요셉에 이르는 계보가 기록되어 있다.

"아브라함과 다윗의 자손 예수 그리스도의 계보라"_마 1:1

이 계보는 아브라함에서 다윗을 거쳐 마리아의 남편 요셉에까지 이어지고 있다. 그러나 누가복음에는 요셉으로부터 거슬러 올라가 아담을 거쳐 하나님까지 연결되는 계보가 있는데 요셉에서 다윗까지가 마태복음과 달라서 우리를 당황하게 한다.

"사람들이 아는 대로는 요셉의 아들이니 요셉의 위는 헬리요 그 위는" _눅 3:23,24

마태복음의 계보는 다윗의 아들 솔로몬을 거쳐 야곱의 아들 요셉까지 이어지고 누가복음의 계보는 요셉과 헬리에서 시작하여 나단을 거쳐 다윗에게로 올라간다. 이 문제를 해결하기 위해서 여러 가지 시도들이 있었다.

"솔로몬의 후손인 맛단은 야곱을 낳았다. 맛단이 죽은 후에 나단의 후손인 멜기가 맛단의 아내를 취하여 헬리를 낳았고 헬리와 야곱은 동모형제가 되었다. 헬리가 자식 없이 죽자 그의 형제 야곱이 헬리의 아내를 취하여 요셉을 낳았다. 그래서 요셉은 헬리와 야곱 두 사람의 아들이 된 것이다."유세비우스, 『교회사』 중에서

또 일부는 누가복음의 수리아 사본을 근거로 헬리가 마리아의 부친이며 누가복음에 기록된 계보는 마리아 집안의 계보라고 말한다. 즉 '요셉도 다윗의 집 족속' 눅 2:4이라는 구절이 수리아 사본에는 좀 다르게 표현되어 있기 때문이다.

"요셉과 마리아가 모두 다윗의 집 족속인고로"_ '수리아 사본' 눅 2:4

즉 요셉이 헬리의 데릴사위가 되어 그 위는 헬리라고 했다는 것이다. 그러나 마리아의 부친 이름이 헬리라는 증거는 어디에도 없다. 오히려 '외경 야고보서' 에는 마리아의 부모가 나사렛의 요아김과 베들레헴의 안나라고 나와 있다.

"요아김은 성전에서 나와 자기 집으로 돌아갔다. 그 후 안나는 달이 차서 9개월 만에 딸을 낳았고 그 이름을 마리아라고 하였다."_ '외경 야고보

서' 5:1,2

로마 교회는 이 전승을 그대로 사용하고 있다. 누가복음 3장의 계보가 마리아 가문의 것이 아니라면 요셉에서 나단에 이르는 이 계보는 무엇일까? '낳고……' 로 반복되는 마태복음의 계보와 달리 누가복음의 계보가 '그 위는……' 으로 거슬러 올라가는 것으로 보아 그것이 혈통의 계보가 아니라 믿음의 계보일 수도 있다.

"선진들이 이로써 증거를 얻었느니라"_히 11:2

마태복음은 다윗에서 요셉까지 27대이고 누가복음은 요셉에서 다윗까지 42대이다. 사람이 자주 바뀐 것으로 보아 그것이 어떤 단체를 이끈 역대 지도자의 계보일 수 있다. 이것이 혹시 레갑 사람들의 계보는 아닐까? 두 계보에서 공통되는 스알디엘과 스룹바벨은 솔로몬 계통이라고 하더라도 바벨론에서 기술자 집단인 레갑에 입문했을 수 있다. 훌은 다윗 가문의 선조 람이 아닌 그 아우 글루배대상 2:9의 아들이므로 기록되지 않았을 것이고 요남은 요나답일 가능성이 있다.

"그 위는 요남이요 그 위는 엘리아김이요"_눅 3:30

누가복음의 계보가 만일 솔로몬이 아닌 나단을 그 정신적 지주로 삼은 레갑 지도자의 계보라면 그 마지막 지도자는 목수, 즉 건축 기술자인 요셉일 수도 있다. 그렇게 되면 미가 선지자가 왜 유다 지파의 본향인 베들레헴과 레갑의 본거지였던 에브라다를 함께 그 예언에 포함시켰는지도 이해할 수 있다.

"베들레헴 에브라다야 너는 유다 족속 중에 작을지라도 이스라엘을 다스릴 자가 네게서 내게로 나올 것이라"_미 5:2

너를 기억하시고

프랑스의 화가이며 시인이었던 마리 로랑상1885-1956은 그녀의 시 '진정제'에서 불쌍한 여자의 7가지 유형을 적어가다가 맨 끝에 가장 불쌍한 여자를 제시했다.

"죽은 여자보다 더 불쌍한 여자는 잊혀진 여자입니다."

그러나 마리에게 버림받은 시인 기욤 아폴리네르1880-1918는 그녀를 잊지 못했다. 그는 마리와 거닐던 다리에서 늘 그녀를 생각하며 명시 '미라보 다리'를 남겼다.

"미라보 다리 아래 세느 강이 흐르고 우리들의 사랑도 흘러내린다. 나는 마음 깊이 다짐한다, 기쁨은 고통 뒤에 오는 것이라고. 밤이여 오라, 종이여 울려라. 세월은 흐르고 나는 아직 여기 있다."아폴리네르, '미라보 다리' 중에서

아폴리네르처럼 하나님도 사람에게 버림을 받으셨다. 그런데도 하나님은 사람을 잊지 못하고 그들이 건너가 버린 다리에 서 계신다.

"내가 구름으로 땅을 덮을 때에 무지개가 구름 속에 나타나면 내가 나와 너희와 및 육체를 가진 모든 생물 사이의 내 언약을 기억하리니"_창 9:14,15

바로 그 기억이 애굽에서 고통당하던 이스라엘 자손을 끌어냈다.

"하나님이 그들을 기억하셨더라"_출 2:25

다윗은 하나님께 좋은 것만 기억해 달라고 간구했다.

"나를 기억하시되 주의 선하심으로 하옵소서"_시 25:7

사랑하던 자가 떠나면 그의 좋은 것만 생각나게 마련이다. 하나님께

서 그 독생자를 세상에 보내신 역사적 사건도 다윗의 소원대로 성전을 건축한 솔로몬에게 그분이 나타나 주셨던 약속을 기억하신 데서 시작되었다.

"네가 만일 내 앞에서 행하기를 네 아버지 다윗이 행한 것과 같이 하여 내가 네게 명령한 모든 것을 행하여 내 율례와 법규를 지키면 내가 네 나라 왕위를 견고하게 하되 전에 내가 네 아버지 다윗과 언약하기를 이스라엘을 다스릴 자가 네게서 끊어지지 아니하리라 한 대로 하리라"_대하 7:17,18

솔로몬은 그분의 명령과 법규를 다 지키지 못했으나 하나님은 그로부터 940년이 지난 후 아인가림에 사는 한 성실한 레위인을 주목하고 계셨다.

"유대 왕 헤롯 때에 아비야 반렬에 제사장 한 사람이 있었으니 이름은 사가랴요 그의 아내는 아론의 자손이니 이름은 엘리사벳이라 이 두 사람이 하나님 앞에 의인이니 주의 모든 계명과 규례대로 흠이 없이 행하더라"_눅 1:5,6

다윗이 비록 성전을 건축하지는 못했으나 그 설계도와 공사에 필요한 자재를 다 준비했고, 성전에서 봉사할 레위인의 임무도 제사장과 찬송자 그리고 문지기에서 곳간을 관리하는 자까지 모두 일일이 분담시켜 제정했다. 제사장 직분은 엘르아살 자손과 이다말 자손에서 24가문을 뽑아 교대로 섬기게 하여 매년 2주간씩 성전에서 봉사하고 돌아가서 농사를 지으며 대기하게 했다.

"여덟째는 아비야요"_대상 24:10

아비야 가문은 그 중 여덟 번째였고 사가랴 또는 스가랴는 여호와께서 '기억하셨다' 는 뜻이다. 그 이름이 좋아서인지 성경에서 사가랴라는 이름을 가진 사람은 요아스의 배반을 간하다가 성전 뜰에서 살해당한 사가랴에서 메시야의 오심을 예고한 선지자 스가랴에 이르기까지 30명이 넘는다. 아인가림의 사가랴는 그의 차례에 성소에서 분향하다가 천사의 음성을 들었다.

"사가랴여 무서워하지 말라 너의 간구함이 들린지라 네 아내 엘리사벳이 네게 아들을 낳아 주리니 그 이름을 요한이라 하라"_눅 1:13

마리아의 친정

"예수 그리스도의 나심은 이러하니라 그의 어머니 마리아가 요셉과 약혼하고 동거하기 전에 성령으로 잉태된 것이 나타났더니"_마 1:18

그분이 성령으로 잉태되었으니 마태복음의 서두에 기록된 아브라함과 다윗의 계보는 엄밀하게 말하자면 마리아와 약혼했던 요셉 가문의 계보이다. 예수 그리스도를 다윗의 자손이라 한 것은 요셉의 가문을 통해 내려온 약속의 자손임을 의미하는 것이었다. 그러므로 마태복음의 계보가 '인자' 예수의 혈통과는 직접적인 관계가 없다. 예수께서도 다윗의 글시 110:1을 인용해 말씀하셨다.

"다윗이 그리스도를 주라 칭하였은즉 어찌 그의 자손이 되겠느냐"_마 22:45

그래서 '인자'로 표현되는 예수 그리스도의 인간적 혈통까지도 다윗과 연결시켜 보려는 시도들이 있어 왔다. 즉 누가복음에 나오는 계보를 마리아의 친정 쪽 계보라고 하여 헬리를 다윗과 연결시키는 것이다.

"요셉의 위는 헬리요 그 위는 맛닷이요"_눅 3:23,24

그러나 헬리가 마리아의 부친이라는 근거는 어디에도 없다. 성경에는 마리아의 친정 쪽 인물이 보이지 않으나 다만 요한복음에는 '이모' 라는 표현이 나온다.

"예수의 십자가 곁에는 그 어머니와 이모와"_요 19:25

마태복음에는 골고다에 그 이모 대신 '세배대의 아들들의 어머니' 가 있어 예수의 모친 마리아와 요한의 모친 살로메를 자매간으로 보는 견해도 있다. 그러나 예수께서 세배대의 아내를 이모로 부른 적도 없고, 세배대나 요한과 구면이 아니었던 것으로 보아 예수의 모친과 자신의 모친이 자매처럼 친밀했다는 요한의 의도로 볼 수도 있다. 그 외에 마리아의 친정에 관해 남아 있는 기사는 외경 야고보서 뿐이다.

"요아김은 의롭다 함을 받고 자기 집으로 돌아갔다. 그 후 안나는 달이 차서 9개월 만에 해산을 하고 그 아기의 이름을 마리아라고 하였다"_'외경 야고보서' 5:1,2

마리아의 부친 요아김은 유다 지파였다.

"마리아는 다윗 지파 출신이며"_'외경 야고보서' 10:1

요아김과 안나를 마리아의 부모라고 하는 전승은 아직도 로마 교회에서 그대로 인정되고 있다. 그렇다면 마리아의 모친 안나는 어느 지파 출신이었을까? 이제 우리는 다시 성경으로 돌아가 볼 만하게 되었다.

"유대 왕 헤롯 때에 아비야 반열에 제사장 한 사람이 있었으니 이름은 사가랴요 그의 아내는 아론의 자손이니 이름은 엘리사벳이라"_눅 1:5

즉 사가랴와 엘리사벳 부부는 모두 제사장 가문인 레위 지파 출신이었다. 그리고 엘리사벳은 마리아의 친족이었다.

"보라 네 친족 엘리사벳도 늙어서 아들을 배었느니라 본래 임신하지

못한다고 알려진 이가 이미 여섯 달이 되었나니"_눅 1:36

엘리사벳의 집으로 달려간 마리아는 그녀의 축복을 받았다.

"여자 중에 네가 복이 있으며 네 태중의 아이도 복이 있도다 내 주의 어머니가 내게 나아오니 이 어찌 된 일인가"_눅 1:42,43

마리아는 엘리사벳의 집에서 석 달을 지내고 나사렛으로 돌아갔다. 즉 엘리사벳의 집은 마리아의 외가였음을 알 수 있다. 마리아의 부친이 유다 지파 출신이고 그 외가가 레위 지파의 가문이었다면 성령에 의해 잉태된 예수 그리스도의 인간적 혈통에는 다윗의 왕권과 레위의 제사권이 함께 들어 있었다고 할 수 있다.

기억과 능력

나사렛에 살고 있던 마리아는 침착하고 신중한 처녀였다. 천사 가브리엘이 나타나 그녀에게 네가 잉태하여 아들을 낳으리니 그 이름을 예수라 하라고 전하며 하나님께서 그 조상 다윗의 왕위를 그에게 주실 것이고 그 나라가 무궁하리라고 했을 때에도 그녀는 침착하게 이치를 따져 물었다.

"나는 남자를 알지 못하니 어찌 이 일이 있으리이까"_눅 1:34

천사가 다시 그녀에게 설명했다.

"성령이 네게 임하시고 지극히 높으신 이의 능력이 너를 덮으시리니, 이러므로 나실 바 거룩한 이는 하나님의 아들이라 일컬어지리라"_눅 1:35

다시 천사는 그녀의 친족 엘리사벳도 6개월 전에 임신했음을 알려 주었다.

"하나님의 모든 말씀은 능하지 못하심이 없느니라"_눅 1:37

마리아는 더 이상 질문을 하지 않았다.

"주의 여종이오니 말씀대로 내게 이루어지이다"_눅 1:38

약혼 중인 처녀가 신랑과 동침하기 전에 잉태한 것이 드러나면 돌로 쳐서 죽이게 되어 있었다. 그런데도 마리아가 그 일을 받아들인 것은 약속의 말씀을 믿었기 때분이었다. 특히 서항 세력의 본거지인 길릴리 지역에서 살아온 그녀의 기개는 거의 '여전사' 급이었다. 친족 엘리사벳에게서 천사의 말을 확인하고 그녀는 하나님을 찬양했다.

"그의 팔로 힘을 보이사 마음의 생각이 교만한 자들을 흩으셨고 권세 있는 자를 그 위에서 내리치셨으며 비천한 자를 높이셨고 주리는 자를 좋은 것으로 배불리셨으며 부자를 빈 손으로 보내셨도다"_눅 1:51-53

그것이 바로 기억의 능력이었다.

"그 종 이스라엘을 도우사 긍휼히 여기시고 기억하시되 우리 조상에게 말씀하신 것과 같이 아브라함과 그 자손에게 영원히 하시리로다"_눅 1:54,55

하나님은 자기 약속을 기억하시고 사람에게도 자기를 기억해 달라고 요구하신다.

"네 하나님 여호와를 기억하라"_신 8:18

사람들이 하나님과 그분의 약속을 기억할 때 하나님도 그 기억에 응답하신다. 이스라엘 자손이 바벨론에 끌려갔을 때에도 그러했다.

"우리가 바벨론의 여러 강변 거기에 앉아서 시온을 기억하며 울었도다"_시 137:1

그러자 하나님도 예레미야에게 주셨던 말씀을 기억하셨다.

"70년 동안 바벨론의 왕을 섬기리라"_렘 25:11

이스라엘 자손은 바벨론에서 돌아왔으나 페르샤와 헬라가 잇달아 이스라엘을 지배했고 로마는 이두매 사람 헤롯을 그들의 왕으로 세웠다. 마리아는 그 조국과 아픔을 함께 해온 여전사였고, 구원자를 보내 주겠다는 하나님의 약속을 기억하고 있었다. 하나님은 그분의 약속이 기억되는 곳을 찾고 계신다.

"밖으로 나가야겠다. 녹음이 기억으로 무성하다. 눈 뜨고 나를 따라오는 기억."토마스 트란스트뢰메르, 『기억이 나를 본다』 중에서

그분의 말씀을 기억하고 있으면 그 기억이 능력으로 되어 내게 임하신다. 침착한 여전사 마리아처럼 "말씀대로 내게 이루어지이다."라고 응답하면 그 놀라운 새 역사가 내 안에서 자라나기 시작하는 것이다.

"지저귀는 새소리로 아무리 귀가 따가워도, 너무나 가까이 있는 기억의 숨소리가 들린다."트란스트뢰메르, 『기억이 나를 본다』 중에서

칼에 찔린 아픔

요셉이 호적 정리 때문에 만삭이 된 마리아를 데리고 베들레헴에 갔을 때 해산할 날이 임박했으나 장소를 얻지 못해 마굿간에서 아기를 낳았다.

"첫 아들을 낳아 강보로 싸서 구유에 뉘었으니 이는 여관에 있을 곳이 없음이러라"_눅 2:7

첫아들을 구유에 누인 부모의 마음은 아팠을 것이다. 그러나 들에서 양 떼를 지키던 목자들이 천사의 지시로 마굿간을 방문하여 그들이 보고 들은 것을 전했다. 동방에서 온 박사들이 아기를 찾아 경배한 것은 그

보다 여러 날이 지난 후였다.

"집에 들어가 아기와 그의 어머니 마리아가 함께 있는 것을 보고 엎드려 아기께 경배하고"_마 2:11

박사들이 방문한 곳은 마굿간이 아니라 '집' 이었다. 즉 그동안 요셉은 아기와 산모가 거처할 곳을 구했고 아기는 할례를 받았다. 그리고 박사들이 당도하기 전에 요셉은 마리아와 아기를 데리고 잠시 예루살렘에 올라갔다. 모세의 법대로 33일을 기다려 남아를 낳은 산모의 결례를 행하기 위함이었다.

"정결하게 되는 기한이 차면 그 여인은 번제를 위하여 1년 된 어린 양을 가져가고 속죄제를 위하여 집비둘기 새끼나 산비둘기를 회막문 제사장에게로 가져갈 것이요 제사장은 그것을 여호와 앞에 드려서"_레 12:6,7

그러나 만약 양을 구하지 못하면 그것도 역시 비둘기로 대신하게 되어 있었다.

"이는 주의 율법에 쓴 바 첫 태에 처음 난 남자마다 주의 거룩한 자라 하리라 한 대로 아기를 주께 드리고 또 주의 율법에 말씀하신 대로 산비둘기 한 쌍이나 혹은 어린 집비둘기 둘로 제사하려 함이더라"_눅 2:23,24

첫 아들을 위한 제물로 양을 드릴 형편이 못되어 비둘기로 대신해야 하는 마리아의 마음이 아플 때에 성령의 지시로 성전에서 기다리던 시므온이라는 선지자가 들어오는 아기와 그 부모를 발견하고 아기를 축복했다.

"내 눈이 주의 구원을 보았사오니 이는 만민 앞에 예비하신 것이요 이방을 비추는 빛이요 주의 백성 이스라엘의 영광이니이다"_눅 2:30-32

그리고 다시 마리아에게 말했다.

"보라 이는 이스라엘 중 많은 사람을 패하거나 흥하게 하며 비방을 받는 표적이 되기 위하여 세움을 받았고 또 칼이 네 마음을 찌르듯 하리니 이는 여러 사람의 마음의 생각을 드러내려 함이니라"_눅 2:34,35

후일 예수가 그 능력을 나타내기 시작했을 때 그의 활동은 그 어머니가 바라던 방향으로 가지 않았다. 이스라엘을 해방시킬 것이라고 기대를 걸었던 아들은 새 성전을 건축하고 싶어하는 나사렛 사람들의 소원을 외면했고, 조국의 독립을 위해 싸우는 열심당과 손을 잡지도 않았으며, 율법을 지키려고 애쓰는 바리새인들을 질타했고, 성전을 지키는 제사장과 장로들의 위선을 꾸짖었다.

"그 때에 예수의 어머니와 동생들이 와서 밖에 서서 사람을 보내어 예수를 부르니 무리가 예수를 둘러 앉았다가 여짜오되 보소서 당신의 어머니와 동생들과 누이들이 밖에서 찾나이다"_막 3:31,32

마리아는 예수를 비난하는 사람들의 소리를 전하고, 또 자신의 의견도 말해 주고 싶어서 그 아들을 찾았던 것이다. 그러나 예수의 대답은 모두를 놀라게 했다.

"누가 내 어머니이며 동생들이냐 누구든지 하나님의 뜻대로 행하는 자가 내 형제요 자매요 어머니니라"_막 3:33-35

예수의 아우들

성경은 예수께서 그가 자라난 고향 나사렛을 방문했을 때 그곳 사람들이 예수의 가족에 대해서 말한 것을 기록하고 있다.

"이 사람이 마리아의 아들 목수가 아니냐 야고보와 요셉과 유다와 시

몬의 형제가 아니냐 그 누이들이 우리와 함께 여기 있지 아니하냐"_막 6:3

마태복음 역시 같은 내용을 싣고 있다.

"이는 그 목수의 아들이 아니냐 그 어머니는 마리아, 그 형제들은 야고보, 요셉, 시몬, 유다라 하지 않느냐 그 누이들은 다 우리와 함께 있지 아니하냐"_마 13:55,56

이들은 모두 예수의 아우들이었다.

"당신의 어머니와 동생들과 누이들이 밖에서 찾나이다"_막 3:32

후일 로마 교회는 황제의 공인을 받아 3백 년간의 박해로부터 벗어나면서 예수의 모친 마리아를 신격화하기 위해 매우 고심했는데 그 중의 하나가 예수를 낳은 후 요셉과 동침하지 않고 평생을 동정녀로 지냈다는 것이었다. 그런 노력 중의 하나가 외경 야고보서에 나오는 것처럼 마리아의 남편 요셉을 늙은이로 만드는 것이었다.

"대제사장이 요셉에게 말하기를 너는 주님의 처녀를 보호하기 위해서 택하심을 받았다고 했다. 그러나 요셉은 대답하여 말하기를 나에게는 아들들도 있고 나는 너무 늙었습니다"_'외경 야고보서' 1:2

대제사장이 유다 지파에 속하는 집의 딸에게까지 배우자를 정해 준다는 것은 있을 수 없는 일이다. 이는 유대 종교의 실상을 모르는 사람이 의도적으로 사실을 왜곡해 썼다는 증거이기도 하다. 어쨌든 억지로 꾸며낸 이 이야기는 예수의 아우들을 요셉이 전처에게서 낳은 이복형들로 만들어 놓았다. 그러나 성경에서 예수는 첫아들로 되어 있다.

"첫아들을 낳아 강보로 싸서 구유에 뉘었으니"_눅 2:7

당시 유대적 관념으로 보아 예수는 마리아의 첫아들이 아니라 요셉이 공식적으로 인정한 그의 첫아들이라는 뜻이다. 이를 왜곡한 외경 야고보서의 괴담은 예수 탄생의 아름다운 이야기를 훼손했을 뿐만 아니라 더 큰 모순을 끌어들였다.

"그의 부모가 해마다 유월절이 되면 예루살렘으로 가더니 예수께서 열두 살 되었을 때에 그들이 이 절기의 관례를 따라 올라갔다가 그 날들을 마치고 돌아갈 때에 아이 예수는 예루살렘에 머무셨더라 그 부모는 이를 알지 못하고 동행 중에 있는 줄로 생각하고 하룻길을 간 후 친족과 아는 자 중에서 찾되 만나지 못하매"_눅 2:41-45

어린 예수는 열두 살이었고 그 아래로 남자 동생이 넷이나 있었다. 요셉과 마리아는 그 모든 아이들을 챙기다가 잘 따라오리라고 여겼던 맏아들 예수를 놓친 것이다. 네 아들이 모두 예수의 이복형이었다면 부모가 막내인 어린 예수에게 소홀하여 그를 잃어버릴 까닭이 없다. 또 그들이 모두 예수의 동생이라고 보아야 그가 왜 30살까지 목수 일을 계속했는지에 대해서도 설명이 된다.

"예수께서 가르침을 시작하실 때에 30세쯤 되시니라"_눅 3:23

이미 10대 후반에 아버지를 여읜 장남 예수는 그에게서 배운 목수 일로 어머니와 어린 네 아우, 그리고 여동생들을 부양해야 하는 소년 가장이었다.

"형제나 자매가 헐벗고 일용할 양식이 없는데"_약 2:15

아우들이 자립할 수 있을 때까지 목수 일을 계속해야 했던 예수의 처지를 이해하면 그가 열두 살부터 30살 사이에 인도에 다녀왔다든가 쿰란의 수도원에서 수련을 했다든가 하는 터무니없는 추측과 낭설도 단번에 잠재울 수 있게 된다.

로마의 마리아

바벨탑 사건 이후 모든 사람이 다 하나님을 버리고 자기네 손으로 만든 신을 섬기고 있을 때 하나님은 그들 중에서 아브라함을 택하여 그와 동행하시며 새로운 일을 시작하셨다. 아브라함은 장막에서 살며 유랑하는 유목민이 되었고 그의 아들 이삭과 손자 야곱도 마찬가지였다. 하나님은 유목민의 하나님이 되었다.

"나는 네 조상의 하나님이니 아브라함의 하나님, 이삭의 하나님, 야곱의 하나님이니라"_출 3:6

그래서 하나님도 그들이 이해하기 쉽도록 목자로 자처하셨다.

"목자가 그 양 떼에게 행함 같이 그를 지키시리로다"_렘 31:10

유목민의 공동체에서는 남자와 여자의 역할이 명확하게 구분되어 있었다. 하나님과 소통하는 제사권은 남자에게 있었고 공동체를 관리하는 운영권은 여자가 맡았다. 따라서 하나님은 자연스럽게 '아버지'가 되었고 하나님도 그것을 인정하셨다.

"너희가 나를 나의 아버지라 하고 나를 떠나지 말 것이니라"_렘 3:19

그래서 하나님이 보낼 구원자도 '독생자'가 되었고 하나님의 '아들'이 세상에 오신 것이다. 그런데 그리스도의 복음이 유대 땅을 넘어 이방으로 퍼져나가면서 문제가 생겼다. 바닷가에 살던 야벳의 자손들창 10:5은 유목민과 달라 남자와 여자의 역할 분담이 명확하지 않았다. 신들의 세계에도 남자 신이 있고 여자 신도 있었으며 신전의 사제 역시 남자 사제도 있고 여사제도 있었다.

"여인들은 이르되 우리가 하늘의 여왕에게 분향하고"_렘 44:19

특히 로마는 제사권이 베스타 신전의 여사제에게 있었고, '여성 존중Lady First'의 전통을 지키는 나라였다. 로마를 창건한 로물루스는 자기 진영에 여자가 부족하므로 사비네 부족을 습격하여 여자들을 납치해 왔다. 이에 사비네 군이 쳐들어와 로마군이 전멸의 위기에 처했을 때 로마군의 아내가 된 사비네 여인들이 양쪽 군대 사이를 막아서서 충돌을 막고 로마를 살려냈던 것이다.

"로마는 여자에게 여러 가지 특권을 주어 남자가 길에서 여자를 만나면 먼저 양보할 것, 여자 앞에서 점잖지 못한 말을 하지 말 것, 여자 앞에 옷을 벗은 채로 나타나면 형사 재판에 돌릴 것 등을 결정했다."로물루스, 『플루타크 영웅전』 중에서

그런 로마에 유대 땅에 오신 그리스도의 복음을 전하는 데 상당한 문화적 충돌이 있었을 것은 짐작할 수 있다. 게다가 AD 313년 콘스탄티누스 황제가 기독교를 공인할 때 본격적으로 문제가 생겼다. 로마의 황제가 유대에서 들어온 새 종교를 적극적으로 후원하려고 하는데 그 종교에는 아버지와 아들만 있고 여신이 없기 때문이었다. 그래서 시작된 것이 '마리아의 신격화'였던 것이다.

"성모가 숨을 거둘 때 모인 사람들이 그녀를 하나님의 어머니라고 불렀다."야코부스 데 보라기네, 『황금전설』 중에서

AD 431년, 에베소 공의회는 마리아를 '하나님의 어머니Theotokos'로 호칭하는 것을 결정하고 공표했다. 예수 그리스도는 삼위일체의 제2위격에 해당하므로 그분을 낳은 마리아를 하나님의 어머니로 호칭할 수 있다는 것이었다. 그에 이어 로마 교회는 1854년에 성모 무염시태를, 1950년에는 성모 몽소승천을 교리로 선포했다. 1517년 종교 개혁 이후로 구교와 신교는 서로 교리적인 거리를 두고 있으나, 교리가 그분의 기억을 제대로

전해 주지 않는다면 딱한 일이다.

"나를 보내신 이가 참되시매 내가 그에게 들은 그것을 세상에 말하노라"_요 8:26

나사렛과 아인가림

엘리사벳이 마리아의 외가 쪽 친족이었다면 그녀의 아들 세례 요한은 마리아의 이종 조카뻘이고 나사렛 예수와는 외가 쪽으로 재종간이 된다.

"이 때에 마리아가 일어나 빨리 산골로 가서 유대 한 동네에 이르러 사가랴의 집에 들어가 엘리사벳에게 문안하니"_눅 1:39,40

이곳은 예루살렘에서 서쪽으로 6km 거리에 있는 '아인가림' 으로 알려져 있다. 마리아는 성령의 잉태로 아들을 낳으리라는 천사 가브리엘의 통보를 받고 그것을 아무에게도 말한 적이 없었다. 오직 엘리사벳만 그것을 알고 있었다.

"여자 중에 네가 복이 있으며 네 태중의 아이도 복이 있도다"_눅 1:42

요셉도 주의 사자가 전한 말에 대해서 철저하게 함구했다.

"아들을 낳기까지 동침하지 아니하더니"_마 1:25

후일 아기가 태어났을 때 베들레헴의 목자들이 찾아와서 전해 준 천사의 말에 대해서도 역시 마리아는 입을 다물고 있었다.

"마리아는 이 모든 일을 마음에 새기어 생각하니라"_눅 2:19

요셉은 동방 박사들이 다녀간 후 주의 사자가 나타나 애굽으로 피신하라는 지시를 듣고 가족과 함께 즉시 떠났다. 헤롯이 죽은 후 다시 나사렛에 돌아와서도 그들 부부는 예수의 탄생에 관한 비밀을 발설하지 못했다. 언제 어떤 박해의 칼날이 그 아들을 해칠지 모르기 때문이었다. 그렇다면 예수는 30세에 집을 나설 때까지 그 출생의 비밀에 관해서는 전혀 모르고 있었던 것일까?

"지혜와 키가 자라가며 하나님과 사람에게 더욱 사랑스러워 가시더라"_눅 2:52

그러나 요단 강에서 세례를 베풀고 있던 세례 요한은 사람들 가운데서 예수를 발견하고 그에 관해 잘 알고 있는 것처럼 말한다.

"너희 가운데 너희가 알지 못하는 한 사람이 섰으니 곧 내 뒤에 오시는 그이라 나는 그의 신발끈을 풀기도 감당하지 못하겠노라"_요 1:26,27

세례 요한은 어떻게 예수의 비밀에 관해서 알고 있었던 것일까? 요한과 예수는 그들이 30세가 되기 이전에 만난 적이 있었을지도 모른다. 그들이 서로 외가 쪽의 친족간이기는 하나 갈릴리 나사렛에서 자라난 예수와 유대 지역 아인가림에 살던 요한이 어렸을 때에 혹시 만날 기회가 있었다면 오직 한 가지 경우를 생각할 수 있다.

"사가랴가 천사에게 이르되 내가 이것을 어떻게 알리요 내가 늙고 아내도 나이가 많으니이다"_눅 1:18

이미 늙은이였던 사가랴가 세례 요한이 태어난 후 10년 정도 더 살다가 세상을 떠났다면 마리아는 어린 예수를 데리고 아인가림의 장례에 갔을 수도 있다. 그 전에 엘리사벳은 요한에게 그보다 6개월 뒤에 태어난 마리아의 아들에 대해서 이야기해 주었을지도 모른다. 당시 10살쯤 된 예수와 요한은 쉽게 가까워졌을 것이고, 요한은 그 모친에게서 들은 이야기를 했을 것이다.

또 오래간만에 마리아를 만난 엘리사벳은 대견하게 자란 예수를 보며

10년 전의 일을 기억하고 그동안의 일이 궁금하여 마리아에게 가만히 물었을 것이다. 그리고 요한과 예수가 우연히 그들 가까이 지나치다가 그들의 대화를 듣게 되었을 수도 있다. 어쨌든 그로부터 다시 20년이 지나서 요단 강에 나타난 예수가 세례 요한에게 세례 베풀기를 청하자 그가 놀라며 예수께 말했다.

"내가 당신에게서 세례를 받아야 할 터인데 당신이 내게로 오시나이까"_마 3:14

성경 속의 비밀 ⑨

회복에 관하여

예수를 알려면

공중에 나는 새나 물 속의 고기나 땅 위의 짐승들이 태어나서 가장 먼저 해야 할 일은 장차 살아가는 데 필요한 지식을 습득하는 것이다. 사람도 세상에 테어나 살아가는 데 필요한 지식이 있다. 그러나 사람은 하나님의 말씀을 거부하고 에덴 동산을 떠나 살게 되면서 하나님의 지식과 단절되었다. 하나님도 사람이 함부로 그것을 가져가지 못하게 숨기시고, 가려두고, 섞어 놓으셨다.

"두루 도는 화염검을 두어 생명나무의 길을 지키게 하시니라"_창 3:24, 개역한글판

그러나 솔로몬은 그 지식을 사람에게 주고 싶어 하는 하나님의 마음을 눈치 챘다.

"여호와를 경외하는 것이 지식의 근본이거늘"_잠 1:7

그것에 접근하려면 하나님의 마음을 아는 것이 우선이었다.

"거룩하신 자를 아는 것이 명철이니라"_잠 9:10

성경에서 '아는 것' 은 곧 '사랑함' 을 의미한다. 아담이 하와와 동침할 때창 4:1 사용된 히브리어의 '야다' 는 '안다' 는 뜻이었다.

"나는 인애를 원하고 제사를 원치 아니하며 번제보다 하나님을 아는 것을 원하노라"_호 6:6

사랑하는 자에게 자기를 속히 알리고 싶어 노심초사 하시던 하나님은 마침내 모든 비밀의 열쇠를 지닌 독생자 예수 그리스도를 세상에 보내셨다.

"은혜와 진리는 예수 그리스도로 말미암아 온 것이라"_요 1:17

그러므로 예수 그리스도를 바로 아는 것은 하나님을 아는 것이고, 사람이 세상에서 살아가는 데 필요한 지식은 예수 그리스도로부터 오는 것이다. 그것이 매우 중요하기 때문에 하나님은 예수 그리스도에 관해 네 명의 기자들이 기록한 네 복음서를 대조해가며 자세히 생각해 볼 수 있게 하셨다. 그런데도 교회의 교육 현장에서는 네 복음서를 대조하는 일을 소홀하게 넘어가는 경우가 많다.

"값비싼 향유를 주께 드린 막달라 마리아 본받아서"찬송가 새 211, 통 346

나드 향유를 예수의 발에 부은 여인은 분명히 예루살렘의 동쪽 베다니에 사는 나사로의 누이 마리아다요 12:5. 마가복음 14장 3절과 마태복음 26장 7절에 나오는 '한 여자' 도 역시 베다니의 마리아라는 것이 정설이다. 그 마리아가 게네사렛 호수의 서쪽 호반에 있는 막달라에 가서 살았다는 기록은 어디에도 없다. 그런데도 많은 사람들이 막달라의 마리아와 베다니의 마리아를 혼동한다.

"일곱 귀신이 나간 자 곧 막달라인이라 하는 마리아와"_눅 8:2

또 누가복음에는 갈릴리 지역의 한 여자가 역시 예수의 발에 향유를 부은 다른 사건이 나오는데 그도 역시 막달라의 마리아라는 증거는 없다.

"그 동네에 죄인인 한 여자가 있어 예수께서 바리새인의 집에 앉으셨음을 알고 향유 담은 옥합을 가지고 와서 예수의 뒤로 그 발 곁에 서서 울며 눈물로 그 발을 적시고 자기 머리털로 닦고 그 발에 입맞추고 향유를 부으니"_눅 7:37,38

네 개의 복음서를 따로 읽을 때에는 기자가 선 각도에 따라 다소 알기 어렵던 기사들도, 그것을 합쳐서 다시 조립해 보면 예수 그리스도의 사역과 가르치심을 더 분명하게 만날 수 있을 것이다. 나사로의 사건이 빠져 있는 공관복음과 그것이 기록된 요한복음도 조립되어야 하고 교회는 명료한 지식을 가르쳐야 한다. 그렇지 않으면 험한 세상에서 실족하여 함정에 빠질 수 있기 때문이다.

"오직 우리 주 예수 그리스도의 은혜와 그를 아는 지식에서 자라 가라 영광이 이제와 영원한 날까지 그에게 있을지어다"_벧후 3:18

세포리스의 십자가

복음서에는 베들레헴에서 탄생한 아기 예수가 애굽으로 피신했다가 나사렛으로 돌아간 것과 열두 살 때 예루살렘에 올라갔던 일이 적혀 있고, 다시 요단 강에서 세례를 받으며 공생애를 시작한 것으로 이어진다.

"예수께서 가르치심을 시작하실 때에 30세쯤 되시니라"_눅 3:23

그러나 아기 예수가 탄생한 BC 4년에서 AD 27년까지의 시대적 상황을 살펴보는 것도 그분의 생애를 이해하는 데 유익하다. BC 4년 베들레헴 인근의 아기들을 학살했던 헤롯 1세는 내장에 궤양이 생기고 온몸이 곪아 터지는 중병에 걸렸다. 그 해에 성전 문에 세운 금독수리 문제로 소요가 일어났다.

"주동자 마티아스와 유다를 화형시킨 날 밤에 월식이 있었다."요세푸스, 『유대고대사』 17-6

헤롯은 또 도리스 소생의 장남 안티파테르를 반역 혐의로 처형했다. 그리고 닷새 후에 그 자신도 죽었다. 그 후 말타케 소생의 아켈라오가 왕위를 물려받았다.

"아켈라오가 그의 아버지 헤롯을 이어 유대의 임금 됨을 듣고"_마 2:22

그의 아우 안디바는 갈릴리와 베레아 지역, 그리고 예루살렘 클레오파트라 소생의 빌립은 드라고닛과 바네아스 지역의 분봉왕이 되었다. 예루살렘에서 소요가 계속되자 아켈라오는 기병대를 동원하여 시위자 3천여 명을 학살했다. AD 6년에 다시 각 지역에서 민란이 일어났는데 그 중 최강자는 열심당의 이름을 내건 갈릴리 유다였다.

"유다는 세포리스의 안디바 궁을 습격하여 탈취한 무기로 부하들을 무장시키고 닥치는 대로 살상을 감행함으로 두려운 존재가 되었다."요세푸스, 『유대고대사』 17-10

결국 수리아 총독 바루스는 로마군 2개 군단을 이끌고 출동하여 먼저 파견한 1개 군단과 나바테아 아레타스 왕의 지원군과 함께 사마리아로 진군했다. 그는 세포리스를 초토화하여 반란을 진압한 후 체포된 반역자들을 처형했다.

"십자가에 달려 처형된 자의 수는 2천 명에 달했다."요세푸스, 『유대고대사』 17-10

죄수를 엎어 놓고 매질할 때 쓰던 형틀을 수직으로 세워 사형수를 매달아 죽이는 것이 십자가형이었다. BC 71년 노예반란을 일으켰던 스파르타쿠스 일당을 로마로 들어가는 아피아 가도에 6천 개의 십자가를 세우고 매달아 죽인 것이 그 효시였다. 매달려 죽어가는 반란군을 보며 다시는 반역할 엄두를 내지 못하게 할 목적이었다. 세포리스에서 2천 개의 십자가를 갑자기 제작할 때 인근의 목수가 다 동원되었을 것이고, 세포리스 동남쪽 8km 거리에 있는 나사렛의 목수 요셉도 불려갔을 것이다. 그리고 10살 된 소년 예수도 세포리스에 가서 그 2천 개의 십자가를 보았을 것이다.

그 해에 로마 황제는 아켈라오를 해임하고 유대와 사마리아 지역을 총독 관할로 지정했다. 총독에는 코포니우스가 파견되고 수리아 총독에 구레뇨가 임명되었다. 2년 후 요셉이 소년 예수를 데리고 예루살렘에 올라갔다 돌아온 AD 8년부터 10년까지 세포리스의 재건 공사가 있었다. 요셉은 그 공사에도 동원되었을 것이고 그 때문에 건강을 많이 해쳐서 일찍 죽게 되었을 것으로 보인다. 코포니우스와 암비비우스를 거쳐 루푸스가 유대 총독으로 있던 AD 14년 로마에서는 아구스도 황제가 죽고 디베료가 즉위했고 AD 26년 유대 총독에는 그라투스에 이어 본디오 빌라도가 부임했다.

"이에 본디오 빌라도가 후임 총독으로 부임하게 되었다"요세푸스, 『유대고대사』 18-2

그리고 그 이듬해에 예수 그리스도는 요단 강에서 세례를 받고 공생애의 사역을 시작하는 것이다. 그는 제자들에게 자신이 십자가에 달릴 것을 세 번이나 예고했다.

"조롱하며 채찍질하며 십자가에 못 박게 할 것이나 제삼일에 살아나리라"_마 20:19

말씀과 함께

성경에는 예수께서 열두 살 되었을 때에 이야기가 기록되어 있다. 유월절 절기 중에 요셉과 마리아가 예루살렘에 올라갔다가 예수를 잃어버렸다는 내용이다.

"그 날들을 마치고 돌아갈 때에 아이 예수는 예루살렘에 머무셨더라 그 부모는 이를 알지 못하고 동행 중에 있는 줄로 생각하고 하룻길을 간

후 친족과 아는 자 중에서 찾되 만나지 못하매 찾으면서 예루살렘에 돌아갔더니"_눅 2:43-45

얼른 보아 이해가 가지 않는 대목이다. 명절이기 때문에 예루살렘 왕복의 여정이 비록 혼잡했더라도 내외가 귀중한 아들 하나를 챙기지 못하고 잃어버렸다는 것은 말도 안되는 일이기 때문이다. 그러나 그들에게는 예수 외에도 많은 자녀가 있었다.

"이는 그 목수의 아들이 아니냐 그 어머니는 마리아, 그 형제들은 야고보, 요셉, 시몬, 유다라 하지 않느냐 그 누이들은 다 우리와 함께 있지 아니하냐"_마 13:55,56

요셉이 세상을 일찍 떠났음을 감안하면 그들 내외는 예수 이후에도 거의 연년생으로 부지런히 아이들을 낳은 셈이다. 예루살렘으로 갈 때 아들만 데리고 갔어도 다섯이었으니 내외가 안고, 업거나 걸리며 여행했을 것이다. 그러느라고 정신이 없던 부모가 장남인 예수는 열두 살이고 똑똑하니까 잘 따라 오겠거니 하면서 하룻길을 갔을 것이다. 그 아들을 다시 찾는 데는 사흘이 걸렸다.

"사흘 후에 성전에서 만난즉 그가 선생들 중에 앉으사 그들에게 듣기도 하시며 묻기도 하시니 듣는 자가 다 그 지혜와 대답을 놀랍게 여기더라"_눅 2:46,47

예수 그리스도는 육신이 되어 세상에 오신 하나님의 말씀요 1:14이시니 당연하다고 할 수도 있다. 그러나 도대체 아이 예수는 성전의 랍비들과 무슨 대화를 하고 있었던 것일까? 우선 그는 아브라함으로부터 다윗을 거쳐 내려오는 하나님의 약속에 관해 '의인' 요셉에게서 교육을 받았을 것이고 자주 나사렛 회당을 드나들며 두루마리로 된 율법서와 선지서와 시편들을 읽었을 것이다.

두루마리를 읽으며 그의 가장 큰 관심사는 무엇이었을까? 세포리스에서 2천 개의 십자가를 보며 큰 충격을 받은 그에게는 '죽음'의 문제가 가장 컸을 것이다. 그는 율법서에서 사람이 죽게 된 이유는 하나님의 '말씀'에 '순종'하지 않았기 때문임을 알게 되었다. 그리고 다시 고민한 문제는 '아버지'에 관한 것이었다. 가장 사랑하고 존경하는 아버지 '요셉'의 건강이 그에게는 큰 걱정이었다.

"주는 우리 아버지시니이다"_사 64:8

이사야는 하나님을 아버지라고 했다. 깜짝 놀란 예수는 다시 예레미야의 글을 찾았다.

"너희가 나를 나의 아버지라 하고 나를 떠나지 말 것이니라"_렘 3:19

그로부터 아이 예수는 두루마리를 더 탐독하게 되었다. 죽음을 이기는 데 필요한 세 가지 개념, 즉 '말씀'과 '순종' 그리고 '아버지'가 그를 사로잡았다. 말씀은 곧 생명의 근원이다. 세상일에 분주하여 말씀을 하루 잃으면 다시 찾는 데 사흘이 걸린다. 사흘만에 가까스로 아들을 찾아낸 어머니가 그를 나무라자 그가 대답했다.

"내가 내 아버지 집에 있어야 될 줄을 알지 못하셨나이까"_눅 2:49

말씀에 의지하여

"갈릴리 해변으로 지나가시다가 시몬과 그 형제 안드레가 바다에 그물 던지는 것을 보시니 그들은 어부라"_막 1:16

마가복음에는 예수께서 베드로와 안드레 형제를 만나신 곳이 갈릴리 호수라고 되어 있다. 그들에게 나를 따르라 하시고, 이어 야고보와 요한 형제도 만나셨다.

"조금 더 가시다가 세배대의 아들 야고보와 그 형제 요한을 보시니 그들도 배에 있어 그물을 깁는데 곧 부르시니 그 아버지 세배대를 품꾼들과 함께 배에 버려 두고 예수를 따라가니라"_막 1:19,20

마태복음과 누가복음도 예수께서 그들을 갈릴리 해변에서 만나신 것으로 기록하고 있다. 그 넓이 때문에 '갈릴리 바다'라고 불려지는 갈릴리 호수는 본래 구약 성경에 '긴네렛 바다'로 기록되어 있고수 13:27 신구약 중간 시대에는 '게네사렛 호수'로 불리워졌는데마카비상 11:67 누가도 그 이름을 따르고 있다.

"무리가 몰려와서 하나님의 말씀을 들을새 예수는 게네사렛 호숫가에 서서"_눅 5:1

그런데 요한복음에는 그와 다른 기사가 적혀 있다.

"요한이 자기 제자 중 두 사람과 함께 섰다가 예수께서 거니심을 보고 말하되 보라 하나님의 어린 양이로다 두 제자가 그의 말을 듣고 예수를 따르거늘"_요 1:35-37

세례 요한이 그렇게 말한 장소는 요단 강변이었고 예수를 따라간 두 사람은 세배대의 아들 요한과 시몬의 아우 안드레였다. 예수께서는 자기를 따라오는 두 사람이 지금 어디에 계시냐고 묻자 그들에게 대답하셨다.

"예수께서 이르시되 와서 보라 그러므로 그들이 가서 계신 데를 보고 그날 함께 거하니 때가 열 시쯤 되었더라"_요 1:39

그리고 안드레는 뒤따라온 형 시몬을 데리고 왔다.

"요한의 말을 듣고 예수를 따르는 두 사람 중의 하나는 시몬 베드로의 형제 안드레라 그가 먼저 자기의 형제 시몬을 찾아가 말하되 우리가 메시야를 만났다 하고메시야는 번역하면 그리스도라 데리고 예수께로 오니 예수께서 보시고 이르시되 네가 요한의 아들 시몬이니 장차 게바라 하리라 하시니라게바는 번역하면 베드로라" _요 1:40-42

예수께서는 이미 요단 강변에서 요한과 안드레 그리고 시몬을 만나시고 베드로라는 새 이름까지 주셨는데 왜 마가와 마태와 누가는 갈릴리 호숫가에서 그들을 만난 것으로 기록해 놓았던 것일까? 그들 세 사람이 예수를 만난 열 시는 지금 시간으로 오후 네 시쯤이었다. 그 때부터 몇 시까지 그들이 예수와 함께 있었는지는 모르나 어쨌든 그에게서 기대했던 말씀을 못 들었던 것이다.

"길 가에 떨어지매 새들이 와서 먹어버렸고"_마 13:4

그들은 결국 예수와 아무런 관계도 맺지 않은 채 그분을 떠났다. 그러나 예수께서는 다시 갈릴리 호수에서 그물을 씻는 베드로를 찾아오셨다.

"깊은 데로 가서 그물을 내려 고기를 잡으라"_눅 5:4

고기잡이로 잔뼈가 굵은 베드로에게 그것은 이치에 닿지 않는 말씀이었다. 그물은 밤에 나가 던져야 하는데 이미 해가 높이 솟아 있었다. 그러나 베드로가 대답했다.

"말씀에 의지하여 내가 그물을 내리리이다"_눅 5:5

그물을 던지자 잡힌 고기가 너무 많아 그물이 찢어질 정도였다. 그는 예수의 무릎 앞에 엎드렸다.

"주여 나를 떠나소서 나는 죄인이로소이다"_눅 5:8

무엇을 구하느냐?

갈릴리 호숫가에서 예수를 만나기 전에 베드로와 안드레, 그리고 요한 등 세 사람은 요단 강변에서 예수를 만난 적이 있었다. 그들 중 두 사람은 이미 세례 요한의 제자가 되어 있었고 그 중 하나는 안드레였다. 이름을 밝히지 않은 또 한 사람은 요한복음을 기록한 요한이다. 갈릴리에서 고기를 잡고 있어야 할 요한은 왜 요단 강변에 가서 세례 요한의 제자가 되어 있었던 것일까?

요한의 아버지 세배대는 여러 척의 어선을 소유하고 품꾼들을 거느린 선주였을 것으로 추정된다막 1:20. 가버나움 회당의 기둥 안쪽에 '요하난의 아들 세배대' 라는 글자가 새겨져 있는 것으로 보아 그는 상당한 재산을 가진 가버나움의 유지였다. 그 아들 요한은 아버지의 품꾼들과 고기잡이를 하며 늘 예루살렘에 올라가 출세하려는 야망을 품고 있을 때 세례 요한의 소식을 들었다.

"세례 요한이 광야에 이르러 죄 사함을 받게 하는 회개의 세례를 전파하니 온 유대 지방과 예루살렘 사람이 다 나아가 자기 죄를 자복하고 요단 강에서 그에게 세례를 받더라"_막 1:4,5

요한은 그가 곧 선지자들이 예언한 메시야인 줄로 알았다. 그래서 안드레와 함께 요단 강으로 가서 그의 제자가 되었다. 그들을 수상하게 여긴 베드로도 그 뒤를 밟았으나 세례 요한이 예수를 가리켜 바로 저분이라고 하자 요한은 스승을 버리고 그 예수를 따라갔다. 그와 안드레가 뒤를 따를 때 예수께서 돌아보며 물으셨다.

"무엇을 구하느냐"_요 1:38

갑자기 묻는 말씀에 요한은 동문서답을 했다.

"랍비여, 어디 계시오니이까?"

예수께서는 와서 보라고 하셨다. 그러나 하루를 지내보고 그에게서 메시야의 면모를 발견하지 못한 그들은 발길을 돌렸던 것이다. 그 일 후에 요한은 가나의 혼인 잔치에 아버지와 함께 초대되어 갔다가 물이 포도주로 바뀌는 기적을 목격했다. 그래서 가나의 그 잔치는 요한복음에만 기록된 것이다. 그와 안드레와 베드로가 크게 후회하고 있을 때 예수께서 다시 그들을 부르신 것이다.

"야고보와 그 형제 요한을 보시니 그들도 배에 있어 그물을 깁는데 곧 부르시니 그 아버지 세배대를 품꾼들과 함께 배에 버려 두고 예수를 따라가니라"_막 1:19,20

이 후로 요한은 그가 목격한 여러 가지 기적으로 보아 메시야임에 틀림없는 예수를 따라다니며 그의 야망을 키웠다. 예수께서 예루살렘으로 올라가시며 장차 고난당할 일을 생각하고 계실 때에도 요한은 그의 야망을 숨김없이 드러냈다.

"우리를 하나는 주의 우편에, 하나는 좌편에 앉게 하여 주옵소서"_막 10:37

그가 말한 '우리'는 자신과 야고보를 가리킨 것이었다. 그러나 예수께서 크고자 하는 자는 섬기는 자가 되어야 한다고 말씀하시자 자신의 말이 잘 통하지 않은 것으로 생각하고 다시 그의 모친을 동원했다.

"나의 이 두 아들을 주의 나라에서 하나는 주의 우편에, 하나는 주의 좌편에 앉게 명하소서"_마 20:21

요한은 예수께서 어떤 분인지 그분이 고난을 당하시고 부활하실 때까지 파악하지 못했다. 오랜 세월이 지나고 나서야 그분이 바로 태초부터 계신 하나님의 말씀이라는 것을 깨닫고 요한복음을 쓰게 되었던 것이다. 예수께서 무엇을 구하느냐고 물었을 때 그는 내 앞에 계신 '천지를 창조하신 하나님의 말씀을 구합니다' 라고 대답했어야 했다.

예수의 첫 제자

예수의 첫 제자는 누구일까? 요단 강변에서 예수를 만나 그 날을 함께 지낸 요한과 안드레 그리고 나중에 온 베드로가 모두 그분의 말씀에 감동을 받지 못하고 어떤 관계도 맺지 못한 채 갈릴리로 돌아갔다면 우리는 다음 기사를 주목해야 한다.

"이튿날 예수께서 갈릴리로 나가려 하시다가 빌립을 만나 이르시되 나를 따르라 하시니"_요 1:43

이 장면에서 요한과 안드레 그리고 베드로는 보이지 않는다. 그들은 이미 예수를 떠났던 것이다. 다만 요한은 이상하게도 이 장면에 한 구절을 덧붙여 놓았다.

"빌립은 안드레와 베드로와 한 동네 벳새다 사람이라"_요 1:44

이것이 안드레와 베드로를 제자로 삼았다는 의미는 아니다. 그들 형제를 먼저 제자로 삼았다면 다른 복음서들에 나오는 재회 장면과 모순된다. 예수께서는 갈릴리 호숫가에서 비로소 그들에게 나를 따르라고 하셔서 제자로 삼으셨기 때문이다.

"나를 따라오라 내가 너희로 사람을 낚는 어부가 되게 하리라"_마 4:19

요한이 빌립을 베드로 형제와 한 동네 사람이라고 한 것은 같은 벳새다 출신이면서 예수의 진면목을 몰라보고 떠난 자도 있고, 빌립처럼 그분이 범상치 않은 분임을 알아보고 따른 지혜로운 자도 있음을 지적한 것이다. 재빠른 빌립은 친구 나다나엘에게도 그가 만난 분에 대해 소개했다. 그분에 대한 빌립의 설명은 정확했다.

"빌립이 나다나엘을 찾아 이르되 모세가 율법에 기록하였고 여러 선지자가 기록한 그이를 우리가 만났으니 요셉의 아들 나사렛 예수니라"_요 1:45

모세는 장차 말씀으로 오실 그리스도에 대해서 기록해 놓았다.

"내가 그들의 형제 중에서 너와 같은 선지자 하나를 그들을 위하여 일으키고 내 말을 그 입에 두리니 내가 그에게 명령하는 것을 그가 무리에게 다 말하리라"_신 18:18

선지자 이사야도 그 일을 예고했다.

"보라 처녀가 잉태하여 아들을 낳을 것이요"_사 7:14

예레미야도 역시 그가 오실 것을 전했다.

"내가 다윗에게 한 의로운 가지가 나게 하리니 그가 이 땅에 공평과 정의를 실행할 것이라"_렘 33:15, 개역한글판

그 외에도 많은 선지자들이 장차 오실 구원자, 그리스도에 대해서 예언의 말씀을 구약 성경에 남겼던 것이다. 그러나 나다나엘은 아직 확인해야 할 것이 있었다.

"나사렛에서 무슨 선한 것이 날 수 있느냐"_요 1:46

미가 선지자는 태초부터 계신 그분이 태어날 곳으로 베들레헴과 에브라다를 언급했고 나사렛을 언급한 선지자는 없었던 것이다. 그러나 예수께서는 그를 오히려 칭찬했다.

"보라 이는 참으로 이스라엘 사람이라 그 속에 간사한 것이 없도다"_요 1:47

나다나엘이 놀라 어떻게 나를 아시느냐고 묻자 그분은 대답했다.

"네가 무화과나무 아래에 있을 때에 보았노라"_요 1:48

그 말씀을 듣고 나다나엘은 즉시 고백했다.

"랍비여 당신은 하나님의 아들이시요 당신은 이스라엘의 임금이로소이다"_요 1:49

빌립은 베드로보다 먼저 그분의 제자가 되었고, 나다나엘은 베드로보다 훨씬 먼저 정확한 신앙 고백을 한 것이다. 예수께서 갈릴리로 가시려다가 갑자기 성령에 이끌리어 혼자 광야로 들어가실 때 그들과 일시 작별을 하셨으나 마귀의 시험을 이기신 후 가나의 혼인 잔치에 나타나신 것은 나다나엘이 가나 사람요 21:2이기 때문이었다.

"갈릴리 가나에 혼례가 있어"_요 2:1

아버지와 아들

세포리스에서 2천 개의 십자가에 달려 죽어가는 사람들을 목격한 10살 때의 예수께서는 나사렛 회당에서 두루마리들을 읽으며 자신이 부딪혀 해결해야 할 세 가지 개념을 찾아내셨다. 그것은 사람을 창조하신 '아버지'와 생명의 근원이 되는 '말씀'과 죽음의 문제를 해결하기 위한 '순종'의 회복이었다. 사람이 생명의 근원인 하나님의 말씀을 떠나게 된 것은 마귀의 미혹 때문이었다.

"너희가 결코 죽지 아니하리라 너희가 그것을 먹는 날에는 너희 눈이 밝아져 하나님과 같이 되어 선악을 알 줄 하나님이 아심이니라"_창 3:4,5

세례를 받은 후 갈릴리로 가시려던 예수께서는 갑자기 발길을 돌이켜 유대 광야로 들어가셨다. 죽음의 원인이 된 그 미혹자와 먼저 맞서기 위함이었다.

"그 때에 예수께서 성령에게 이끌리어 마귀에게 시험을 받으러 광야로 가사 사십 일을 밤낮으로 금식하신 후에 주리신지라"_마 4:1,2

그리고 마귀의 시험이 시작되었다.

"네가 만일 하나님의 아들이어든 명하여 이 돌들로 떡덩이가 되게 하라"_마 4:3

이 장면에 나오는 마귀의 세 가지 시험을 대개 '욕망'과 '명예'와 '권력'에 대한 것이라고 생각한다. 그러나 그 정도의 유혹은 세상의 보통 수행자들도 이길 수 있는 것이다. 마귀의 시험에는 더 무서운 책략이 숨어 있었다. 우리는 '네가 만일 하나님의 아들이어든'이라는 전제에 주목해야 한다. 그는 아버지와 아들의 충돌을 유도한 것이다.

"명하여 이 돌들로 떡덩이가 되게 하라."

아들은 그렇게 할 수 있었다. 그러나 아버지께서 창조한 돌을 아들이 명하여 떡덩이가 되게 하면 아버지와 아들은 충돌하게 된다. 아담은 생명의 근원인 말씀을 거부했으나 예수께서는 '말씀'신 8:3으로 미혹을 물리쳤다.

"사람이 떡으로만 살 것이 아니요 하나님의 입으로부터 나오는 모든 말씀으로 살 것이라 하였느니라"_마 4:4

마귀는 다시 예수를 성전 꼭대기에 세우고 시편시 9:11을 인용했다.

"뛰어내리라 기록되었으되 그가 너를 위하여 그의 사자들을 명하시리니 그들이 손으로 너를 받들어 발이 돌에 부딪치지 않게 하리로다 하였느니라"_마 4:6

하나님은 모세를 통해신 16:16 '유월절'과 '칠칠절'을 거쳐 '초막절'이

올 것을 예고하셨다. 즉 그리스도의 사역에 대해 '고난'과 '성령 강림'과 '재림'의 순서로 마스터플랜을 작성하신 것이다. 예수께서 앞의 과정을 무시하고 영광으로 직행하시면 다시 아버지와 아들은 충돌하게 된다. 예수께서는 또 말씀신 6:16으로 그것을 이기셨다.

"주 너의 하나님을 시험하지 말라"_마 4:7

마귀는 다시 높은 산에 올라가 천하 만국을 보여주며 세 번째 미혹을 걸었다.

"만일 내게 엎드려 경배하면 이 모든 것을 네게 주리라"_마 4:9

그것에 무서운 저의가 숨어 있었다. 하나님의 말씀을 떠난 자는 마귀에게 속하게 되어 있고요 8:17 그것도 하나님의 허락이 있어서 된 것이다. 천하 만국이 하나님의 말씀을 떠나 있는데 예수께서 왜 그것이 네 것이냐고 반박하면 또 아버지와 아들 사이에 충돌이 일어나게 된다. 결국 예수께서는 역시 말씀신 6:13으로 그 미혹을 물리치셨다.

"주 너의 하나님께 경배하고 다만 그를 섬기라 하였느니라"_마 4:10

마귀는 세 가지 미혹에 모두 실패하고 예수를 떠났다. 예수께서는 마귀와의 전쟁을 '말씀'으로 승리하시고 자신이 하나님의 아들이심을 증명하셨던 것이다.

말씀대로 하라

광야에서 40일간 금식하며 마귀와의 첫 대결을 승리로 끝내시고 예수께서 먼저 가나의 혼인 잔치에 나타나신 것은 제자로 삼은 나다나엘이 가나 사람이기 때문이었다.

"사흘째 되던 날 갈릴리 가나에 혼례가 있어"_요 2:1

여기서 '사흘째 되던 날'이란 요한이 예수를 만난 '세 번째 날'로 해석해야 이해가 가능하다. 요한의 기록에서 첫 번째 날은 그가 예수를 처음 만난 날 즉 세례 요한이 그를 가리켜 신발 끈 풀기도 감당할 수 없다고 말한 날요 1:27이었고, 두 번째 날은 요한이 안드레와 함께 예수를 따라갔던 날이었다. 그리고 세 번째 날은 요한이 예수를 가나의 혼인 잔치에서 세 번째 본 날이었다.

"예수와 그 제자들도 혼례에 청함을 받았더니"_요 2:2

그 제자들이란 물론 빌립과 나다나엘이었다. 그러면 요한은 어떻게 그 혼인 잔치에 참석했던 것일까? 혼인 잔치가 열린 그 집은 연회장 즉 파티 마스터를 불렀을 정도로 명사의 집이어서 인근의 유지들을 다 초청했고, 가버나움의 부자 세배대와 그 아들 요한도 초청을 받아 갔을 것이다. 그 때 주방에서 일하고 있던 마리아는 집을 떠났던 아들의 모습을 발견하고 반색을 하며 나왔다.

"저들에게 포도주가 없다"_요 2:3

그러나 예수께서는 어머니를 바라보며 대답했다.

"여자여, 나와 무슨 상관이 있나이까?"

오래간만에 만난 어머니를 '여자'라고 부른 것은 사랑스러운 여인My Lady이라는 의미였다. '말씀'과 '순종'만을 생각하고 있던 그분이 말을 이었다.

"내 때가 아직 이르지 아니하였나이다"_요 2:4

즉 아버지로부터 아직 말씀을 듣지 못했다는 뜻이었다. 그러나 아들에 대한 모든 비밀을 마음에 담아둔 채 30년이나 참고 기다려온 어머니는 이제 더 이상 기다릴 수가 없었다. 그녀는 하인들을 둘러보며 말했다.

"너희에게 무슨 말씀을 하시든지 그대로 하라"_요 2:5

그 순간 예수께서 눈을 크게 뜨셨다. 마귀의 미혹을 말씀으로 이긴 후로도 줄곧 말씀과 순종에 대해서 생각하고 있었는데 다시 어머니의 입에서 '말씀'이라는 어휘가 튀어나왔던 것이다. 눈을 들어 보니 물을 두세 통 담을 수 있는 돌 항아리 여섯 개가 보였다. 정결의 예식을 위해 물을 담아 두는 항아리였다. 예수께서 하인들에게 말씀하셨다.

"항아리에 물을 채우라"_요 2:7

성경에서 물은 자주 말씀의 상징으로 사용되었다. 유대처럼 물이 귀한 곳에서 물은 곧 생명을 뜻하기 때문이었다. 이스라엘 자손들은 초막절이면 실로암의 물을 길어 성전에 붓는 행사를 하기도 했다사 12:3. 항아리의 아귀까지 물을 채우자 예수께서는 그것을 연회장에게 갖다 주라고 하셨다. 그 맛을 본 연회장이 좋은 포도주가 아직 있었음을 놀라워했고 하객들도 모두 놀랐다.

"예수께서 이 첫 표적을 갈릴리 가나에서 행하여 그의 영광을 나타내시매 제자들이 그를 믿으니라"_요 2:11

물이 포도주로 바뀐 그 표적은 말씀이 생명으로 바뀌게 될 것을 예표하고, 포도주는 사람을 살리기 위해 흘리실 그리스도의 피를 의미하는 것이었다. 가나에서 물이 포도주로 바뀐 그날부터 예수께서는 말씀의 능력으로 병든 자들을 고치기 시작하셨다.

"천국 복음을 전파하시며 백성 중의 모든 병과 모든 약한 것을 고치시니"_마 4:23

종은 듣겠나이다

예수께서 세례 요한으로부터 세례를 받으시고 물에서 올라오실 때 하늘이 열리고 하늘이 열리고 하나님의 음성이 들렸다.

"이는 내 사랑하는 아들이요 내 기뻐하는 자라"_마 3:17

나사렛 회당에서 이사야와 예레미야의 두루마리를 읽으며 늘 아버지에 대해서 생각해 왔고, 어려서부터 성전을 아버지의 집이라고 했던 예수께서 마침내 자신이 하나님의 아들이심을 확인하게 되었던 것이다. 그런데 성경에는 그분이 평소에 늘 기도하는 모습을 기록해 남겨 놓고 있다.

"새벽 오히려 미명에 예수께서 일어나 나가 한적한 곳으로 가사 거기서 기도하시더니"_막 1:35, 개역한글판

뿐만 아니라 예수께서는 밤이 새도록 기도하시고눅 6:12, 산에 올라가 기도하시고마 14:23, 습관에 따라 기도하시고눅 22:39, 얼굴을 땅에 대고마 26:39 기도하기도 하셨다. 도대체 하나님의 아들이신 예수께서 무슨 기도할 일이 그렇게 많으셨을까? 적어도 그분의 기도는 재물이나 건강을 구하는 기도는 아니었을 것이다.

"그러므로 염려하여 이르기를 무엇을 먹을까 무엇을 마실까 무엇을 입을까 하지 말라 이는 다 이방인들이 구하는 것이라 너희 하늘 아버지께서 이 모든 것이 너희에게 있어야 할 줄을 아시느니라"_마 6:31,32

예수께서는 이미 모범적인 기도를 가르쳐 주셨다.

"하늘에 계신 우리 아버지여 이름이 거룩히 여김을 받으시오며 나라

가 임하시오며 뜻이 하늘에서 이루어진 것 같이 땅에서도 이루어지이다"_마 6:9,10

이것이 곧 그의 나라와 그의 의마 6:33였다. 아버지의 뜻이 땅에서 이루어지려면 우리도 아버지의 뜻을 따라 살아야 한다. 그러나 세상을 살면서 수없이 만나는 선택의 순간에 과연 어느 것이 아버지의 뜻인지 알기가 어려운 것이다. 성경에 하나님의 말씀이 다 적혀 있다고 하더라도 많은 선지자들이 그것을 어떻게 적용할지 몰라서 하나님께 질문하고 그분의 말씀을 기다렸던 것이다.

"나의 질문에 대하여 어떻게 대답하실는지 보리라"_합 2:1

예수께서는 하나님의 아들이시고, 성령에 의해 잉태되어 태어난 분이다. 그리고 말씀에 순종할 것을 늘 생각한 분이어서 마귀와의 대결도 말씀으로 이겼고, 자신의 생각보다는 아버지의 뜻을 우선으로 하셨다. 그러나 성경에는 하나님께 기도하며 충성하던 사람들이 그분의 뜻을 다 안다고 여겨 자기 생각대로 하다가 실패한 사례들이 있다. 심지어 모세와 아론에게도 그런 일이 있었다.

"여호와께서 모세와 아론에게 이르시되 너희가 나를 믿지 아니하고 이스라엘 자손의 목전에서 내 거룩함을 나타내지 아니한 고로 너희는 이 회중을 내가 그들에게 준 땅으로 인도하여 들이지 못하리라"_민 20:12

성경에 많은 믿음의 종들이 나오지만 그들이 살아가는 동안 여러 가지 실수를 범한 것은 사람이 에덴을 떠난 아담과 하와의 심성을 물려받고 있기 때문이다. 하나님의 아들이면서 '사람의 아들'로 오신 예수께서는 어려운 선택을 하기 전에 하나님의 뜻을 확인하는 본을 보여 주셨다. 젊었을 때 많이 기도했다고 나이 들어 다 아는 체 한다면 모세가 걸렸던 그 함정에 걸리게 될 것이다.

"너는 기도할 때에 네 골방에 들어가 문을 닫고 은밀한 중에 계신 네 아버지께 기도하라 은밀한 중에 보시는 네 아버지께서 갚으시리라"_마 6:6

갈릴리 사람들

늘 기도하심으로 기도의 본을 보여 주셨던 예수 그리스도께서 가르쳐 주신 모범적인 기도에서 생활에 필요한 것을 구한 것은 '일용할 양식' 한 가지 뿐이다. 그 외의 기도는 크게 두 가지로 요약된다. 즉 아버지의 뜻이 이루어지게 해 달라는 것과 악에서 구해달라는 것이다. 그러므로 예수 그리스도의 기도는 늘 아버지의 뜻을 묻는 기도였고, 우리에게도 그렇게 기도하라고 하신 것이다.

"이 때에 예수께서 기도하시러 산으로 가사 밤이 새도록 하나님께 기도하시고 밝으매 제자들을 부르사 그 중에서 열둘을 택하여 사도라 칭하셨으니"_눅 6:12,13

예수께서는 그를 따르는 많은 제자들 중에서 열둘을 택하기 위해 그렇게 밤이 새도록 기도하셨던 것이다.

"곧 베드로라고도 이름을 주신 시몬과 그의 동생 안드레와 야고보와 요한과 빌립과 바돌로매와 마태와 도마와 알패오의 아들 야고보와 셀롯이라는 시몬과 야고보의 아들 유다와 예수를 파는 자 될 가룟 유다라"_눅 6:14-16

만일 이 명단을 하나님께서 주신 것이라면 잘못된 것이 된다. 왜냐 하면 예수를 파는 자가 될 가룟 유다를 하나님이 추천했을 리가 없기 때문이다. 유대인들 중에는 야고보와 유다처럼 동명이인이 많을 뿐 아니라 바돌로매로 기록된 나다나엘처럼 두 개의 이름을 쓰는 사람도 많으므로 예수께서 잘못 들으셨던 것일까? 목자도 양의 이름을 아는데 하나님의 아들이 그러셨을 리가 없다.

"그가 자기 양의 이름을 각각 불러 인도하여 내느니라"_요 10:3

예수께서는 많은 제자 중 각 성분별로 대표성을 가진 인물들을 고르셨을 수도 있다. 열두 제자를 성분별로 나누어 보면 어부 출신이 4명이고, 농부 출신이 2명, 그리고 도마는 예수처럼 목수인데 배를 만드는 기술자였던 것으로 알려져 있다. 셀롯이라는 시몬은 열심당 출신이고, 그와 친했던 야고보의 아들 유다 즉 다대오와 가룟 유다 역시 열심당 사람이었을 것으로 추정되고 있다.

"당시 시카리Skariotes, 암살단의 세력이 막강해졌다." 요세푸스, 『유대고대사』 20-8

'가룟 유다'는 헬라어로 '유다스 이스카리오테스'이다. 또 알패오의 아들 야고보는 그 아버지의 이름이 마태의 아버지와 같다. 세리 출신의 마태나 작은 야고보는 제자들 명단에서 항상 하위에 기록되는 소외 계층이다. 그러나 이들의 공통점은 모두가 갈릴리 출신이라는 점이었다. 갈릴리는 본래 스불론 지파와 납달리 지파의 땅이었다.

"전에 고통 받던 자들에게는 흑암이 없으리로다 옛적에는 여호와께서 스불론 땅과 납달리 땅이 멸시를 당하게 하셨더니 후에는 해변 길과 요단 저쪽 이방의 갈릴리를 영화롭게 하셨느니라"_사 9:1

BC 169년 수리아 안티오쿠스 4세가 예루살렘 성전에 돼지 피를 뿌리고 할례를 금지하며 모진 박해를 가할 때 레위와 유다 지파의 많은 사람들이 갈릴리 지역으로 옮겨갔다. 이 지역의 세포리스는 저항 세력인 열심당의 아지트가 되었다. 로마군과 갈릴리 분봉왕 안디바 그리고 예루살렘의 사두개파는 늘 갈릴리 사람들을 감시했고, 바리새파는 열심당을 자신들의 세력 기반으로 이용하려 했다. 예수께서는 왜 갈릴리 사람들을 그의 제자로 택하신 것일까? 그들은 위로와 치유를 필요로 하는 사람들이었다.

"너희 가난한 자는 복이 있나니 하나님의 나라가 너희 것임이요 지금 주린 자는 복이 있나니 너희가 배부름을 얻을 것임이요 지금 우는 자는 복이 있나니 너희가 웃을 것임이요 인자로 말미암아 너희를 미워하며 멀리하고 욕하고 너희 이름을 악하다 하여 버릴 때에는 너희에게 복이 있도다"_눅 6:20-22

성경 속의 비밀 ⑩

순종에 관하여

사람의 모양으로

예수 그리스도가 어떤 분인지 모른 채로 자신의 야망을 이루기 위해 그분을 따라다녔던 요한은 백발의 노년이 되어서야 비로소 그것을 깨닫게 되었다. 율법서와 선지자들의 글에 적혀 있는 말씀대로 오셔서 말씀대로 사시고, 말씀대로 가신 그분은 태초로부터 계신 하나님의 말씀이라고 고백했던 것이다.

"태초에 말씀이 계시니라"_요 1:1

그 말씀이 육신으로 이 세상에 오신 것이다.

"말씀이 육신이 되어 우리 가운데 거하시매 우리가 그의 영광을 보니 아버지의 독생자의 영광이요 은혜와 진리가 충만하더라"_요 1:14

그분이 오시기 740년 전에 선지자 미가도 그분에 대해서 적었다.

"베들레헴 에브라다야 너는 유다 족속 중에 작을지라도 이스라엘을 다스릴 자가 네게서 내게로 나올 것이라 그의 근본은 상고에, 영원에 있느니라"_미 5:2

성경에서 가장 큰 신비는 성부, 성자, 성령 삼위의 하나님이 함께 일하고 계시는 삼위일체의 신앙이다. 하나님은 한분이시나 그 본질 속에 세 위격이 구별되어 있으며 그 세 위격은 본질적인 통일성을 지니고 계신다.

"우리는 삼위일체 안의 유일한 하나님과 통일성 안의 삼위일체 하나님을 경배하되 그 위격을 혼동하지 않으며 그 실체를 분리하지도 않는다."아다나시아 신조

그 본질적 통일성 속에는 하나님께서 모든 것을 아시고 모든 것을 하

실 수 있다는 전지전능의 속성도 물론 포함된다. 그런데 성자 예수께서는 왜 세상에 오셔서 부지런히 두루마리 성경을 읽으셨으며 왜 날마다, 그리고 중요한 선택의 순간마다 아버지께 기도하며 그분의 뜻을 물으셨던 것일까?

"너희 안에 이 마음을 품으라 곧 그리스도 예수의 마음이니"_빌 2:5

예수 그리스도는 사람을 구원하시기 위해 육신으로 오셨다. 독생자께서 모든 것을 아시고, 모든 것을 하실 수 있는 그 속성을 그대로 지니고 오시면 구원을 위한 고난과 고통과 죽음은 모두 무의미한 것이 된다. 그래서 그 일부의 속성을 스스로 내려놓고 그냥 '사람의 아들' 로 오신 것이다.

"그는 근본 하나님의 본체시나 하나님과 동등됨을 취할 것으로 여기지 아니하시고 오히려 자기를 비워 종의 형체를 가지사 사람들과 같이 되셨고"_빌 2:6,7

이것을 그리스도의 자기 비하케노시스라고 말한다. 케노시스는 헬라어의 비운다는 말 '케노' 에서 나온 것이다. 그래서 성자께서는 사람들과 똑같이 태어나시고, 요셉으로부터 율법의 말씀과 목수의 일을 배우시고, 회당의 두루마리를 읽으시고, 날마다 기도하시며 하나님의 뜻을 물으시며 그분의 뜻에 순종하셨던 것이다.

"사람의 모양으로 나타나사 자기를 낮추시고 죽기까지 복종하셨으니 곧 십자가에 죽으심이라"_빌 2:8

그러면 예수께서 많은 병자들을 고치시고, 귀신을 쫓아내시고, 풍랑을 잔잔케 하시고, 심지어는 보리떡 다섯 개와 물고기 두 마리로 5천 명을 먹이신 기적은 무엇인가? 그것은 곧 하나님께서 인정하신 '아들의 권세' 로 하신 일이었다.

"아들이 아버지께서 하시는 일을 보지 않고는 아무 것도 스스로 할 수 없나니 아버지께서 행하시는 그것을 아들도 그와 같이 행하느니라"_요 5:19

예수께서는 또 누구나 나를 믿으면 내가 하는 일을 그도 할 수 있다고 하셨다.

"나를 믿는 자는 내가 하는 일을 그도 할 것이요"_요 14:12

수가의 우물

예수께서는 물이 포도주가 된 사건 이후 말씀의 능력으로 병자들을 고쳐주고 계셨으나 갈릴리 사람들은 그가 메시야라면 이스라엘의 회복에 나서줄 것을 바라고 있었다. 그것도 일부가 아니고 그분의 어머니와 형제들을 포함해 거의 전부였다.

"그러므로 예수께서 다시는 드러나게 동리에 들어가지 못하시고"_막 1:45

그렇다면 유대 쪽은 어떤가 하여 예루살렘으로 올라가셨으나 유대 지역 사람들의 바람도 역시 마찬가지였다. 무거운 마음으로 다시 갈릴리로 돌아가실 때 이미 세례 요한을 잡아들인 헤롯 안디바의 군대가 그분도 잡으려고 요단 길목을 막고 있었다.

"사마리아를 통과하여야 하겠는지라"_요 4:4

갈릴리 사람들은 그곳이 더럽혀진 땅이라 하여 요단 길로 돌아다녔으나 어쩔 수 없이 그 길로 가야 했다. 실로를 지나 수가에 들어서니 야곱의 우물이 있었다.

"피곤하여 우물 곁에 그대로 앉으시니 때가 여섯 시쯤 되었더라"_요 4:6

여섯 시는 정오를 말하는 것이었다. 눈을 들어 보니 오른쪽에는 저주의 에발 산이 있고 왼쪽에는 축복의 그리심 산이 보이는데 태양은 바로 머리 위에 있었다. 하나님과 독대하기 좋은 때와 적절한 장소였다. 그때 사마리아 여자 하나가 물을 길러 오므로 물을 좀 달라고 청하셨다. 뜻밖에도 여자는 물은커녕 시비를 걸었다.

"당신은 유대인으로서 어찌하여 사마리아 여자인 나에게 물을 달라 하나이까?"

예수께서 여자에게 대답하셨다.

"내가 주는 물을 마시는 자는 영원히 목마르지 아니하리니 내가 주는 물은 그 속에서 영생하도록 솟아나는 샘물이 되리라"_요 4:14

여자는 이미 소문으로만 들었던 그분임을 알아채고도 딴청을 부렸다.

"그런 물을 내게 주사 목마르지도 않고 또 여기 물 길러 오지도 않게 하옵소서."

여자와의 대화 속에서 응답을 찾아보려 했던 그분이 다시 말씀을 이었다.

"가서 네 남편을 불러 오라."

그러자 여자가 고개를 저으며 대답했다.

"나는 남편이 없나이다."

그 순간 예수께서는 나는 너의 남편이라고 하셨던 예레미야서의 말씀을 떠올리셨을 것이다렘 3:14. 하나님을 떠난 북과 남은 모두 멸망하여 이방 나라들을 남편으로 섬겨 왔다. 사마리아는 앗수르에 멸망당한 뒤 바벨론, 페르샤와 헬라 그리고 프톨레마이오스의 애굽을 거쳐 로마의 지배를 받고 있었다. 예수께서 말씀하셨다.

"네가 남편이 없다 하는 말이 옳도다 너에게 남편 다섯이 있었고 지금 있는 자도 네 남편이 아니니 네 말이 참되도다"_요 4:17,18

그러나 놀라운 일이 일어났다. 정말 그녀에게 남편 다섯이 있었고, 지금도 남편이 아닌 다른 남자와 동거하고 있었던 것이다. 아버지께서 그 여자를 보내주신 것이 바로 그분의 응답이었던 것이다. 남편 다섯을 섬겼고 지금도 남편 아닌 자와 동거 중인 이스라엘을 해방시키고 그들의 정치적 지도자가 된다는 것은 그들에게 또 다른 남편 하나를 소개해 주는 것과 다름없는 것이었다.

"하나님은 영이시니"

정치적 해방보다 하나님을 떠난 영적 죽음에서 그들을 살려내는 것이 급하고 근본적인 회복이었던 것이다. 예수께서는 그렇게 수가의 우물에서 확실한 응답을 받으셨다.

"예배하는 자가 영과 진리로 예배할지니라"_요 4:24

손을 얹어 주소서

예수께서 가버나움에 들어가셨을 때 한 백부장이 와서 그의 하인이 중풍병으로 누워 몹시 괴로워하니 고쳐 달라고 간청했다.

"내가 가서 고쳐 주리라"_마 8:7

그러자 백부장은 황급히 손을 저으며 말했다.

"말씀으로만 하옵소서 그러면 내 하인이 낫겠사옵나이다"_마 8:8

군대에서도 상관이 오라면 오고, 가라 하면 가는데 집에까지 오셔서 수고하실 필요가 없다는 것이었다. 예수께서 놀랍게 여기시며 말씀하셨다.

"이스라엘 중 아무에게서도 이만한 믿음을 보지 못하였노라"_마 8:10

예수께서는 그 백부장에게 '가라, 네 믿은 대로 될지어다' 하셨고 그 즉시 백부장의 하인은 나았다. 그런 일이 있은 지 얼마 후 예수께서는 또 한 번 이상한 일을 겪으셨다. 야이로라는 이름의 회당장이 달려와 예수의 발 앞에 엎드렸다.

"내 어린 딸이 죽게 되었사오니 오셔서 그 위에 손을 얹으사 그로 구원을 받아 살게 하소서"_막 5:23

이방인 백부장은 오실 것 없이 '말씀으로만 하옵소서' 라고 했는데 회당장은 '오셔서 손을 얹어' 달라고 한 것이다. 이를 이상하게 여기신 예수께서 회당장의 집으로 가시는 도중에 따라오던 큰 무리 가운데서 한 여자가 예수의 옷을 손으로 만졌다.

"누가 내 옷에 손을 대었느냐?"

그러나 여자가 그분 앞에 엎드려 사실을 고했다. 열두 해를 혈루병으로 고생하며 많은 의사들에게 치료를 받았으나 효험이 없어 병만 악화되었는데 당신에 관한 소문을 듣고 다가와 그 옷에 손만 대어도 나을 것 같아 그렇게 했다는 것이었다. 예수께서 그녀에게 말씀하셨다.

"딸아 네 믿음이 너를 구원하였으니 평안히 가라 네 병에서 놓여 건강할지어다"_막 5:34

'손을 얹어' 달라고 하던 회당장과 '손만 대어도' 나으리라고 믿었던 여자의 말을 생각하며 예수께서 회당장의 집에 도착했을 때 아이는 이미 죽어 있었다. 예수께서는 죽은 소녀가 있는 곳에 들어가 그 소녀의 '손을 잡고' 아람어로 말씀하셨다.

"달리다굼"_막 5:41

그러자 소녀가 깨어 일어났다. 그것은 '소녀야 일어나라'는 뜻이었다. 소녀는 그 때 열두 살이었다. 하나님은 이미 열두 해 전부터 혈루병 앓는 여자를 준비하시고, 회당장의 딸을 태어나게 해 놓으시고 그 날을 기다리신 것이다. 그래서 예수 그분의 손뿐 아니라 그 분의 몸이 다 '말씀' 임을 가르쳐 주셨다. 이때부터 예수께서는 사람을 살리기 위해 자신의 몸과 피가 필요함을 알고 계셨다.

"내가 이 피를 너희에게 주어 제단에 뿌려 너희의 생명을 위하여 속죄하게 하였나니 생명이 피에 있으므로 피가 죄를 속하느니라"_레 17:11

그러나 율법서의 양 한 마리는 한 사람만 대속한다. 과연 예수 한 분의 피로 모든 사람이 죄 사함을 받을 수 있을까? 하나님은 그것에 대해서도 확실하게 응답해 주셨다. 얼마 후 벳새다의 빈들에서 보리떡 다섯 개와 물고기 두 마리로 남자만 5천 명이 먹었고 남은 것이 열두 바구니에 차는 놀라운 기적을 보여 주셨던 것이다.

"나는 하늘에서 내려온 살아 있는 떡이니 사람이 이 떡을 먹으면 영생하리라 내가 줄 떡은 곧 세상의 생명을 위한 내 살이니라"_요 6:51

좁은 문으로 들어가라

BC 853년 북왕국 이스라엘의 아합 왕은 남왕국 유다의 여호사밧 왕에게 길르앗 라못에 나와 있는 아람 군대를 함께 공격하자고 제의했다. 여호사밧이 출전하기 전에 하나님의 뜻을 알아보자고 하자 아합은 북의 선지자 4백 명을 모아 출전 여부를 물었다. 그들은 모두 연합군의 승리를 예언했으나 오직 선지자 미가야

만은 아합 왕이 전사하고 남북 연합군은 패전할 것이라고 말했다.

"내가 보니 온 이스라엘이 목자 없는 양 같이 산에 흩어졌는데 여호와의 말씀이 이 무리에게 주인이 없으니 각각 평안히 자기의 집으로 돌아갈 것이니라 하셨나이다"_왕상 22:17

아합 왕은 미가야 선지자를 옥에 가두고 출전했으나 결국 아람 군사가 쏜 화살에 맞아 전사했다. 선지자 4백 명의 예언보다 미가야 한 사람의 말이 적중한 것이다. 예수께서 오셨을 때에도 그의 어머니와 형제를 비롯하여 갈릴리와 유대의 모든 사람들이 그가 이스라엘을 해방시키는 일에 나서주기를 바랐다. 그러나 수가의 우물에서 아버지의 응답을 받고 그분의 길은 확정된 것이었다.

"좁은 문으로 들어가라."

예수께서는 모든 사람이 이스라엘의 해방을 원하고 있으나 그것보다 죄로부터의 자유가 먼저라고 보신 것이다. 다수가 선택한 길도 생명으로 가는 길이 아닐 수 있고, 비록 모든 사람이 옳다고 생각해도 하나님의 뜻이라고 단언할 수 없다. 그리스도인이 예수의 이름으로 정치적 이슈에 끼어들 수 없는 이유가 그것이다.

"멸망으로 인도하는 문은 크고 그 길이 넓어 그리로 들어가는 자가 많고 생명으로 인도하는 문은 좁고 길이 협착하여 찾는 자가 적음이라"_마 7:13,14

예수께서 죽은 나사로를 다시 살리신 사건 때문에 위기를 의식한 산헤드린 공회는 예수를 죽이려고 모의하기 시작했다.

"그들이 예수를 죽이려고 모의하니라"_요 11:53

헬라에서 온 몇 사람이 이 사실을 알고 그분을 헬라로 피신시키려 했다. 헬라는 현인들을 존중하는 나라였던 것이다. 그들은 빌립을 만났고,

빌립은 다시 안드레에게 연락하여 그분을 만나게 되었다. 그들의 제안을 듣고 예수께서 대답하셨다.

"한 알의 밀이 땅에 떨어져 죽지 아니하면 한 알 그대로 있고 죽으면 많은 열매를 맺느니라"_요 12:24

그분은 스스로 한 알의 밀알이 되어 제각기 자기 식대로 말하는 모든 사람의 말들을 잠재우고 아버지의 뜻에 순종하기로 한 것이다.

"내 아버지의 뜻은 아들을 보고 믿는 자마다 영생을 얻는 이것이니 마지막 날에 내가 이를 다시 살리리라"_요 6:40

예수께서는 결국 겟세마네에서 체포되어 공회 앞에 끌려 나갔고, 빌라도 총독 앞에 서게 되었다. 재판을 맡은 빌라도가 난처하여 말했다.

"나는 그에게서 아무 죄도 찾지 못하였노라"_요 18:38

그는 명절에 죄수 한 명을 방면하는 관례를 놓고 유대인들의 선택을 요구했다.

"누구를 너희에게 놓아 주기를 원하느냐 바라바냐 그리스도라 하는 예수냐"_마 27:17

유대인들은 바라바를 놓아달라고 했다. 빌라도가 다시 그리스도라 하는 예수를 내가 어떻게 하랴 하고 묻자 그들은 일제히 큰 소리로 대답했다.

"십자가에 못 박혀야 하겠나이다"_마 27:23

산상과 평지

복음서에는 서로 비슷한 것 같으면서도 전혀 다른 가르침이 자주 발견되는데 마태복음 5장과 누가복음 6장의 말씀도 그런 사례이다.

"예수께서 무리를 보시고 산에 올라가 앉으시니 제자들이 나아온지라"_마 5:1

여기서는 산에 올라가셨으나 누가복음에서는 평지로 내려오셨다.

"예수께서 그들과 함께 내려오사 평지에 서시니 그 제자의 많은 무리와 예수의 말씀도 듣고 병 고침을 받으려고 유대 지방과 예루살렘과 두로와 시돈의 해안으로부터 온 많은 무리도 있더라"_눅 6:17

산에서 말씀하신 것은 '산상수훈' 이고 평지에서 가르치신 것은 '평지복음' 이라 한다. 산에서 가르치신 대상은 제자들이었으나 평지에는 제자들뿐 아니라 유대인들도 있었고 이방인들도 있었는데 그들의 대부분은 병자들이었다. 산상수훈에서는 심령이 가난한 자가 복이 있다고 하셨는데 평지복음은 그것과 다르다.

"가난한 자는 복이 있나니 하나님의 나라가 저희 것임이요"_눅 6:20

즉 심령이 가난한 자가 아니라 그냥 '가난한 자' 를 말씀한 것이다. 뿐만 아니라 산상수훈에 언급된 의에 주리고 목마른 자는 '지금 주린 자' 로, 애통하는 자는 '지금 우는 자' 로 나온다. 또 산상수훈에서는 의를 위해 박해를 받은 자가 복이 있다고 하셨으나 평지복음에서는 사람들이 미워하여 멀리하고 싫어서 '버린 자' 즉 소외당한 자가 복이 있다고 하셨다. 이것은 도대체 무슨 뜻일까?

"형제들아 더욱 힘써 너희 부르심과 택하심을 굳게 하라"_벧후 1:10

산상에 올라온 제자들은 부르심과 택하심을 받은 사명자들이었다. 그들에게는 겸손과 의로움과 공평, 그리고 가엾은 자를 긍휼히 여기는 마음과 박해를 두려워하지 않는 용기가 요구된다. 그러나 평지에 모여든 사람들은 말씀과 위로를 사모하여 나온 불쌍한 무리들이다. 택함을 받은 자와 불쌍한 자, 이것은 마치 부지런히 일하는 마르다와 말씀을 사모하는 마리아를 대조한 것과 같다.

"주께서 대답하여 이르시되 마르다야 마르다야 네가 많은 일로 염려하고 근심하나 몇 가지만 하든지 혹은 한 가지만이라도 족하니라 마리아는 이 좋은 편을 택하였으니 빼앗기지 아니하리라"_눅 10:41,42

오늘날의 사명자들은 산상과 평지의 두 가지 말씀을 모두 거꾸로 사는 것이 아닌지 점검해 보아야 한다. 언제나 교회의 힘이 커지면 교회를 비판하는 시선도 더욱 예리해지게 마련이다. 미디어와 인터넷이 발달한 이 시대에는 더욱 많은 사람들이 교회를 걱정스러운 눈으로 응시하고 있다. 그리고 비판자들의 입에 자주 오르내리는 대상은 주로 택함을 받은 사명자들일 경우가 많다.

"소경이 소경을 인도할 수 있느냐"_눅 6:39, 개역한글판

비난하는 사람들에게는 그 이유가 있다. 교회 밖의 사람들은 교회가 있으므로 안심하고 살아간다. 교회가 그 할 일을 못할 때 밖의 사람은 더 불안해지고 화가 나는 것이다. 거룩한 택함을 받았으면서 겸손하지도 않고, 사명감도 없고, 더 많은 일과 더 높은 자리를 위해 서로 다투면서 정작 말씀을 간절하게 사모하는 불쌍한 무리는 무시하거나 버려두고 있지 않은가 생각해볼 일이다.

"그 날에 많은 사람이 나더러 이르되 주여 주여 우리가 주의 이름으로

선지자 노릇하며 주의 이름으로 귀신을 쫓아내며 주의 이름으로 많은 권능을 행하지 아니하였나이까 하리니 그 때에 내가 그들에게 밝히 말하되 내가 너희를 도무지 알지 못하니 불법을 행하는 자들아 내게서 떠나가라 하리라"_마 7:22,23

순종의 비밀

예수 그리스도 사역의 가장 중요한 명제 중 하나는 '순종'이었다. 죄는 아담이 순종하지 않은 데서 시작된 것이고롬 5:19, 구원의 소망은 아브라함의 순종에서 비롯된 것이다.창 22:18 그래서 순종만이 해결의 열쇠이고, 제사보다 중요한 것은 순종이었다삼상 15:22. 그래서 인류의 구원을 위해 오신 예수 그리스도는 아버지께 순종하는 아들로 오셨다.

"그가 아들이시면서도 받으신 고난으로 순종함을 배워서"_히 5:8

그런데 마태복음에는 얼른 이해하기 어려운 대목이 있어 우리를 당황하게 한다. 예수께서 산에 올라 산상수훈을 말씀하신 후 배를 타고 가다라 지방으로 건너가실 때였다. 예수께서 곤하여 주무시는 동안 큰 풍랑이 일어나 배가 파도에 덮일 정도여서 제자들이 그분을 깨웠다. 예수께서 일어나셨다.

"곧 일어나사 바람과 바다를 꾸짖으시니 아주 잔잔하게 되거늘"_마 8:26

이 대목을 두고 잘 모르는 사람들은 예수께서 배에 타고 계시는데 큰 풍랑을 일으킨 자가 마귀라고 생각하기도 한다. 그러나 바람을 불게 하시고 바다에 풍랑이 일어나게 하시는 분은 하나님이시다.

"여호와께서 그가 기뻐하시는 모든 일을 천지와 바다와 모든 깊은 데서 다 행하셨도다 안개를 땅 끝에서 일으키시며 비를 위하여 번개를 만드시며 바람을 그 곳간에서 내시는도다"_시 135:6,7

하나님은 하늘과 땅과 바다를 운영하시고 기상을 관할하신다. 그리고 그 권한과 능력을 마귀에게 넘겨주신 적이 없다. 그렇다면 황망한 일이 생긴 셈이다. 예수께서 바람과 바다를 꾸짖었으니 이것은 곧 아들이 아버지를 꾸짖었다는 의미가 된다. 어떻게 아들이, 더구나 순종의 아들로 오신 예수께서 그 아버지 되시는 하나님을 꾸짖었다는 것인가? 그런데 더 놀라운 것은 다음 대목이다.

"그 사람들이 놀랍게 여겨 이르되 이이가 어떤 사람이기에 바람과 바다도 순종하는가 하더라"_마 8:27

아들이 아버지를 꾸짖었다는 것도 이해하기 어려운 일인데 하물며 바람과 바다가 그에게 순종했다고 적혀 있다. 이는 아버지가 아들에게 순종했다는 의미이다. 아들이 아버지를 꾸짖고, 아버지가 아들에게 순종할 수 있는 것인가? 오랫동안 이 문제를 풀지 못하고 있던 필자는 윌리엄 폴 영의 소설 『오두막』을 읽으며 깜짝 놀랐다. 그 소설에서 예수는 주인공 매켄지에게 이렇게 말한다.

"우리는 진실로 서로에게 순종해요. 지금까지 늘 그랬고 앞으로도 그러겠죠. 파파가 나에게 순종하는 만큼 나도 파파에게 순종해요."윌리엄 폴 영, 『오두막』 중에서

어린 아들과 함께 놀아본 아빠들에게는 공통된 경험이 있다. 아들이 뭐라고 하든 그대로 따라해야 하는 것이다. 아들이 오라면 오고, 앉으라면 앉고, 뒹굴라면 뒹군다. 하라는 대로 하면 아들은 웃고, 하지 않으면 아빠를 꾸짖는다. 아들이 아빠를 사랑하므로 꾸짖을 수 있고, 아빠가 아

들을 사랑하므로 순종하는 것이다.

"순종은 사랑과 존중의 관계에서 오는 것이지요."『오두막』에서

그리고 바로 그 순종에서 우리를 죄로부터 구원하는 능력이 나오는 것이다.

"한 사람이 순종하지 아니함으로 많은 사람이 죄인된 것 같이 한 사람이 순종하심으로 많은 사람이 의인이 되리라"_롬 5:19

우리가 서로 사랑한다고 생각하는가? 그렇다면 서로에게 순종해야 할 것이다.

"오직 사랑으로 서로 종 노릇 하라"_갈 5:13

초막절에 생긴 일

나사렛의 목수 요셉은 약혼한 처녀 마리아가 동거하기 전에 임신한 것을 알고 가만히 끊으려 했다. 그러나 주의 사자가 현몽하여 그녀에게 잉태된 자는 성령으로 된 것이니 겁내지 말라는 지시를 받고 마리아를 데려왔다.

"아들을 낳기까지 동침하지 아니하더니 낳으매 이름을 예수라 하니라"_마 1:25

그러나 첫아들을 낳은 후 마리아는 계속해서 아기를 낳았다.

"이는 그 목수의 아들이 아니냐 그 어머니는 마리아, 그 형제들은 야고보, 요셉, 시몬, 유다라 하지 않느냐 그 누이들은 다 우리와 함께 있지 아니하냐"_마 13:55,56

요셉과 마리아가 첫아들 예수에게만 관심을 쏟아서인지 아우들은 형

에게 별로 관심이 없었다. 예루살렘에 올라갔다가 돌아올 때에도 야고보는 형이 없는 것을 알면서 하룻길을 가는 동안 부모에게 알리지 않았다. 요셉이 일찍 죽고 형이 가족을 부양하기 위해 30세까지 목수 일에 매달려 있을 때에도 야고보는 모른 척 했다. 성경에 보면 예수께서도 아우들을 편하게 보시지 않았다.

"내 아버지의 뜻대로 하는 자가 내 형제요 자매요 어머니니라"_마 12:50

예수의 행적에 아우들이 보이지 않는 것으로 보아 그들은 형의 사역에 동참하지 않았다. 그러나 AD 6년 이후 재기를 노리고 있던 열심당이 아우들과 접촉했을 가능성이 있다. 이미 예수의 제자 중에 시몬, 다대오, 가룟 유다 등을 심어 놓은 열심당이 예수의 능력을 확인하고 그들의 지도자로 추대하려 했을 수도 있다.

"당신의 어머니와 동생들이 당신께 말하려고 밖에 서 있나이다"_마 12:47

어머니와 아우들이 말하려던 일이 그것일 수도 있다. 벳새다의 오병이어 기적 후에도 그런 일이 있었다.

"예수께서 그들이 와서 자기를 억지로 붙들어 임금으로 삼으려는 줄 아시고 다시 혼자 산으로 떠나 가시니라"_요 6:15

예수를 저항 운동의 지도자로 추대하려는 일이 여의치 않자 그들은 예수께서 초막절에 예루살렘으로 올라가시면 성전에서 그분을 내세워 폭동을 일으키려는 계획을 세웠던 것으로 보인다. 유대인의 추수감사절인 초막절은 메시야의 강림과 심판을 의미하는 절기였던 것이다. 초막절을 앞두고 아우들이 예수께 말했다.

"여기를 떠나 유대로 가소서 스스로 나타나기를 구하면서 묻혀서 일하는 사람이 없나니 이 일을 행하려 하거든 자신을 세상에 나타내소서"_

요 7:3,4

그러나 예수께서는 안 가겠다고 하셨다.

"너희는 명절에 올라가라 내 때가 아직 차지 못하였으니 나는 이 명절에 아직 올라가지 아니하노라"_요 7:8

예수께서 이미 그들의 계획을 눈치 채고 계셨을 수도 있다. 예수께서는 아우들이 올라간 후 은밀하게 가셨던 것이다. 열심당이 의도적으로 거사가 있으리라는 것을 소문냈을 수도 있다. 유대인들도 소문을 들었는지 그분을 기다리고 있었다.

"명절 중에 유대인들이 예수를 찾으면서 그가 어디 있느냐 하고"_요 7:11

이미 거사 준비를 다 하고 예루살렘에 집결한 열심당은 예수를 찾지 못해 당황했다. 흥분한 대원들은 민심이 술렁거릴 때 거사를 강행하자고 했을 것이다. 결국 그들은 성전에서 자기들끼리 폭동을 일으켰으나 총독의 로마군에 의해 진압되었다.

"그 때 마침 두어 사람이 와서 빌라도가 어떤 갈릴리 사람들의 피를 그들의 제물에 섞은 일로 예수께 아뢰니"_눅 13:1

아버지의 때

아버지의 뜻에 순종하기 위해 늘 기도하며 물으시던 예수께서는 그 사역의 방향을 선택하는 일만이 아니라 그 일에 대하여 아버지가 필요로 하시는 때가 언제인가에 대해서도 늘 면밀하게 살피고 계셨다. 아무리 생각과 계획이 정당해도 아버지의 때를 놓치거나 맞추지 못하면 일을 그르칠 수 있기 때문이다.

"범사에 기한이 있고 천하 만사가 다 때가 있나니"_전 3:1

그래서 예수께서는 언제나 하늘 아버지가 지시하시는 정확한 때를 기다렸다.

"내 때가 아직 이르지 아니하였나이다"_요 2:4

그러나 가나의 혼인 잔치에서 물이 포도주가 된 사건이 일어나자 예수께서는 비로소 천국 복음을 선포하기 시작하셨다.

"때가 찼고 하나님의 나라가 가까이 왔으니 회개하고 복음을 믿으라"_막 1:15

그러나 말씀을 가르치시며, 병을 고치고, 귀신을 내쫓으실 때에도 예수께서는 항상 그 일을 소문내지 말라고 분부하셨다. 아버지의 때를 앞지르지 않으려고 조심하기 위한 조치였던 것이다. 고침을 받은 문둥병자에게도 그분은 말씀하셨다.

"삼가 아무에게 아무 말도 하지 말고 가서"_막 1:44

예수께서는 그가 가만히 입을 다물고 있지 못할 것을 아셨다. 그러나 예수께서는 아버지의 때를 앞지르지 않기 위해 최선을 다하신 것이다. 귀먹고 말 더듬는 자를 '에바다열리라' 라고 명하여 귀가 열리고 혀가 풀리게 하신 후에도 당부하셨다.

"아무에게도 이르지 말라"_막 7:36

벳새다에서 사람들이 한 소경을 데리고 왔을 때에도 예수께서는 소경의 '손을 붙잡으시고' 마을 밖으로 데리고 나가 그 눈에 안수하여 보게 하여 주셨다. 그리고 그에게도 말씀하셨다.

"마을에는 들어가지 말라"_막 8:26

예수께서는 가이사랴 빌립보 지방에 가셨을 때 베드로의 기특한 고백을 들으셨다.

"주는 그리스도시요 살아계신 하나님의 아들이시니이다"_마 16:16

그러자 다시 제자들에게 말씀하셨다.

"자기가 그리스도인 것을 아무에게도 이르지 말라 하시니라"_마 16:20

그리고 초막절에 아우들이 예루살렘에 올라가기를 권했을 때에도 역시 마찬가지였다.

"너희는 명절에 올라가라 내 때가 아직 차지 못하였으니 나는 이 명절에 아직 올라가지 아니하노라"_요 7:8

그리고 아우들이 떠난 후 예수께서는 나타내지 않고 은밀하게 올라가셨다. 아버지의 때가 어떻게 되고 있는지 살피기 위해서였다. 갈릴리 사람들은 성전에서 폭동을 일으켰으나 희생만 내고 진압되었다. 폭동으로 목적을 성취하려는 사람들 중에 대부분은 하나님의 뜻을 내세우며 자기 영광을 나타내려는 자들이었다. 예수께서는 명절의 중간에 성전에 올라가 그 문제를 지적하셨다.

"스스로 말하는 자는 자기 영광만 구하되 보내신 이의 영광을 구하는 자는 참되니 그 속에 불의가 없느니라"_요 7:18

초막절에는 실로암 못에서 물을 길어 성전에 붓는 행사가 있었다.

"그러므로 너희가 기쁨으로 구원의 우물들에서 물을 길으리로다"_사 12:3

예수께서는 명절의 끝 날에 그 기쁨의 때가 왔음을 선포하셨다.

"누구든지 목 마르거든 내게로 와서 마시라 나를 믿는 자는 성경에 이름과 같이 그 배에서 생수의 강이 흘러나오리라"_요 7:37,38

완전하여 지리라

사람이 에덴에서 나와 자손을 낳고 살기 시작했을 때에 하나님과 사람 사이에 제사라고 하는 소통의 통로가 있었다. 사람의 감사를 하나님께 드리고, 하나님의 말씀을 사람에게 전하는 대변인의 역할을 장자권자가 맡았다. 최초의 장자권자가 가인이었고 하나님은 늘 가인과 대화하셨다. 그리고 가인은 그것을 아우에게 전했다.

"가인이 그 아우 아벨에게 고하니라"_창 4:8, 개역한글판

그러나 장자권자가 그 권한을 권력으로 바꾸는 횡포가 시작되고, 사람들이 그에 불평하고 불복하는 사태가 시작되자 하나님은 공동체의 지휘권과 제사권을 분리시켰다.

"내가 이스라엘 자손 중 모든 처음 태어난 자 대신 레위인을 취하였느니라"_민 8:18)

공동체의 지휘권은 다시 왕의 제도로 바뀌었다.

"그 날에 너희는 너희가 택한 왕으로 말미암아 부르짖되 그 날에 여호와께서 너희에게 응답하지 아니하시리라"_삼상 8:18

후일 이스라엘 왕국은 남과 북으로 갈라졌고, 그들은 서로 싸우다가 다 멸망했다. 앗수르와 바벨론, 그리고 페르샤를 거쳐 헬라의 지배를 받던 이스라엘은 제사장 맛다디아의 가문이 봉기하여 세운 하스몬 왕조에서 다시 왕권과 제사권을 통합했다. 두 가지 권력이 통합된 하스몬 왕조는 서로를 죽이는 처참한 권력 투쟁 끝에 로마와 결탁한 이두매 사람 헤롯에게 왕조를 빼앗긴 것이다.

"만일 서로 물고 먹으면 피차 멸망할까 조심하라"_갈 5:15

하스몬 왕조에서 갈라졌던 사두개파와 바리새파는 예수의 시대까지 계속되었고, 거기에 두 개의 계파가 더 생겼다. 생존을 위해 권력을 쥐었던 사두개파와 전통적 계율을 고수하던 바리새파 외에 조국의 회복을 위해 무장 투쟁하던 열심당과 신앙의 순수성을 지키려던 엣세네파가 다 나름대로의 명분을 가지고 있었으나 예수께서 지적한 그들의 문제는 하나님을 떠나 있다는 점이었다.

"너희가 하나님의 계명은 버리고 사람의 전통을 지키느니라"_막 7:8

사람들은 나름대로 생각해낸 주장을 펴고 명분을 세워서 부지런히 하나님의 일을 하는 것 같았으나 그분의 뜻을 살피려 하지 않았다. 그래서 서로 갈라지고 싸우다가 실패와 멸망의 길을 걸었다. 예수 그리스도는 아버지의 뜻에 순종하여 하나님의 나라를 회복하기 위해 새로운 장자권자로 오셨던 것이다.

"이는 그로 많은 형제 중에서 맏아들이 되게 하려 하심이니라"_롬 8:29

그분은 부리고 지배하는 장자가 아니라 보살피고 섬기는 맏아들로 오신 것이다.

"인자가 온 것은 섬김을 받으려 함이 아니라 도리어 섬기려 하고 자기 목숨을 많은 사람의 대속물로 주려 함이니라"_막 10:45

예수 그리스도는 완전하신 하나님의 아들이었으나 자신을 완전하다고 내세우지 않았다.

"오늘과 내일은 내가 귀신을 쫓아내며 병을 고치다가 제삼일에는 완전하여지리라"_눅 13:32

완전하여진다는 것은 완전케 한다는 뜻이었다.

"내가 율법이나 선지자를 폐하러 온 줄로 생각하지 말라 폐하러 온 것

이 아니요 완전하게 하려 함이라"_마 5:17

자신을 대속물로 주어 멸망의 길로 가는 사람을 구원하는 것이 아버지의 뜻을 이루는 맏아들의 길이었다. 그렇게 해서 완전케 하는 순종의 제삼일이 온 것이다.

"사랑은 율법의 완성이니라"_롬 13:10

그의 말을 들으라

수가의 우물가에서 아버지의 응답을 받은 예수께서는 회당장 야이로의 말에서 한 알의 밀이 땅에 떨어져야 함을 생각하신다. 그 생각은 오병이어의 기적으로 굳혀지고, 가이사랴 빌립보에서 나온 베드로의 고백을 계기로 확정되기에 이른다.

"주는 그리스도시요 살아계신 하나님의 아들이시니이다"_마 16:16

갈릴리 북쪽에 있는 가이사랴 빌립보는 헤롯의 아들 빌립이 헤르몬산 기슭에 건설하여 그 영지를 하사한 아우구스투스 황제에게 헌정한 성이다. 예수께서 너희는 나를 누구라고 하느냐는 질문을 하신 곳은 절벽의 동굴에 판 신을 비롯한 여러 이방신의 사당이 있었던 파네아스 계곡이었던 것으로 추정된다. 베드로의 고백이 있었던 그날로부터 엿새 후에 예수께서는 높은 산에 오르신다.

"엿새 후에 예수께서 베드로와 야고보와 그 형제 요한을 데리시고 따로 높은 산에 올라가셨더니 그들 앞에서 변형되사 그 얼굴이 해 같이 빛나며 옷이 빛과 같이 희어졌더라"_마 17:1,2

이 '높은 산'을 콘스탄티누스 황제의 모친 헬레나는 갈릴리 호수와 나사렛 중간 지점에 있는 '다볼산'으로 생각해 AD 326년 그 산정에 산상 변화 기념 성당을 지었다. 그러나 지도에서 그분의 행적을 따라가 보면 변화산은 다볼산이 아니라 '헤르몬산'이라는 것을 쉽게 알 수 있다. 다볼이 해발 600m인 데 비해 거룩한 산이라는 뜻을 가진 헤르몬은 만년설이 덮인 해발 3,000m의 산이다.

"남북을 주께서 창조하셨으니 다볼과 헤르몬이 주의 이름으로 말미암아 즐거워하나이다"_시 89:12

즉 남쪽에 있는 낮은 산 다볼은 세상을 의미하고 북쪽에 있는 높은 산 헤르몬은 하나님이 계신 하늘, 즉 천국을 상징하는 것이다. 마가와 마태가 '엿새 후'라고 기록한 데 비해 누가는 '팔 일'이라고 써 놓았다.

"이 말씀을 하신 후 팔 일쯤 되어 예수께서 베드로와 요한과 야고보를 데리고 기도하시러 산에 올라가사 기도하실 때에 용모가 변화되고"_눅 9:28,29

즉 엿새 후에 산을 오르기 시작한 그분과 베드로, 요한, 야고보 세 사람은 이틀쯤 걸려 정상에 도착했다는 뜻이다. 누가는 모습이 변화되신 예수께서 모세와 엘리야와 더불어 말씀하신 내용도 적어 놓았다.

"문득 두 사람이 예수와 함께 말하니 이는 모세와 엘리야라 영광 중에 나타나서 장차 예수께서 예루살렘에서 별세하실 것을 말할새"_눅 9:30,31

높은 산을 오르느라고 힘도 들었고 만년설이 덮은 정상의 기온이 매우 낮아 추웠을 텐데도 베드로는 그곳이 너무 좋았다.

"주여 우리가 여기 있는 것이 좋사오니 만일 주께서 원하시면 내가 여기서 초막 셋을 짓되 하나는 주님을 위하여, 하나는 모세를 위하여, 하나는 엘리야를 위하여 하리이다"_마 17:4

그러면서 베드로는 지금 자신이 무슨 말을 하는지도 잘 모르고 있었다. 그 때 홀연히 빛나는 구름이 그들을 덮었고 그 구름 속에서 큰 음성이 들렸다.

"이는 내 사랑하는 아들이요 내 기뻐하는 자니 너희는 그의 말을 들으라"_마 17:5

이미 예수께서는 요단 강에서 세례를 받으실 때 하늘로부터 '이는 내 사랑하는 아들이요 내 기뻐하는 자' 라는 음성을 들었다. 예수께서 아버지의 뜻을 받들어 순종하기로 결심한 그 때에 하나님은 다시 한 번 '내 사랑하는 아들' 임을 확인해 주신 것이다.

성경 속의 비밀 ⓫

믿음에 관하여

믿음이 없는 세대

예수께서 예루살렘 성전이 돌 하나도 돌 위에 남지 않고 다 무너뜨려지리라고 말씀하신 후 감람산에 가셨을 때, 제자들이 어느 때에 이런 일이 있을 것이며 세상 끝에는 무슨 징조가 있겠느냐고 물었다. 예수께서는 마지막 때의 징조와 그 때에 일어날 일들을 말씀하시고 그들에게 이르셨다.

"이 세대가 지나가기 전에 이 일이 다 일어나리라"_마 24:34

여기서 세대헬, 게네아라는 말은 그 의미하는 범위가 다양하여 한 세대를 의미하기도 하고 일정한 시대를 뜻하기도 한다. 당시 한 세대를 40년으로 보는 유대인의 관습을 따라 제자들은 자신들의 생전에 세상의 끝이 오고 예수 그리스도의 재림이 있을 것으로 생각했다. 예루살렘 성전은 말씀하신 대로 AD 70년에 파괴되었으나 세상 끝은 오지 않았고 예수께서 재림하시지도 않았다.

"주의 약속은 어떤 이들이 더디다고 생각하는 것 같이 더딘 것이 아니라 오직 주께서는 너희를 대하여 오래 참으사 아무도 멸망하지 아니하고 다 회개하기에 이르기를 원하시느니라"_벧후 3:9

실은 예수께서 평소에 세대라는 말을 자주 쓰셨는데 그분이 말씀하신 세대는 아버지께서 보시는 때와 기한을 의미하는 것이었다. 예수께서 빛나는 모습으로 변형되셨던 산에서 내려오셨을 때 산 아래에서는 여전히 세상의 문제가 벌어지고 있었다. 한 사람이 귀신들린 아들을 데리고 왔다.

"귀신이 어디서든지 그를 잡으면 거꾸러져 거품을 흘리며 이를 갈며 그리고 파리해지는지라 내가 선생님의 제자들에게 내쫓아달라 하였으나 그들이 능히 하지 못하더이다"_막 9:18

그러자 예수께서 탄식하며 말씀하셨다.

"믿음이 없는 세대여 내가 얼마나 너희와 함께 있으며 얼마나 너희에게 참으리요 그를 내게로 데려오라"_막 9:19

믿음이 없는 세대라고 하신 것은 귀신을 쫓아내지 못한 제자들을 나무라신 말씀도 아니고, 귀신들린 아들이나 그 아비나 둘러싼 무리에게 하신 말씀도 아니었다. 하나님을 떠나 사는 사람들이 낳은 아이들은 태어나면서부터 귀신에 사로잡힐 수밖에 없다. 예수께서는 그렇게 되어버린 세대를 탄식하신 것이다.

"귀신이 예수를 보고 곧 그 아이로 심히 경련을 일으키게 하는지라 그가 땅에 엎드러져 구르며 거품을 흘리더라"_막 9:20

그 때로부터 지금까지 귀신들린 세대는 계속되고 있다. 환생설과 UFO와 살인 게임이 아이들을 사로잡고, 새로운 역사를 이끌어가야 할 젊은 세대가 날마다 심한 경련을 일으키고, 갑자기 땅에 엎드러져 구른다. 그들은 자주 온 몸을 비틀고 떨며 몸부림을 치다가 소리를 지르며 울부짖고, 뇌와 사지를 마비시키는 온갖 약과 물을 삼키고, 땅과 벽을 더듬으며 에일리언처럼 거품을 흘린다.

"무엇을 하실 수 있거든 우리를 불쌍히 여기사 도와 주옵소서"_막 9:22

아비의 말에 예수께서 대답하셨다.

"할 수 있거든이 무슨 말이냐 믿는 자에게는 능히 하지 못할 일이 없느니라"_막 9:23

그 믿음 없는 세대가 다 지나가기 전에 결국 세상의 끝이 오게 될 것이다.

"또한 너희가 이 시기를 알거니와 자다가 깰 때가 벌써 되었으니 이는 이제 우리의 구원이 처음 믿을 때보다 가까웠음이니라"_롬 13:11

외아들의 시대

하나님께서 사람을 창조하시고 제일 먼저 주신 말씀은 '생육하고 번성하라창 1:28' 는 말씀이었다. 아담과 그의 아내가 금단의 열매를 먹었을 때에도 '수고하고 자식을 낳으라창 3:16' 하셨고, 홍수가 끝났을 때에도 주신 말씀이 또 '생육하고 번성하라창 9:7' 는 것이었다.

"자식은 여호와의 기업이요 태의 열매는 그의 상급이로다"_시 127:3

그러므로 출산율이 줄고 있는 것은 사람이 하나님과 더 멀어졌다는 뜻이다. 그래서인지 불임률이 높아지고 있기도 하나, 여성 자신이 아이 낳고 기르기를 싫어하고 남자들도 막대한 교육비 때문에 자식을 부담스러워 한다. 지금 한국의 출산률은 1.2를 밑돌아 세계 최저이고, 선진국 평균은 1.6, 세계 평균 출산률은 2.5이다. 지금 세계의 거의 모든 부모가 외아들을 기르고 있는 셈이다.

"내 아들을 돌보아 주옵소서 이는 내 외아들이니이다"_눅 9:38

예수께서 변형되었던 산을 내려오셨을 때 한 아비가 데리고 온 그의 귀신들린 아들도 외아들이었다고 누가는 기록해 놓았다. 뿐만 아니라 우리 주변의 거의 모든 사람들이 외아들을 기르고 있으며, 혹시라도 사고 혹은 질병으로 외아들을 잃거나 납치라도 당하게 되면 그 충격과 슬픔은 이루 말할 수가 없다.

"라마에서 슬퍼하며 통곡하는 소리가 들리니 라헬이 그 자식 때문에 애곡하는 것이라 그가 자식이 없어져서 위로 받기를 거절하는도다"_렘 31:15

우리가 지금 왜 이런 외아들의 시대를 살게 되었고, 많은 사람들이 외아들을 잃은 슬픔 속에서 살아가야 하는지 잘 알 수는 없으나 성경에서 외아들에 관한 이야기를 살펴볼 필요가 있다. 사람이 에덴 동산을 떠날 때부터 이미 하나님은 사람을 구원하기 위해 그분의 외아들을 보내려고 계획하셨다.

"여자의 후손은 네 머리를 상하게 할 것이며"_창 3:15

그 외아들이 세상에 오셨다. 그러나 사람들은 하나님의 외아들을 법정에 세웠고, 빌라도 총독이 그에게서 죄를 찾지 못하겠다고 했으나 유대인들이 외쳤다.

"그 피를 우리와 우리 자손에게 돌릴지어다"_마 27:25

그래서 하나님의 외아들은 십자가에 못 박혀서 죽어갔다. 아버지는 외아들의 그 모습을 차마 볼 수가 없어서 외면하셨고, 아들은 침묵하시는 아버지를 향해 외쳤다.

"나의 하나님, 나의 하나님, 어찌하여 나를 버리셨나이까"_마 27:46

그로부터 40년 후 명절 때문에 예루살렘에 왔다가 로마군에게 포위당한 1백만 명 이상의 유대인들은 식량이 떨어져 서로의 자식들을 바꿔서 먹는 비극을 겪었고, 1,900년 후에는 나치의 수용소에 갇힌 6백만 명이 뼈만 앙상하게 남은 자식들을 보며 눈물짓다가 그들이 가스실에서 죽어가는 모습을 지켜보아야 했다. 그리고 이제 인류는 최후의 아마겟돈 전쟁을 눈앞에 두고 있다.

"그들은 귀신의 영이라 이적을 행하여 온 천하 왕들에게 가서 하나님

곧 전능하신 이의 큰 날에 있을 전쟁을 위하여 그들을 모으더라"_계 16:14

그 날에 온 세계에서 피를 흘리며 죽어갈 젊은이들은 모두가 외아들일 것이다. 인류의 구원을 위해 십자가에 달려 피를 흘린 하나님의 외아들을 버리고, 오히려 그를 비방하고 조롱한 모든 사람들의 외아들이 그렇게 피를 흘리며 죽어갈 것이다. 그러므로 하나님의 외아들을 믿는 이들은 그분의 이름으로 자신의 외아들을 위해 기도해야 한다.

"그 날들을 감하지 아니하면 모든 육체가 구원을 얻지 못할 것이나 그러나 택하신 자들을 위하여 그 날들을 감하시리라"_마 24:22

믿음을 보시고

예수께서 가버나움의 집에 계실 때 한 중풍병자를 메고 온 사람들이 몰려든 군중 때문에 집안으로 들어갈 수가 없어 지붕을 뜯고 병자가 누운 침상을 달아 내렸다는 이야기는 마태, 마가, 누가복음에 다 기록되어 있다. 그러나 병자를 메고 온 사람들의 수는 마가복음에만 밝혀져 있다.

"사람들이 한 중풍병자를 네 사람에게 메워 가지고 예수께로 올새"_막 2:3

네 사람이 힘을 합해 무거운 것을 운반해 본 사람들은 이 기사를 읽고 큰 놀라움을 금할 수 없게 된다. 그것이 매우 힘든 일이기 때문이다. 운반하는 것이 무거워 힘들기도 하지만 더 어려운 것은 네 사람이 마음을 합하는 일이다. 키가 큰 사람과 작은 사람, 그리고 성미가 급한 사람과 느린 사람이 힘을 합쳐서 운반을 하려면 큰 사람은 허리를 낮추고, 작은 사람을 치켜들고, 급한 사람은 천천히 걷고, 느린 사람은 좀 더 재게 걸어야 한다. 그것이 병자가 누운 침상을 운반하는 경우에는 더욱 그렇다. 침상의 수평을 유지하지 못하면 병자는 굴러 떨어질 것이기 때문이다. 하물며 그 침상을 지붕 위로 올리고 또 아래로 달아 내리는 것은 더욱 어려운 일이다.

"예수께서 그들의 믿음을 보시고 중풍병자에게 이르시되 작은 자야 네 죄 사함을 받았느니라 하시니"_막 2:5

예수께서는 병자의 믿음을 보신 것이 아니라 그를 메고 온 네 사람의 믿음을 보시고 그 병자를 고쳐 주셨던 것이다. 예수께서 보신 것처럼, 믿음이란 화평을 위한 것이다. 많은 사람이 자신만의 믿음으로 화평을 깨는 잘못을 범한다. 화평이 없으면 아무것도 해결하지 못한다. 병자를 위해 자신을 조절하는 것이 곧 믿음이다.

"믿음의 기도는 병든 자를 구원하리니 주께서 그를 일으키시리라"_약 5:15

우리나라는 아직도 반쪽의 몸을 쓰지 못하는 중풍병자이다. 지금 우리에게는 키가 큰 정당도 있고 작은 정당도 있다. 급하니 빨리 가자는 정당도 있고, 어지러우니 천천히 가자는 정당도 있다. 이들이 모두가 제 주장대로 간다면 침상 위의 중풍병자는 땅에 떨어진다. 네 개의 정당이 잘 협력하기만 하면 하나님께서 이 나라를 고쳐 주실 것이다. 우리가 반신불수의 몸으로도 부지런히 일하여 경제 규모를 세계 10위권으로 올려놓았는데 침상에서 일어선다면 얼마나 좋은 나라가 될 것인가?

"형제가 연합하여 동거함이 어찌 그리 선하고 아름다운고"_시 133:1

정치가들이 신념이란 말을 잘 쓰는데 화평을 깨고 중풍병자를 땅에 내던지는 신념은 믿음이 아니다. 화평을 세우는 믿음은 산도 움직인다.

"만일 너희에게 믿음이 겨자씨 한 알 만큼만 있어도 이 산을 명하여 여기서 저기로 옮겨지라 하면 옮겨질 것이요 또 너희가 못할 것이 없으리라"_마 17:20

천국은 겨자씨 한 알 같은 것마 13:31 같은 것이고, 이러한 일에 모범을 보여야 할 공동체가 바로 교회이다. 중풍병자의 침상을 운반한 네 사람은 마치 하나님의 언약궤를 운반하는 제사장들과 같았다.

"여호와의 언약궤를 멘 제사장들은 요단 가운데 마른 땅에 굳게 섰고 그 모든 백성이 요단을 건너기를 마칠 때까지 모든 이스라엘은 그 마른 땅으로 건너갔더라"_수 3:17

제 방식대로 가다가 언약궤의 증거판을 떨어뜨리면 안된다. 크거나 작거나, 성미가 급하거나 느리거나, 교회는 함께 가는 모범을 보여 주어야 할 것이다.

"주인의 뜻을 알고도 준비하지 아니하고 그 뜻대로 행하지 아니한 종은 많이 맞을 것이요"_눅 12:47

측근의 3인방

예수께서는 열두 제자 중에도 중요한 자리에는 늘 야고보와 요한, 그리고 베드로와 함께 하셨다. 말하자면 그들이 예수 측근 3인방이었다.

"회당장에게 이르시되 두려워하지 말고 믿기만 하라 하시고 베드로와 야고보와 야고보의 형제 요한 외에 아무도 따라옴을 허락하지 아니하시고"_막 5:36,37

또 후일 예수께서 높은 산에 올라가 광채가 나는 몸으로 변형되실 때에도 그 세 사람만을 대동하셨다.

"엿새 후에 예수께서 베드로와 야고보와 요한을 데리시고 따로 높은 산에 올라가셨더니 그들 앞에서 변형되사"_막 9:2

그리고 겟세마네에서 마지막 기도를 하실 때에도 그러했다.

"그들이 겟세마네라 하는 곳에 이르매 예수께서 제자들에게 이르시되 내가 기도할 동안에 너희는 여기 앉아 있으라 하시고 베드로와 야고보와 요한을 데리고 가실새 심히 놀라시고 슬퍼하사"_막 14:32,33

예수께서는 왜 열두 제자 중에서 그들을 특별히 측근에 두시고 다른 제자들과 차별하셨던 것일까? 많은 사람들은 그들이 다른 제자들보다 더 주님의 신임을 받았기 때문이었다고 생각한다. 그러나 실제로 세 사람은 모두 성품이 거칠고 과격한 사람들이었다.

"베드로가 배에서 내려 물 위로 걸어서 예수께로 가되 바람을 보고 무서워 빠져 가는지라 소리 질러 이르되 주여 나를 구원하소서"_마 14:29,30

야고보와 요한도 그에 못지않게 과격했다.

"또 세배대의 아들 야고보와 야고보의 형제 요한이니 이 둘에게는 보아너게 곧 우레의 아들이란 이름을 더하셨으며"_막 3:17

그들의 별명을 우레의 아들이라고 한 것은 그만큼 그 성격이 과격했다는 뜻이다. 야고보와 요한의 성품이 어떠했는가를 누가복음이 기록하고 있다.

"사자들을 앞서 보내시매 그들이 가서 예수를 위하여 준비하려고 사마리아인의 한 마을에 들어갔더니 예수께서 예루살렘을 향하여 가시기 때문에 그들이 받아들이지 아니 하는지라 제자 야고보와 요한이 이를 보고 이르되 주여 우리가 불을 명하여 하늘로부터 내려 저들을 멸하라

하기를 원하시나이까"_눅 9:52-54

그러므로 예수께서 늘 그들을 멀리 두지 않고 측근에 데리고 다닌 것은 그들이 과격하여 문제를 일으키지 않도록 곁에 두고 직접 돌보며 가르치기 위함이었다. 예수께서 그들과 함께한 곳은 모두 믿음의 훈련 장소였다. 회당장 야이로의 딸이 죽었을 때에는 '두려워하지 말고 믿기만 하라' 하셨으며막 5:36, 변화된 산에서 내려오셨을 때에도 '믿음이 작은 까닭이니라' 고 하셨다마 17:20.

"인자가 올 때에 세상에서 믿음을 보겠느냐"_눅 18:8

겟세마네 역시 믿음의 훈련장이었다.

"마음에는 원이로되 육신이 약하도다"_마 26:41

예수께서는 인간을 구원하러 오신 분이므로 과격하지 않고 겸손한 분이었다.

"겸손하여서 나귀를 타시나니 나귀의 작은 것 곧 나귀 새끼니라"_슥 9:9

그분은 제자들에게 늘 온유하기를 당부했다.

"온유한 자는 복이 있나니 그들이 땅을 기업으로 받을 것임이요"_마 5:5

형제와 화목하지 못한 자는 하나님 앞에 나아가지 못한다마 5:24. 그러므로 과격함을 자랑하는 이들은 그분 앞에서 고소당하지 않도록 늘 조심해야 할 것이다.

아버지의 원대로

예수께서는 새벽 미명에 기도하시고, 밤이 새도록 기도하시고, 또 산에 올라가 기도하시며 늘 아버지의 뜻을 물으셨다. 그리고 응답을 받으시면 그 뜻에 순종하셨다. 그리고 마침내 헤르몬산 기슭의 파네아스 계곡에서 그 마지막 순종이 결정되었다.

"이 때로부터 예수 그리스도께서 자기가 예루살렘에 올라가 장로들과 대제사장들과 서기관들에게 많은 고난을 받고 죽임을 당하고 제삼일에 살아나야 할 것을 제자들에게 비로소 나타내시니"_마 16:21

'제삼일' 이란 호세아 선지자의 글에 나오는 말이었다.

"여호와께서 이틀 후에 우리를 살리시며 제 삼일에 우리를 일으키시리니 우리가 그 앞에서 살리라"_호 6:2, 개역한글판

예수께서는 다시 갈릴리에 돌아오셔서 또 그 일에 대해 말씀하셨다.

"인자가 장차 사람들의 손에 넘겨져 죽임을 당하고 제삼일에 살아나리라"_마 17:22,23

자신의 죽음과 부활에 대한 예수 그리스도의 세 번째 언급은 그분이 마지막으로 예루살렘에 올라가시는 도중에 있었다.

"보라 우리가 예루살렘으로 올라가노니 인자가 대제사장들과 서기관들에게 넘겨지매 그들이 죽이기로 결의하고 이방인들에게 넘겨 주어 그를 조롱하며 채찍질하며 십자가에 못 박게 할 것이나 제삼일에 살아나리라"_마 20:18,19

따르는 무리들과 제자들에게 여러 차례 믿음에 대해 말씀하셨고, 또 아버지의 뜻에 순종하기 위해 십자가에 못 박힐 것과 다시 살아날 일에 대하여 세 번이나 예고하셨음에도 불구하고, 겟세마네로 가시는 그분의 모습은 보통 사람과 다름이 없었다.

"베드로와 세배대의 두 아들을 데리고 가실새 고민하고 슬퍼하사 이에 말씀하시되 내 마음이 매우 고민하여 죽게 되었으니 너희는 여기 머물러 나와 함께 깨어 있으라 하시고"_마 26:37,38

이미 죽음을 각오했다고는 하나 하나님의 아들이면서 또 사람의 아들이었던 그분도 견디기 어려운 시간이었을지 모른다. 그러나 하나님을 모르는 사람들 중에도 더러는 자신의 신념에 따라 의연하게 죽음을 맞이한 자들도 있는데 예수께서 무엇을 고민하셨다는 것인지 필자는 찾아보아야 했다. 그분이 사람의 죄를 사하시기 위해 희생된 것이라면 율법서의 속죄제물을 연상할 수 있다.

"속죄제물로 삼기 위하여 숫염소 두 마리와 번제물로 삼기 위하여 숫양 한 마리를 가져갈지니라"_레 16:5

그러나 속죄제물인 두 염소의 처리 방법이 달랐다.

"두 염소를 위하여 제비 뽑되 한 제비는 여호와를 위하고 한 제비는 아사셀을 위하여 할지며 아론은 여호와를 인하여 제비 뽑은 염소를 속죄제로 드리고 아사셀을 위하여 제비 뽑은 염소는 산 채로 여호와 앞에 두었다가 그것으로 속죄하고 아사셀을 위하여 광야로 보낼지니라"_레 16:8-10

아사셀은 광야의 악령, 즉 마귀를 지칭한다. 하나님께 드려지는 것은 이미 그분도 각오한 바였으나 그 아버지께 버림을 받고 아사셀에게 보내지는 것은 견딜 수 없는 일이었다. 그래서 하실 만하면 이 잔을 내게서 지나가게 해 달라고 땀이 핏방울처럼 되도록눅 22:44 기도하셨으나 결국 다 내려놓고 아버지의 선하심에 자신을 맡기기로 하신 것이다.

"나의 원대로 마시옵고 아버지의 원대로 하옵소서"_마 26:39

아버지의 선하심을 신뢰하는 그것이 바로 우리에게 본을 보여 주신 그분의 믿음이었다.

뛰어난 이름

사람을 죽이기로 작정한 사탄은 하나님과 사람 사이에 비집고 들어와 마침내 사람을 죽어야 하는 존재로 만들었다. 이는 곧 생명을 창조하신 하나님을 대적하는 행위였다. 그 사망의 권세를 이기기 위해 독생자 예수 그리스도는 순종의 길을 걸었다. 내 생각보다 아버지의 뜻이 먼저였고, 내 목숨보다 아버지의 사랑이 소중했다.

"이는 내 사랑하는 아들이요"_마 3:17

사랑한다는 것은 서로를 안다는 의미이다.

"아버지께서 나를 아시고 내가 아버지를 아는 것 같으니"_요 10:15

그분은 자기 이름을 내세운 적이 없고 언제나 사랑하는 아버지의 이름을 위해 일했다.

"내가 아버지의 이름을 그들에게 알게 하였고"_요 17:26

그래서 그분은 낮아질 수 있었고 섬길 수 있었던 것이다.

"무릇 높아지는 일이 동쪽에서나 서쪽에서 말미암지 아니하며 남쪽에서도 말미암지 아니하고 오직 재판장이신 하나님이 이를 낮추시고 저를 높이시느니라"_시 75:6,7

그리고 성경은 하나님이 어떻게 높이시고 낮추시는가를 적어 놓았다.

"그가 나를 사랑한즉 내가 그를 건지리라 그가 내 이름을 안즉 내가 그를 높이리라"_시 91:14

예수 그리스도의 믿음은 사랑하는 아버지를 끝까지 신뢰하는 것이었다. 세상에서 일하실 때 그분은 자신을 찾아오는 자들에게 늘 말씀했다.

"너희 믿음대로 되라"_마 9:29

"네 믿음이 너를 구원하였다"_마 9:22

"네 믿음이 크도다 네 소원대로 되리라"_마 15:28

겟세마네에서 그분은 세상에서 사람이 할 수 있는 가장 낮은 자세로 엎드려 선하신 아버지에 대한 믿음에 모든 것을 맡겼다.

"얼굴을 땅에 대시고 엎드려 기도하여 이르시되 내 아버지여 만일 할 만하시거든 이 잔을 내게서 지나가게 하옵소서 그러나 나의 원대로 마옵시고 아버지의 원대로 하옵소서"_마 26:39

그분은 골고다의 십자가 위에서 그보다 더 낮은 바닥에 떨어지셨다. 사랑하는 아버지가 아들을 외면하고 계셨던 것이다. 아버지의 위로도 없었고, 칭찬도 없었고 격려의 말씀도 없었다. 오직 사람들이 희롱하는 소리와 욕하는 소리만 들려오고 있을 뿐 아버지는 침묵하고 계셨다. 아들은 있는 힘을 다해 부르짖었다.

"엘리 엘리 라마 사박다니"_마 27:46

'나의 하나님, 나의 하나님, 어찌하여 나를 버리셨나이까' 하는 뜻이었다. 그런 절망의 바닥에 떨어져서도 아들은 아버지에 대한 믿음을 결코 잃지 않았다.

"내 영혼을 아버지 손에 부탁하나이다"_눅 23:46

그렇게 말하고 사람의 아들은 숨졌던 것이다.

"자기를 낮추시고 죽기까지 복종하셨으니 곧 십자가에 죽으심이라"_빌 2:8

그리고 마침내 하나님은 '사람의 아들'로 오셔서 사람의 무덤에 들어간 그분을 다시 살리심으로 그 아들의 믿음에 응답하셨다.

"이러므로 하나님이 그를 지극히 높여 모든 이름 위에 뛰어난 이름을 주사 하늘에 있는 자들과 땅에 있는 자들과 땅 아래에 있는 자들로 모든 무릎을 예수의 이름에 꿇게 하시고 모든 입으로 예수 그리스도를 주라 시인하여 하나님 아버지께 영광을 돌리게 하셨느니라"_빌 2:9-11

예수의 이름으로

안식 후 첫날 새벽 예수의 무덤에 갔던 막달라 마리아가 부활하신 그분을 만났고막 16:9, 함께 갔던 여인들과마 28:9, 엠마오 마을로 가던 두 제자도 만났다.

"그리스도가 이런 고난을 받고 자기의 영광에 들어가야 할 것이 아니냐"_눅 24:26

그 후에 다시 열 제자가 있을 때에 오셨고요 20:19, 그 자리에 없었던 도마를 위해 다시 나타나셨으며요 20:24, 예수를 세 번 부인한 베드로의 아픔을 치유해 주시기 위해 디베랴의 호숫가에 나타나셨다요 21:10.

"주께서 이스라엘 나라를 회복하심이 이 때니이까"_행 1:6

부활하신 지 40일 후 제자들이 감람산에서 묻자 예수께서 대답하셨다.

"때와 시기는 아버지께서 자기 권한에 두셨으니 너희가 알 바 아니요 오직 성령이 너희에게 임하시면 너희가 권능을 받고 예루살렘과 온 유대와 사마리아와 땅 끝까지 이르러 내 증인이 되리라"_행 1:7,8

그분이 승천하신 후 다락방으로 돌아온 제자들과 예수의 모친 마리아와 그 아우들까지 약 120명이 모여 기도하던 중 오순절에 성령 강림 사건이 일어났고, 어부 출신인 베드로가 큰 권능으로 백성들에게 요엘서의 말씀을 들어가며 복음을 전했다.

"너희가 회개하여 각각 예수 그리스도의 이름으로 세례를 받고 죄 사함을 받으라 그리하면 성령을 선물로 받으리니"_행 2:38

그것은 이미 예수께서 당부하신 대로 말한 것이었다.

"너희가 내 이름으로 무엇을 구하든지 내가 행하리니 이는 아버지로 하여금 아들로 말미암아 영광을 받으시게 하려 함이라"_요 14:13

베드로의 증언을 듣고 그 날 세례를 받은 사람의 수가 3천이 넘었다. 또 베드로는 나면서부터 앉은뱅이 된 자가 성전 미문에서 구걸하는 것을 보고 그에게 말했다.

"은과 금은 내게 없거니와 내게 있는 이것을 네게 주노니 나사렛 예수 그리스도의 이름으로 일어나 걸으라"_행 3:6

그러자 걸인이 즉시 일어나 걷기도 하고 뛰기도 하며 하나님을 찬송하는 기적이 일어났다. 그것을 목격하고 놀라는 사람들에게 베드로가 말했다.

"그 이름을 믿으므로 그 이름이 너희가 보고 있는 이 사람을 성하게 하였나니 예수로 말미암아 난 믿음이 너희 모든 사람 앞에서 이같이 완전히 낫게 하였느니라"_행 3:16

대제사장과 장로들이 사도들을 잡아들여 그들을 심문했다.

"너희가 무슨 권세와 누구의 이름으로 이 일을 행하였느냐"_행 4:7

그러자 베드로가 성령이 충만하여 그들에게 대답했다.

"너희가 십자가에 못 박고 하나님이 죽은 자 가운데서 다시 살리신 나사렛 예수 그리스도의 이름으로 이 사람이 건강하게 되어 너희 앞에 섰느니라 이 예수는 너희 건축자들의 버린 돌로서 집 모퉁이의 머릿돌이 되었느니라 다른 이로써는 구원을 받을 수 없나니 천하 사람 중에 다른 이름을 우리에게 주신 일이 없음이라"_행 4:10-12

산헤드린 공회는 그들에게 예수의 이름으로 말하지도 말고 가르치지도 말라 하였으나 그들은 멈추지 않았다. 그런데도 오늘날 많은 사람들이 '예수의 이름으로' 라고 기도하지 않고 '주님의 이름으로' 또는 '그리스도의 이름으로' 하며 '예수' 를 빼는 경향이 있는데 예수라는 그 이름이 부끄러워서일까?

"누구든지 나와 내 말을 부끄러워하면 인자도 자기와 아버지와 거룩한 천사들의 영광으로 올 때에 그 사람을 부끄러워하리라"_눅 9:26

정직 하십니까?

헬라와 로마가 동방 경영을 위해 오론테스 강 하구에 건설한 안디옥에서 AD 40년 곡마단 전쟁이 터졌다. 헬라인과 유대인의 곡마단 간에 벌어진 이 전쟁은 자칫하면 세계대전으로 비화될 뻔한 큰 사건이었다. 당시 곡마단은 정치가, 학자 못지않게 큰 세력을 지닌 집단이었다. 달리 볼거리가 없던 그 시대에 곡마단은 지금의 연예, 오락, 잡지, TV를 합친 것보다 더 큰 문화 권력이었다.

"스올과 아바돈은 만족함이 없고 사람의 눈도 만족함이 없느니라"_잠 27:20

히브리어의 '스올' 은 죽은 자가 가는 곳이고 파멸을 뜻하는 '아바돈' 은 무저갱의 왕을 가리킨다. 곡마단의 공연 종목은 곡예와 마술인데 그 중에서도 특히 마술 쪽이 더 인기가 있었다. 거리 마술은 숙달된 손재주로 사람을 속이지만 무대에서 공연하는 마술은 관객을 속이기 위해 많은 연구와 장치가 필요했다. 그래서 마술사들은 속임수로 인기를 얻고 그에 편승하여 지배 계층에 진입했다.

"그 성에 시몬이라 하는 사람이 전부터 있어 마술을 행하여 사마리아 백성을 놀라게 하며 자칭 큰 자라 하니"_행 8:9

'큰 자메간'는 곧 위대한 자great one라는 뜻이었다. 뿐만 아니라 마술에 놀란 사람들이 그를 신처럼 떠받들어도 사양하지 않았다.

"낮은 사람부터 높은 사람까지 다 따르며 이르되 이 사람은 크다 일컫는 하나님의 능력이라 하더라"_행 8:10

전도자 빌립이 사마리아에서 하나님 나라와 예수 그리스도의 이름에 관하여 전도할 때 많은 사람들이 세례를 받았다. 이미 나사렛 사람들의 명성을 들은 마술사 시몬도 세례를 받고 빌립을 따라다니며 나타나는 표적과 큰 능력을 보고 놀라고 있었다. 그 때 베드로와 요한이 사마리아에 왔던 것이다. 그들이 안수할 때 사람들이 성령 받는 것을 보고 마술사 시몬이 찾아와 돈을 내놓았다.

"이 권능을 내게도 주어 누구든지 내가 안수하는 사람은 성령을 받게 하여 주소서"_행 8:19

그러자 베드로의 호통이 떨어졌다.

"네가 하나님의 선물을 돈 주고 살 줄로 생각하였으니 네 은과 네가 함께 망할지어다"_행 8:20

학자들에 의하면 마술사 시몬은 후일 그리스도의 영과 육체를 이원론적으로 나누어 영지주의라는 이단 논리를 만들어냈다. 즉 누구나 그리스도가 될 수 있다고 하여 자신을 새로운 그리스도로 내세웠던 것이다. 이단으로 판명된 그 영지주의는 오늘날까지 살아남아 『다빈치 코드』 같은 소설로 믿는 자들을 미혹하고 있다.

"너희는 너희 아비 마귀에게서 났으니 너희 아비의 욕심대로 너희도

행하고자 하느니라 그는 처음부터 살인한 자요 진리가 그 속에 없으므로 진리에 서지 못하고 거짓을 말할 때마다 제 것으로 말하나니"_요 8:44

관객을 즐겁게 하여 돈을 벌더라도 정직하게 속임수임을 밝혀야 한다. 그러나 당시의 마술사들은 자신들의 창의력과 연구와 장치의 기술 등을 내세워 학문과 예술과 문명의 창시자임을 자처했다. 오늘날에도 그런 부류는 많다. 인기를 위해 거짓 학설을 강의하고, 이득을 위해 자신의 양심을 덮어 두며, 권력을 위해 소신을 버리거나, 왜곡된 정보를 쏟아내며 신처럼 군림하려는 자들은 모두가 정직하지 못한 마술사들이다.

"거짓말 하는 모든 자들은 불과 유황으로 타는 못에 던져지리니"_계 21:8

부자와 나사로

우리는 흔히 성경에 등장하는 인물들 중에 유리하다고 여기는 쪽을 자신에 견주어 해석하는 수가 많다. 누가복음 16장에는 부자와 나사로의 이야기가 나오는데 거지 나사로는 죽어 천사들에게 받들려 아브라함의 품에 들어가고, 부자는 죽어 뜨거운 음부로 내려갔다. 교회에 잘 나가며 열심히 성경 읽고 부지런히 봉사하는 사람들은 당연히 자신을 나사로라고 생각한다. 그러나 잘 읽어보면 그렇지가 않다.

"한 부자가 있어 자색 옷과 고운 베옷을 입고 날마다 호화롭게 즐기더라"_눅 16:19

아무리 읽어보아도 이 부자가 잘못한 것은 하나도 없다. 사기나 도둑

질을 한 것도 아니고 폭행이나 살인을 한 것도 아니다. 그저 열심히 일해서 잘 살게 되었고, 경제적 여유가 있어 좋은 옷도 입게 되었으며, 자주 친척과 친구들을 불러 대접을 하거나 잔치를 열었을 뿐이다. 이는 평소 우리의 모습이다.

"부지런한 자의 마음은 풍족함을 얻느니라"_잠 13:4

교회에 잘 나가고 신앙생활을 잘 하는 사람들은 그 생계에도 복을 받아 비교적 잘 살고, 가끔 명품 옷을 입기도 하고, 친척들을 모아 생일 파티도 하고, 친구들이나 동료들의 회식 자리에 참석하여 교회 나오라고 권하기도 하며 살아간다.

"그런데 나사로라 이름하는 한 거지가 헌데 투성이로 그의 대문 앞에 버려진 채 그 부자의 상에서 떨어지는 것으로 배불리려 하매 심지어 개들이 와서 그 헌데를 핥더라"_눅 16:20,21

이 나사로는 잘한 것이 하나도 없다. 교회 출석을 잘한 것도 아니고, 헌금을 많이 한 것도 아니고, 봉사나 전도를 많이 하지도 않았다.

"그 거지가 죽어 천사들에게 받들려 아브라함의 품에 들어가고"_눅 16:22

도대체 나사로는 무엇으로 인정을 받은 것일까? 마태복음 25장에는 임금이 돌아왔을 때 왼편으로 분류되어 영원토록 벌을 받는 자들이 나온다.

"내가 주릴 때에 너희가 먹을 것을 주지 아니하였고 목마를 때에 마시게 하지 아니하였고 나그네 되었을 때에 영접하지 아니하였고 헐벗었을 때에 옷 입히지 아니하였고 병들었을 때와 옥에 갇혔을 때에 돌보지 아니하였느니라"_마 25:42,43

그들이 언제 그러지 않았느냐고 물으니 임금이 대답했다.

"지극히 작은 자 하나에게 하지 아니한 것이 곧 내게 하지 아니한 것이니라"_마 25:45

부자는 모든 것을 잘 했으나 가장 중요한 것을 하지 않았다.

"자기를 위하여 재물을 쌓아 두고 하나님께 대하여 부요하지 못한 자가 이와 같으니라"_눅 12:21

거지 나사로는 그 부자에게 오른편으로 갈 수 있는 기회를 주기 위해 평생을 결혼도, 잔치도, 여행도 다 포기한 채 자신을 희생했던 것이다.

"이 작은 자 중의 하나라도 잃는 것은 하늘에 계신 너희 아버지의 뜻이 아니니라"_마 18:14

한국의 수출액이 세계 2백 개 국가 중 7위이고 경제규모가 13위라고 한다. 우리는 부자인가, 나사로인가? 지금도 세계에서 1년에 8백만 명이 굶어 죽는데 80%가 어린 아이라고 한다. 수많은 나사로들이 우리에게 기회를 주기 위해 희생되고 있는 것이다. 누가복음에 음부로 내려간 부자의 이름은 없다. 그러나 그의 영혼을 위해 희생한 거지의 이름은 나사로였다고 기록되어 있다.

"너희 이름이 하늘에 기록된 것으로 기뻐하라"_눅 10:20

자유의 문

하나님은 사랑하시기 위해 사람을 창조하셨다. 사랑이란 서로 자유로운 입장에서 상대방을 선택하는 것이므로 하나님은 처음부터 사람에게 자유를 주셨다. 그러나 그 자유는 두 가지 위험을 동반하고 있었다. 그 하나는 하나님이 주신 자유를 버리고 다른 자유를 추구하다가 진정한 자유를 잃어버리는 것이다.

"여자가 그 나무를 본즉 먹음직도 하고 보암직도 하고 지혜롭게 할 만큼 탐스럽기도 한 나무인지라 여자가 그 열매를 따먹고 자기와 함께 있는 남편에게도 주매 그도 먹은지라"_창 3:6

하나님은 다른 자유를 쫓아가다가 함정에 빠진 사람을 구하기 위해 독생자를 세상에 보내셨다. 세상에 오신 독생자는 목숨을 걸고 진정한 자유를 일깨워 주셨다.

"진리가 너희를 자유롭게 하리라"_요 8:32

그 피맺힌 외침을 듣고 많은 사람들이 잘못된 자유에서 발길을 돌이켰다. 함정을 벗어나 진정한 자유를 얻게 된 감격으로 그 은혜를 증거하고 부지런히 일하며 열심히 봉사하다 보면 성경에 기록된 대로 필요한 모든 것을 얻게 된다.

"그런즉 너희는 먼저 그의 나라와 그의 의를 구하라 그리하면 이 모든 것을 너희에게 더하시리라"_마 6:33

그러나 바로 거기서 자유 속에 장치된 또 하나의 위험이 모습을 드러낸다. 즉 하나님 안에서 성공적인 삶을 살다가 자신도 모르게 그 만족 안에 갇혀 버리는 것이다.

"볼지어다 내가 문 밖에 서서 두드리노니"_계 3:20

잘못된 길을 가다가 예수를 만나고 돌이켜 새로운 삶을 살게 된 사람들에게는 공통된 특징이 있는데 즉 갑자기 바빠진다는 것이다. 새벽 기도를 나가고, 예배마다 참석하고, 제자 훈련도 받아야 하고, 봉사와 전도 활동에도 나서야 하고 눈코 뜰 새 없이 살다 보면 정작 중요한 마음의 자유를 잃어 믿음을 버리게 된다.

"사람이 마음으로 믿어 의에 이르고"_롬 10:10

하나님은 사랑하기 위해 사람을 창조하셨고 그분과 나 사이에 가장 중요한 것은 사랑인데 그 사랑은 마음으로 하는 것이다. 그 마음을 던져두고 봉사에만 바쁜 것은 신랑을 버려두고 결혼 준비만 서두르는 신부와 같다. 그래서 하나님의 일을 하는 데 바빠서 길가에 쓰러져 있는 사람을 지나쳐 가는 제사장이 생긴다.

"마침 한 제사장이 그 길로 내려가다가 그를 보고 피하여 지나가고 또 이와 같이 한 레위인도 그곳에 이르러 그를 보고 피하여 지나가되"_눅 10:31,32

그 때 여행 중이던 한 사마리아 사람이 그를 보고 불쌍히 여겨 기름과 포도주를 그 상처에 붓고 싸매고 주막으로 데리고 가서 보살핀 후 주막 주인에게 돈을 주며 그 사람을 돌보아 달라 부탁하고 비용이 더 들면 돌아올 때에 갚겠다고 말했다. 예수께서 말씀하신 이 비유가 누가복음에만 기록되어 있는 것은 그가 의사였기 때문이다.

"너희는 가서 내가 긍휼을 원하고 제사를 원하지 아니하노라 하신 뜻이 무엇인지 배우라"_마 9:13

나의 구원은 하나님께서 나를 긍휼히 여기신 데서 시작되었고, 거기서 믿음이 싹트게 되었다. 긍휼이야말로 진정한 자유의 문이었던 것이다.

"긍휼히 여기는 자는 복이 있나니 저희가 긍휼히 여김을 받을 것임이요"_마 5:7

내게서 긍휼히 여기는 마음이 사라졌다면 하나님과의 만남은 무의미하게 되어버린다.

"긍휼을 행하지 아니하는 자에게는 긍휼 없는 심판이 있으리라"_약 2:13

성경 속의 비밀 ⑫

영광에 관하여

하나님의 나라는

BC 1446년 하나님께서 모세에게 애굽에서 노역에 시달리고 있는 이스라엘 자손을 이끌고 나오라 명하실 때에 그에세 또 한 가지 중요한 것을 지시하신다.

"너희가 나갈 때에 빈손으로 가지 아니하리니 여인들은 모두 그 이웃 사람과 및 자기 집에 거류하는 여인에게 은 패물과 금 패물과 의복을 구하여 너희의 자녀를 꾸미라 너희는 애굽 사람의 물품을 취하리라"_출 3:21,22

애굽 왕이 이스라엘 자손을 놓아주지 않으므로 하나님께서 열 가지 재앙의 마지막 재앙, 곧 애굽인의 장자와 가축의 모든 초태생을 치셨다. 애굽 왕이 그들을 놓아 보낼 때 겁에 질린 애굽 사람들은 이스라엘 자손이 원하는 것을 다 내주었다.

"그들이 애굽 사람의 물품을 취하였더라"_출 12:36

이스라엘 자녀가 지니고 나온 금과 은은 하나님이 광야에 내려와 동행하실 성막을 만들 때 사용된다. 즉 지성소에 들어갈 언약궤, 속죄소와 상을 다 순금으로 싸고, 등잔대와 등잔과 모든 기구를 순금으로 만들었다출 25:10-40. 또 성막의 갈고리도 금으로 만들고 널판과 기둥을 금으로 싸며출 26:1-37, 널판 받침과 성막 뜰의 기둥과 가름대와 갈고리는 은으로 만들었던 것이다출 27:1-21.

"그들은 내가 그들의 하나님 여호와로서 그들 중에 거하려고 그들을 애굽 땅에서 인도하여 낸 줄을 알리라"_출 29:46

하나님은 왜 그분이 계실 곳을 금과 은으로 만들게 하셨던 것일까? 예수께서 오셨을 때 그 이유가 밝혀진다. 예수께서 금과 은에 대한 비유를 말씀하셨다.

"또 어떤 사람이 타국에 갈 때 그 종들을 불러 자기 소유를 맡김과 같으니 각각 그 재능대로 한 사람에게는 금 다섯 달란트를, 한 사람에게는 두 달란트를, 한 사람에게는 한 달란트를 주고 떠났더니"_마 25:14,15

누가복음에 나오는 단위는 달란트가 아니라 므나이다.

"어떤 귀인이 왕위를 받아가지고 오려고 먼 나라로 갈 때에 그 종 열을 불러 은화 열 므나를 주며 이르되 내가 돌아올 때까지 장사하라 하니라"_눅 19:13

달란트는 금화이고 6천 드라크마에 해당하는 가치이며 므나는 은화인데 100드라크마에 해당하는 것이다. 므나의 비유는 여리고 성에서 말씀하신 것이고 나중의 비유는 예루살렘 동편 감람산에서 말씀하신 것이다. 여리고 성은 당시 장사꾼들이 모이는 상업 도시였고, 감람산은 예수께서 장차 승천하실 장소였다. 즉 므나의 비유는 생활의 지혜를 가르치신 것이고, 달란트의 비유는 충성의 열매를 말씀하신 것이었다. 열 명의 종에게 똑같이 나누어 준 한 므나는 누구에게나 공평하게 주어지는 기회를 의미하고, 다르게 준 달란트는 하나님의 기대가 담겨 있는 재능을 뜻하는 것이었다.

"오직 주께서 각 사람에게 나눠 주신 대로 하나님이 각 사람을 부르신 그대로 행하라"_고전 7:17

모두가 똑같이 받은 기회의 므나는 노력에 따라 그 성과와 보상이 달랐다. 열 므나를 남긴 사람은 열 고을 권세를 차지했고, 다섯 므나를 남긴 자는 다섯 고을 권세를 차지했다. 재능에 따라 다섯 달란트, 두 달란트 받은 사람은 받은 만큼의 성과를 거두어 주인의 즐거움에 참여했다.

하나님은 사람이 그가 받은 달란트와 기회로 그분께 영광을 돌릴 때 그 영광 속에 거하시는 것이다.

"하나님의 나라는 너희 안에 있느니라"_눅 17:21

재능을 묻어 두고 기회를 던져 버린 자는 하나님의 나라에 들어가지 못하게 될 것이다.

소원을 주셨으며

하나님을 모르는 자들은 사람을 포유류 동물의 일종이며 같은 영장류에 속한 원숭이와 비슷한 유전적 구조를 가졌다고 말한다. 그렇다면 사람이 다른 동물과 다른 점은 무엇일까? 우선 사람을 제외한 모든 피조물은 그 존재 자체만으로도 그들을 창조하신 하나님의 영광을 드러낸다.

"창세로부터 그의 보이지 아니하는 것들 곧 그의 영원하신 능력과 신성이 그가 만드신 만물에 분명히 보여 알려졌나니 그러므로 그들이 핑계하지 못할지니라"_롬 1:20

그러나 사람에게는 하나님께서 기대하는 일이 있으시다.

"하나님을 알되 하나님을 영화롭게도 아니하며 감사하지도 아니하고 오히려 그 생각이 허망하여지며 미련한 마음이 어두워졌나니 스스로 지혜 있다 하나 어리석게 되어 썩어지지 아니하는 하나님의 영광을 사람과 새와 짐승과 기어다니는 동물 모양의 우상으로 바꾸었느니라"_롬 1:21-23

사람은 하나님의 형상과 모양대로 창조되었기 때문에 그 존재만으로 하나님의 영광을 나타낼 수 없다. 사람은 하나님께 창조적 능력, 즉 달란트를 받았고 그것으로 일하여 하나님의 영광을 나타내야 한다. 그러나 어리석은 자들은 애굽에서 가지고 나온 금으로 우상을 만들었고, 지금도 하나님의 영광을 우상으로 바꾸는 자들이 있다. 그들은 결국 짐승이 되어 멸망의 길로 가게 된다.

"인생들의 혼은 위로 올라가고 짐승의 혼은 아래 곧 땅으로 내려가는 줄을 누가 알랴"_전 3:21

이것이 곧 사람과 짐승의 다른 점이다. 그러나 하나님의 기대가 걸려 있는 달란트를 묻어둔 자는 흑암 속에 내쫓길 것이고, 기회의 므나를 싸매 두었던 자는 죽임을 당해 짐승처럼 땅으로 내려가게 될 것이다. 어떤 사람은 무엇을 해야 할지 몰라서 묻어 두었다고 변명하기도 한다. 그래서 기도가 필요한 것이다.

"그 마음의 소원을 주셨으며 그 입술의 구함을 거절치 아니하셨나이다"_시 21:2, 개역한글판

많은 사람이 자기 소원을 하나님께 아뢰고 있다. 그러나 예수께서는 그 소원이 아버지의 뜻에 일치되어야 한다고 가르치셨으며 그 본을 보이셨다.

"그는 육체에 계실 때에 자기를 죽음에서 능히 구원하실 이에게 심한 통곡과 눈물로 간구와 소원을 올렸고 그의 경건하심으로 말미암아 들으심을 얻었느니라"_히 5:7

즉 하나님께서 기뻐하시는 소원은 그분께서 내게 주시는 것이다.

"너희 안에서 행하시는 이는 하나님이시니 자기의 기쁘신 뜻을 위하여 너희에게 소원을 두고 행하게 하시나니"_빌 2:13

또 많은 사람이 재능과 은사를 같은 것으로 생각한다. 그러나 재능은

하나님이 처음부터 주신 것이고, 은사는 하나님께서 주신 소원 즉 소명이 확정되었을 때 성령의 선물로 주시는 것이다. 재능으로는 하나님께 영광을 돌릴 수도 있고, 우상을 만들 수도 있으나 은사는 하나님의 뜻을 따를 때 선물로 주신다. 그러나 사명보다 먼저 은사만을 추구하면 길을 잃고 실족해 잘못될 수 있다.

"그러므로 형제들아 더욱 힘써 너희 부르심과 택하심을 굳게 하라 너희가 이것을 행한즉 언제든지 실족하지 아니하리라"_벧후 1:10

우리가 다 하나님의 영광을 위해 일하여 그 영광의 나라에 들어가야 할 것이다.

"너희가 먹든지 마시든지 무엇을 하든지 다 하나님의 영광을 위하여 하라"_고전 10:31

영광스러운 자리

AD 37년 카이우스 황제로부터 왕의 칭호를 받은 헤롯 아그립바 1세는 왕의 칭호를 받고 돌아와 헤롯 안디바와 누이 헤로디아를 몰아내고 안디바의 자리를 차지했다. AD 41년 카이우스가 암살당하자 입지가 불안해진 그는 유대인의 인심을 얻기 위해 AD 44년 요한의 형제 야고보를 처형했다.

"그 때에 헤롯 왕이 손을 들어 교회 중에서 몇 사람을 해하려 하여 요한의 형제 야고보를 칼로 죽이니 유대인들이 이를 기뻐하는 것을 보고"_행 12:1-3

결국 베드로도 잡혀 투옥되었으나 밤에 천사가 옥문을 열자 그는 마가의 모친 마리아의 집으로 가서 기도하던 교우들에게 말했다.

"또 야고보와 형제들에게 이 말을 전하라 하고 떠나 다른 곳으로 가니라"_행 12:17

그 야고보는 예수의 아우였다. 형인 예수와 생각이 달라 그분의 사역에 동참하지는 않았으나, 부활하신 예수를 만난 후 크게 달라졌다.

"그 후에 야고보에게 보이셨으며"_고전 15:7

오순절에 성령을 받고 그는 예루살렘 교회의 핵심 멤버가 되었다.

"내가 게바를 방문하려고 예루살렘에 올라가서 그와 함께 15일을 머무는 동안 주의 형제 야고보 외에 다른 사도들을 보지 못하였노라"_갈 1:18,19

AD 44년 베드로가 예루살렘을 떠난 후 그는 예루살렘 교회의 책임자가 되었다. 수만 명에 달했던 신앙 공동체를 이끌어가는 그의 탁월한 능력은 AD 49년 예루살렘 총회에서 크게 빛을 발했다. 유대파 교인들의 할례론과 그에 반대하는 베드로와 바울의 첨예한 대립으로 교회가 갈라질 뻔한 위기를 그가 지혜롭게 수습한 것이다.

"야고보가 대답하여 이르되 형제들아 내 말을 들으라"_행 15:13

그는 바울의 입장을 옹호하면서 유대인들의 반발을 무마하기 위해 그들의 사소한 주장 몇 가지를 받아들여 사태를 해결했다. 그는 늘 기도하는 사람이었다.

"기도를 계속하여 야고보의 무릎은 낙타의 무릎처럼 딱딱해졌다."유세비우스, 『교회사』 중에서

그가 쓴 '야고보서'의 필치는 투사 출신답게 단호하다.

"믿음이 그의 행함과 함께 일하고 행함으로 믿음이 온전하게 되었느니라"_약 2:22

AD 59년 예루살렘에서 체포된 바울이 로마로 압송되자, 유대인들의 목표는 예루살렘 교회의 책임자 야고보가 되었다. AD 62년 베스도 총독이 병으로 죽고, 후임자 알비니우스가 아직 부임하기 전의 공백기에 그들은 야고보를 체포하여 성전 난간에 세웠다. 마귀가 하나님의 아들 예수를 시험하기 위해서 데려가 세웠던 바로 그 자리였다.

"모여든 저 사람들에게 예수의 나쁜 길로 빠지지 말라고 말하라."

그러자 야고보가 사람들에게 외쳤다.

"예수 그리스도는 지금 하나님 오른편에 계십니다. 그분은 다시 하늘의 구름을 타고 나타나실 것입니다."유세비우스, 『교회사』 2-23

그러자 군중 속의 몇 명이 큰 소리로 외쳤다.

"다윗의 자손에게 영광이 있으라."

그로 하여금 더 이상 말하게 하면 안 되겠다고 생각한 제사장들과 바리새인들이 그를 난간에서 밀어 떨어뜨렸다. 땅에 떨어진 그가 아직 살아 있음을 보고 군중 속의 일부 유대인들이 돌을 던지기 시작하자 많은 사람들이 따라서 돌을 던졌다. 온 몸이 피투성이가 된 그가 하늘을 바라보며 크게 부르짖었다.

"아버지시여, 저들을 용서하여 주옵소서."유세비우스, 『교회사』 2-23

베드로의 섬김

헬라인들이 세례 받고 입교하는 수가 많아지자 일부 유대인 교우들이 할례 문제를 거론했다. 하나님이 아브라함에게 명한 할례를 이방인들도 받아야 한다는 것이었다.

“바울 및 바나바와 그들 사이에 적지 아니한 다툼과 변론이 일어난지라”_행 15:2

초대 교회에서 가장 큰 쟁점으로 떠올랐던 이 할례 논쟁은 AD 49년에 열린 예루살렘 총회에서 바울의 주장을 적극 옹호한 베드로의 변론과 야고보의 지혜로운 중재로 원만하게 수습되었다. 바울과 바나바가 안디옥으로 돌아갈 때 사도와 장로들은 바사바와 실라 편에 그들이 결정한 내용을 적어 보냈다.

“그들이 작별하고 안디옥에 내려가 무리를 모은 후에 편지를 전하니 읽고 그 위로한 말을 기뻐하더라”_행 15:30,31

자신의 주장을 관철시키고 안디옥으로 돌아온 바울은 즉시 할례 문제에 대한 자신의 입장과 그 논쟁의 경위를 직접 글로 써서 발송했다.

“오직 예수 그리스도와 그를 죽은 자 가운데서 살리신 하나님 아버지로 말미암아 사도된 바울은 함께 있는 모든 형제와 더불어 갈라디아 여러 교회들에게 우리 하나님 아버지와 주 예수 그리스도로부터 은혜와 평강이 있기를 원하노라”_갈 1:1-3

자유의 선언문이라고 하는 이 서한의 수신자가 ‘갈라디아의 여러 교회들’ 이어서 ‘갈라디아서’ 라고 한다. 예루살렘 총회가 있기 전 제1차 선교 여행에서 바울은 구브로를 거쳐 버가에 상륙한 후 갈라디아 지역의 비시디아 안디옥과 이고니온, 루스드라, 더베 등에서 복음을 전했다. 그런데 베드로전서에도 갈라디아가 수신자로 되어 있다.

“예수 그리스도의 사도 베드로는 본도, 갈라디아, 갑바도기아, 아시아와 비두니아에 흩어진 나그네 곧 하나님 아버지의 미리 아심을 따라 성령이 거룩하게 하심으로 순종함과 예수 그리스도의 피뿌림을 얻기 위하여 택하심을 받은 자들에게 편지하노니 은혜와 평강이 너희에게 더욱

많을지어다"_벧전 1:1,2

당시의 지도를 보면 갈라디아는 남과 북으로 길게 뻗어 있다. 바울은 남부 갈라디아에 속하는 비시디아, 이고니온, 루스드라, 더베 등에서 복음을 전했고, 베드로는 본도 인근의 아마시아, 젤라, 타비움 등 북부 갈라디아에서 전도했다. 그러나 바울은 남부와 북부를 구분하지 않고 그대로 '갈라디아의 여러 교회들' 에게 편지를 썼다. 이는 베드로가 바울에게 선교지에 관계없이 남과 북 갈라디아의 모든 교회에 예루살렘 총회의 결과를 알리는 편지를 써 보내라고 부탁했기 때문이 아닐까?

어부 출신인 베드로는 자신이 좋은 문장으로 편지를 쓰기도 어려웠겠지만 바울의 주장을 인정하고 존중하는 뜻에서 바울에게 자신의 선교지도 포함해서 써 달라고 의뢰했을 것이다. 그는 전에 난처한 자리를 피하려다가 바울에게 면박과 책망을 당한 적도 있으나 갈 2:14 바울의 의견을 존중하여 예루살렘 총회에서 그의 입장을 지지하여 변론했을 뿐만 아니라 편지까지 부탁을 했다. 그것이 바로 섬김의 리더십이었다. 거친 성격의 베드로를 그렇게 변화시킨 것은 예수의 말씀이었다.

"네가 나를 사랑하느냐 하시니 이르되 주님 그러하나이다 내가 주님을 사랑하는 줄 주님께서 아시나이다"_요 21:16

그러자 예수께서 그에게 당부하셨다.

"내 양을 치라."

양을 친다는 것은 그냥 막대기와 지팡이로 몰기만 하면 되는 것이 아니었다. 양의 성품과 상태를 잘 알고 그 특성에 알맞게 섬기고 보살펴야 하는 것이 목자의 책임이었다.

"맡은 자들에게 주장하는 자세를 하지 말고 양 무리의 본이 되라"_벧전 5:3

내 아들 마가

AD 44년에 헤롯 아그립바 1세의 지시로 체포된 베드로는 천사의 도움으로 탈옥하여 마가의 어머니 마리아의 집을 찾아간다.

"마가라 하는 요한의 어머니 마리아의 집에 가니"_행 12:12

성경에 나오는 여러 가지 중요한 일이 이 집에서 이루어졌다. 예수 그리스도의 유월절 만찬도 이 집의 다락방에서 있었고, 부활하신 예수께서 숨어 있던 제자들을 찾아오신 것도, 그리고 오순절의 성령 강림 사건도 모두 이 집에서 일어난 것으로 추정된다. 그러자 정작 그런 역사적 현장에 살았던 마가는 매우 특이한 기록으로 남아 있다.

"한 청년이 벗은 몸에 베 홑이불을 두르고 예수를 따라가다가 무리에게 잡히매 베 홑이불을 버리고 도망하니라"_막 14:51,52

AD 30년 베 홑이불을 버리고 도망친 마가는 AD 46년에 다시 나타난다.

"바나바와 사울이 부조하는 일을 마치고 마가라 하는 요한을 데리고 예루살렘에서 돌아오니라"_행 12:25

그 전의 16년 간 마가는 어디서 무엇을 했을까? 필자의 장편소설 『마르코스 요안네스』에서는 그가 알렉산드리아에 가서 수학을 공부하고 온 것으로 추정했다. 왜냐하면 그가 쓴 마가복음의 마지막 구절이 수학자의 관용구이기 때문이다.

"말씀을 확실히 증거하시니라"_막 16:20, 개역한글판

이것은 수학자들이 늘 사용하는 '이렇게 확실히 증명하였다QED' 와 같

은 것이다. AD 47년 마가는 바울의 제1차 선교 여행에 동참했으나 도중에 이탈했다.

"버가에 이르니 요한은 그들에게서 떠나 예루살렘으로 돌아가고"_행 13:13

다시 AD 50년 바울이 제2차 선교 여행을 떠날 때 바울이 마가를 데리고 가지 않으므로 그의 외삼촌 바나바는 그를 데리고 구브로에 간 것으로 되어 있다. 당시 베드로는 바벨론에 있었는데 마가는 외삼촌과 헤어져 베드로에게 간 것으로 보인다.

"바벨론에 있는 교회가 너희에게 문안하고 내 아들 마가도 그리하느니라"_벧전 5:13

AD 440년 처음으로 교황의 명칭을 사용한 레오 1세는 이전의 로마 교회 책임자를 모두 교황으로 하고 제1대 교황에 베드로를 추존했다. 예수께서 그 반석 위에 교회를 세우겠다고 하셨기 때문이다마 16:18. 이후 로마 교회는 베드로의 모든 행적을 로마에 끌어다 붙여 놓았다. 그래서 베드로전서와 마가복음이 베드로가 로마에 간 AD 63년 이후에 로마에서 쓴 것으로 한 것이다.

"로마인들은 베드로가 전해준 가르침을 정리해서 마가에게 글로 남겨줄 것을 요청했고 그것이 완성될 때까지 떠나지 못하게 했다."유세비우스, 『교회사』 2-15

로마 교회는 베드로가 그리스도인을 박해로부터 보호하기 위해 '로마'를 '바벨론'으로 적었다고 해석했다. 그러나 사실 베드로가 로마에 도착한 AD 63년에는 그리스도인 박해가 없었다. 박해가 시작된 것은 AD 64년 네로 황제가 로마 화재의 책임을 그리스도인에게 전가할 때부터였다.

"바울이 온 이태를 자기 셋집에 머물면서 자기에게 오는 사람을 다 영접하고 하나님의 나라를 전파하며"_행 28:30,31

베드로전서의 수신자는 모두 바벨론 북쪽 지역들이다. 마가는 AD 50년 바벨론에서 베드로가 불러 주는 마가복음과 베드로전서를 받아 적으며 성령의 사람이 되었고, 그를 아버지라 부르게 된 것이다. AD 70년 경 그는 알렉산드리아에서 순교했다.

"알렉산드리아여, 그대가 성인의 피에 젖었음을 감사할지어다."페토루스 다미아니

마태 일어나다

마태는 예수의 열 두 제자 중 하나이고 마가복음에 이어 두 번째 복음서 마태복음을 쓴 사람이다. 마가의 기록에 의하면 그의 본명은 레위였다.

"또 지나가시다가 알패오의 아들 레위가 세관에 앉아 있는 것을 보시고 그에게 이르시되 나를 따르라 하시니 일어나 따르니라"_막 2:14

그 이름에서 알 수 있듯이 마태는 본래 레위 지파에 속하는 사람이었다. 레위 지파가 아닌 사람이 레위라는 이름을 쓰는 경우가 없기 때문이다. 레위 지파의 제사장들이 갈릴리로 대거 옮겨간 것은 BC 169년 안티오쿠스 4세의 대박해 때였다.

"율법서를 가지고 있다가 들키거나 율법을 지키거나 하는 사람이면 누구든지 왕명에 의해 사형을 당하였다."외경 마카비상 1:57

성전을 지키던 레위인들이 낯선 땅에서 할 수 있는 일이라고는 글을

읽고 쓰는 것뿐이었다. 그들은 관청에 들어가 일자리를 얻기도 하고, 세관에 앉아서 세금을 걷는 일에도 동원되었다. 로마 시대에 이르러 세리는 부과하는 가혹한 세금보다 더 징수해야 그것으로 먹고 살 수 있었다. 세리는 동포를 착취하는 자로 몰리게 되었고, 창녀와 동류로 취급되어 예수께서도 그런 표현을 쓰셨다.

"너희는 그를 믿지 아니하였으되 세리와 창녀는 믿었으며"_마 21:32

레위의 부친은 레위 지파의 자손임을 감추고 알패오라는 헬라식 이름을 썼으나 아들에게는 레위란 이름을 붙여 주었다. 아들의 때에는 레위인의 자존심을 되찾고 싶다는 소망 때문이었을 것이다. 그런데 그 레위가 예수의 부름을 받은 것이다. 그러나 예수의 이름에 누가 될까 염려해서인지 그의 모습은 언제나 제자들의 뒷전에 있었다. 그런 레위의 손에 마가의 복음서가 들어온 것이다. 레위는 그의 율법 지식과 세리 특유의 치밀함으로 선지자들의 예언을 예수 그리스도에 연결시켰다.

"아브라함과 다윗의 자손 예수 그리스도의 계보라"_마 1:1

마태복음은 그렇게 기록된다. 레위는 그의 이름을 마태로 적었다. 마태는 제사장 가문에서 많이 쓰는 이름 '맛다디아'의 헬라식 이름이고 '하나님의 선물'이라는 뜻이었다. 그가 이름을 바꾼 것은 구약의 이스라엘 시대에서 신약의 이방시대로 들어섰음을 선언한 것이었다. 또 그는 세원을 추적하는 세리 특유의 솜씨로 마리아를 인터뷰하여 그것으로 마가복음에 빠진 사실들을 보완하였다.

"예수 그리스도의 나심은 이러하니라 그의 어머니 마리아가 요셉과 약혼하고 동거하기 전에 성령으로 잉태된 것이 나타났더니"_마 1:18

그리고 예수 그리스도의 탄생이 모두 선지자들의 예언과 일치함을 증거했다.

"이 모든 일이 된 것은 주께서 선지자로 하신 말씀을 이루려 하심이니 이르시되 보라 처녀가 잉태하여 아들을 낳을 것이요 그의 이름은 임마누엘이라 하리라 하셨으니 이를 번역한즉 하나님이 우리와 함께 계시다 함이라"_마 1:22,23

그는 이사야의 예언사 7:14을 인용한 것이고, 아기가 베들레헴에서 태어난 것과미 5:2 동방 박사사 24:15가 별을 보고 찾아온 것민 24:17 그리고 아기 예수가 애굽으로 피신한 것호 11:1과 헤롯 왕이 아기들을 학살한 것렘 31:15까지 모두가 선지자들의 예언이 성취된 것임을 밝혀냈다. 마태는 이것들을 선지자들의 두루마리와 마리아의 기억 속에서 집요하게 찾아냈던 것이다.

"인자가 자기 영광의 보좌에 앉을 때에 나를 따르는 너희도 열두 보좌에 앉아 이스라엘 열두 지파를 심판하리라"_마 19:28

로마의 베드로

AD 47년 바울과 함께 제1차 선교 여행에 나섰던 마가가 무슨 까닭인지 밤빌리아의 버가에서 예루살렘으로 돌아간 것 때문에 바울은 AD 50년 2차 선교 여행에 나설 때 마가를 데리고 가지 않았다.

"바울은 밤빌리아에서 자기들을 떠나 함께 일하러 가지 아니한 자를 데리고 가는 것이 옳지 않다 하여 서로 심히 다투어 피차 갈라서니"_행 15:38,39

바나바는 바울과 헤어져 생질 마가를 데리고 구브로로 간다. 그리고 마가는 다시 성경에 나타나지 않다가 AD 62년 로마에서 연금 상태에 있던 바울이 골로새 교회에 보낸 편지에 갑자기 등장한다.

"나와 함께 갇힌 아리스다고와 바나바의 생질 마가와 (이 마가에 대하여는 너희가 명을 받았으매 그가 이르거든 영접하라")_골 4:10

마가는 그가 적은 복음서의 사본을 바울에게 전했을 것이다. 그런데 바울은 왜 그를 골로새 교회로 보냈던 것일까? 무엇인가 중요한 임무를 맡겨 보냈기 때문에 그를 잘 영접하라고 당부했을 것이다. 그것을 알려면 당시 로마의 상황을 살펴볼 필요가 있다.

"구세주 예수 그리스도에 대한 믿음이 모든 지역으로 퍼져나가고 있을 때 인류 구원의 적은 제국의 수도 로마를 점령하려는 교활한 음모로 시몬이라는 사람을 그 도시로 보냈다."유세비우스, 『교회사』 2-13

그는 사마리아에서 베드로의 호통을 듣고행 8:20 도망한 마술사 시몬이었다.

"시몬은 자신의 사악한 행위가 베드로에 의해 폭로되자 다른 곳에서 자기가 의도하는 대로 살려고 도망하여 로마에 도착했다."유세비우스, 『교회사』 2-14

그는 마술의 속임수로 로마인들을 미혹하며 자신을 그리스도라고 자칭하며, 이미 복음을 받아들인 많은 사람들을 자기 숭배자로 만들었다.

"로마 교회에서 큰 소동이 일어났다. 시몬이라는 이름을 가진 남자가 신기한 일을 펼쳐 보이며, 자기가 하나님의 큰 능력이고 하나님의 도우심이 없이는 아무 일도 행하지 않는다고 말했다."외경 '베드로행전' 제4장

당시 바울은 연금 상태에 있어서 마술사 시몬과 만날 수가 없었다. 그래서 로마를 방문한 마가에게 그가 아버지처럼 섬기는 베드로를 모셔오라고 부탁한 것이다. 베드로는 당시 아시아 지역에서 일하고 있었을 것

이고, 바울이 마가를 급히 보냈다면 그 일밖에는 없었을 것이다. AD 63년 베드로가 로마에 도착했을 때 사마리아의 일로 앙심을 품고 있던 시몬이 그에게 싸움을 걸었다.

"나는 시몬이다. 오너라, 베드로. 네가 유대인 목수의 자식을 믿고 있음이 어리석다는 것을 보여 주겠다."외경 '베드로행전' 제14장

베드로와 마술사 시몬의 능력 대결이 로마의 율리우스 광장에서 벌어졌다. 원로원 의원과 관방장관을 비롯, 많은 로마의 시민들이 모여들었다. 마술사 시몬은 사람들 앞에서 예수를 비방했고, 베드로는 그분이 하나님의 아들임을 증거했다. 베드로가 한 과부의 죽은 아들을 기도로 살려내자 시몬은 공중을 나는 마술을 펼치려고 신전에서 날아내리다가 추락하여 뼈가 부러져 죽었다.외경 '베드로행전' 제32장

"거짓말 하는 자가 누구냐 예수께서 그리스도이심을 부인하는 자가 아니냐 아버지와 아들을 부인하는 자가 적그리스도니"_요일 2:22

바울이 마가를 보내 베드로에게 도움을 청하고, 베드로는 달려가서 도왔던 그들의 사랑이 눈에 선하다. 그 해에 바울은 석방되었고, 그들은 잠시나마 손을 잡고 함께 일했다.

빛나는 졸업장

로마 제국은 여러 속주의 생산품을 공급받으며 산업이 급격히 사양화되고 책상에 앉아서 일하는 자가 많아졌다. 관리 사회의 특징은 위로 올라갈수록 자리가 줄어드는 경쟁 사회라는 것이었다. 어쩔 수 없이 낙오자가 생기게 마련이어서, 티베리스 강

서쪽의 바티카누스 지역은 낙오자들의 주거지가 되었다.

집을 지어 주고, 식량과 술을 배급해도 불만을 해소하지 못하자 전차 경주와 검투사 경기 등을 벌여 그들을 달래기도 했다. 그러나 자주 싸움이 생기고 방화 사건이 일어나 특별 소방대가 조직될 정도였다. 그러다가 AD 64년 7월, 마침내 대화재가 발생하여 로마의 절반이 소실되는 큰 피해를 입은 것이다.

"당시 네로는 안티움의 별장에서 불길에 휩싸인 로마를 바라보며 수금에 맞추어 대화재의 아름다움을 시로 읊었다고 한다."뱀버 가스코뉴, '더 크리스천스'

그리고 네로가 불을 질렀다는 괴소문이 나돌기 시작했다. 자신을 위해 웅대한 황금의 집Domus Aurea을 건축하기 위해 불을 놓았다든가, 새로운 로마를 건설하기 위해 그랬다는 소문이 그것이었다.

"그와 같은 소문을 가라앉히기 위해 네로는 당시 크리스티아누스라고 불리우던, 악독한 의식을 행한다고 의혹의 시선을 받던 사람들에게 방화의 혐의가 있다고 하여 가장 잔인한 방식으로 박해를 가했다."타키투스, 『역사』

그 '악독한 의식'이란 크리스티아누스가 한밤에 사람의 고기를 먹으며 로마의 신들을 저주하고 인간을 증오하기 위해 술을 마신다는 '성만찬'에 대한 오해였다. 연금 상태에서 석방되었던 바울이 다시 체포되었고, 베드로도 투옥되었다. 하나님은 왜 사랑하는 종들에게 이런 고난과 고통을 당하게 하시는 것일까?

"선지자의 글에 그들이 다 하나님의 가르치심을 받으리라 기록되었은즉 아버지께 듣고 배운 사람마다 내게로 오느니라"_요 6:45

하나님이 하시는 일 가운데 가장 중요한 것 중 하나는 그분의 자녀 된 사람을 가르치는 것이었다. 교육은 책상 위에서 배우는 것만으로 충분치 않다. 현장에서 직접 겪으며 익히는 실습이 더 중요하다. 하나님은 그 자녀를 현장에서 가르치려고 세상으로 보내신 것이다.

우리가 세상에서 체득해야 할 것들 중 특히 중요한 것은 천국에 없는 것들을 배우는 것이다. 나서부터 겪는 고난도, 실수로 인한 고통도, 실패로 인한 아픔도 천국에는 없는 것들이다. 교육과 훈련을 위해 세상에 보내진 우리에게는 그런 것들이 다시는 겪을 수 없는 소중한 경험이며 완성의 과정이다.

"고난 당한 것이 내게 유익이라 이로 인하여 내가 주의 율례들을 배우게 되었나이다"_시 119:71

세상 학교에서 학점 따는 것을 도와주기 위해 예수께서 오셨다.

"나의 멍에를 메고 내게 배우라"_마 11:29

온갖 고난과 아픔을 당했던 사도 바울은 부지런히 그 학점을 딴 분이었다.

"나는 선한 싸움을 싸우고 나의 달려갈 길을 마치고 믿음을 지켰으니 이제 후로는 나를 위하여 의의 면류관이 예비되었으므로 주 곧 의로우신 재판장이 그 날에 내게 주실 것이며 내게만 아니라 주의 나타나심을 사모하는 모든 자에게도니라"_딤후 4:7,8

AD 67년 바울은 참수되었고, 베드로는 이듬해에 십자가에 거꾸로 달려 순교했다. 그들은 열심히 학점을 따고 빛나는 졸업장을 받은 분들이었다.

"빛나는 졸업장을 타신 언니께 꽃다발을 한 아름 선사합니다. 물려받은 책으로 공부를 하며 우리는 언니 뒤를 따르렵니다."윤석중 '졸업가'

자세히 살피며

예수 그리스도의 12제자를 비롯하여 예루살렘 교회를 이끌었던 야고보, 최초의 복음서를 기록한 마가, 13편의 사도 서신을 쓴 바울 등 신약 성경의 여러 인물들 중에 그 전체를 따스한 시선으로 지켜보고 있는 의연한 인물이 의사 누가이다.

"사랑을 받는 의사 누가"_골 4:14

그가 어디서 나서 자란 인물인지는 잘 알려지지 않았다. 그가 헬라 사람인 것은 분명하나 안디옥에 대한 그의 특별한 관심 때문에 유세비우스는 그를 안디옥 출신이라고 생각했다. 그러나 누가는 오히려 빌립보와 관계가 깊었다. AD 50년 바울의 제2차 전도 여행에 함께 출발한 누가는 빌립보에 남아 교회 일에 힘쓰다가 AD 58년 바울과 다시 합류한다행 20:6. 빌립보에는 당시 최대의 의학교가 있었고, 네압볼리에서 시작해 로마까지 이어지는 에그나티아 대로가 그곳을 지나고 있었다.

"이튿날 네압볼리로 가고 거기서 빌립보에 이르니 이는 마게도냐 지방의 첫 성이요 또 로마의 식민지라"_행 16:11,12

빌립보 출신인 의사 누가는 여러 지역을 여행하며 세상 돌아가는 일을 살피는 여행가이기도 했다. 그는 에그나티아 대로를 따라 로마까지 갔었을 것으로 추정된다. 그와 친분이 있었던 것으로 보이는 아가야 총독 갈리오와 누가복음의 수신자인 '데오빌로 각하' 등 로마의 귀족들과도 그 때에 가까워졌을 것이다. 그는 제국의 심장부였던 로마에서 안디옥에 관한 소문을 들었을 수도 있다.

"제자들이 안디옥에서 비로소 그리스도인이라 일컬음을 받게 되었더

라"_행 11:26

로마에서 아가야와 비시디아를 거쳐 안디옥에 도착한 누가는 그리스도인들의 사랑과 그들이 믿는 복음에 감명을 받았고, 그곳에 머물며 의료 봉사를 하게 되었을 것이다. 의사가 하는 일의 특징은 많은 사례를 모으고 살펴서 정리하고 활용하는 것이다. 그는 마가와 마태가 쓴 복음서와 사도들의 가르침을 살펴가며 정리하게 되었다.

"그 모든 일을 근원부터 자세히 미루어 살핀 나도 데오빌로 각하에게 차례대로 써 보내는 것이 좋은 줄 알았노니 이는 각하가 알고 있는 바를 더 확실하게 하려 함이로라"_눅 1:3,4

누가의 복음서에는 불쌍한 사람들에 대한 예수 그리스도의 관심과 치유가 더 자세히 기록되고, 특히 길에서 강도 만난 자와 선한 사마리아인의 비유가 보충되었다. 누가가 역병과 강도가 많은 비시디아 산지를 지날 때 바울과 바나바를 만날 가능성도 있었음을 암시하는 대목이다. 또 그는 마가와 마태가 그들의 기록에 빠진 나사로의 이야기를 요한이 보완해 줄 것으로 기대함도 알았다.

"마르다라 하는 한 여자가 자기 집으로 영접하더라"_눅 10:38

그는 마르다와 마리아의 이야기를 자신의 글에 삽입하여 요한의 보완을 촉구한 것이었다. AD 58년 그는 예루살렘으로 돌아가는 바울과 합류했다가 그가 체포되고 로마로 압송되는 과정에 동행했다. 누가는 로마에서 데오빌로에게 보내는 두 번째 기록 '사도행전'을 완성했고, 바울의 최후까지 그를 지키며 건강을 돌보았다.

"누가만 나와 함께 있느니라"_딤후 4:11

바울이 순교한 후 그는 아가야의 보이티아에서 84세로 숨졌다. 어찌된 셈인지 그의 묘소는 지금 에베소에 있다. 누가는 그가 기대했던 요한의 복음서가 죽기 전까지 나타나지 않으므로, 그 일을 재촉하기 위해 자기 제자들에게 그의 시신을 에베소로 옮겨 요한이 자주 다니는 길목에 묻으라고 지시했을지도 모른다.

아름다운 비밀

요한복음에는 그것을 쓴 요한의 이름이 없다. '그 제자' 또는 '사랑하시는 제자'로만 나올 뿐이다. 고귀하신 분의 기록에 어찌 내 이름을 올리랴 하여 겸손함으로 그랬을 수도 있겠지만 어쨌든 요한복음의 익명자는 모두 요한이다.

"이 일들을 기록한 제자가 이 사람이라"_요 21:24

야망이 컸던 그는 출세하기 위해 예수를 따라다녔고, 그분이 나사로와 가까이 지내는 것을 시기하여 그가 아프다고 할 때 베다니로 가는 것을 반대했다.

"제자들이 말하되 랍비여 방금도 유대인들이 돌로 치려 하였는데 또 그리로 가시려 하나이까"_요 11:8

그는 혹시 일이 어떻게 될지 몰라 대제사장 가야바에게도 자주 드나들었다.

"베드로는 문 밖에 서 있는지라 대제사장을 아는 그 다른 제자가 나가서 문 지키는 여자에게 말하여 베드로를 데리고 들어오니"_요 18:16

제자들이 모두 피신해 있을 때 요한만 홀로 골고다에 나타난 것은 혹시 거기서 마지막 기적이 일어날지도 몰랐기 때문이었다. 그러나 기적은 일어나지 않았고, 오히려 예수의 모친 마리아를 떠맡게 되었다.

"그 제자에게 이르시되 보라 네 어머니라 하신대"_요 19:27

그가 예수 그리스도를 바로 알게 될 때까지 마리아를 모시고 다니며 순교하지 못하게 하신 것이다. 부활의 아침, 그는 무덤에 먼저 달려갔으나 안으로 들어가지 못했다.

"그 다른 제자가 베드로보다 더 빨리 달려가서 먼저 무덤에 이르러"_요 20:4

자신의 비밀을 다 아는 그분을 만나기가 두려웠던 것이다. AD 49년 이후 그는 예루살렘에서 사라진다. 박해가 심해져서 마리아를 모시고 어디론가 피신했을 것이다. 그리고 AD 67년 디모데가 바울의 부름을 받고 에베소를 떠난 후 그는 에베소에 나타난다. 마리아는 거의 90세가 되었고, 요한도 70에 가까운 나이였다. 마리아가 에베소에서 소천한 후 요한은 에베소 교회의 지도자가 되었다. 그는 제자들이 예수의 이야기를 물으면 그분이 자신에게 주신 것으로 생각되는 말씀을 들려주었다.

"아가파테 알렐루스서로 사랑하라"_요 13:34

그는 마가, 마태, 누가의 복음서와 사도 서신의 사본들을 모아들였다.

"이미 기록된 세 복음서의 사본이 요한의 손에 들어왔다."유세비우스, 『교회사』 3-23

옛 동료들이 다 순교한 후 AD 95년 도미티아누스 황제의 박해로 잡혀 밧모 섬에 유배된 요한은 예수께서 나타나 보여주신 장래의 비밀을 기록하게 된다.

"네가 본 것과 지금 있는 일과 장차 될 일을 기록하라"_계 1:19

그것을 다 기록한 요한은 이듬해 도미티아누스 황제가 암살되고 네르바 황제가 즉위하자 석방되어 에베소로 돌아와 비로소 '요한의 복음서'를 쓰기 시작한다.

"태초에 말씀이 계시니라"_요 1:1

거의 1백 세 가까운 나이에 복음서를 기록하면서 요한은 비로소 그분이 디베랴의 바닷가에서 자신에 관해 하셨던 말씀의 의미를 깨닫게 된다.

"내가 올 때까지 그를 머물게 하고자 할지라도 네게 무슨 상관이냐"_요 21:23

그분은 요한이 예수 그리스도가 누구인가를 깨닫게 될 때까지 그를 머물게 하셨고, 그가 숨기고 있던 부끄러운 비밀을 다 쏟아내며 복음서를 완성하자 그에게로 오셔서 그를 맞아 주셨다. 그분의 품에 안긴 그는 비로소 자신이 바랐던 대로 그분의 사랑하시는 제자가 되어, 다시 그분과 자신만 아는 아름다운 추억과 비밀을 쌓아가게 된 것이다.

김성일 칼럼집

성경 속의 비밀

인쇄 _ 2012년 01월 17일
발행 _ 2012년 01월 20일

지 은 이 _ 김성일
발 행 인 _ 박경진
펴 낸 곳 _ 도서출판 진흥
출판등록 _ 1992년 5월 2일 제5-311호

주소 _ (130-812) 서울특별시 동대문구 신설동 104-8
전화 _ 영업부 2205-5113 편집부 2230-5155
팩스 _ 영업부 2205-5112 편집부 2230-5156

전자우편 _ publ@jh1004.com
홈페이지 _ www.jh1004.com
ISBN _ 978-89-8114-371-8

정가 12,000원